Ruth Schiel

Hochzeit in Tibet

Ein große Liebe
in einem rätselhaften Land

R. Brockhaus Verlag Wuppertal

Erstmals erschienen im
Rainer Wunderlich Verlag Hermann Leins, Tübingen

2. Taschenbuchauflage

© R. Brockhaus Verlag Wuppertal 2000
Umschlag: Ursula Stephan, Wetzlar
Satz: Breklumer Druckerei Manfred Siegel KG
Druck und Bindung: AIT Trondheim, Norwegen
ISBN 3-417-21918-3
Bestell-Nr. 221 918

DER RAT DER ZWÖLF

Das Licht des klaren Oktobertages fiel in gedämpften Wellen durch die zu halber Höhe herabgelassenen steif-weißen Leinengardinen des Raumes, der in seiner vornehmen Schlichtheit — Würde und Grazie vereinend — die aristokratische Herkunft seines einstigen Erbauers und Besitzers, des Herrn von Watteville, verriet. Groenbeek hatte die Unitätsältesten und einige Gastbrüder zu einer besonderen Sitzung hierher einberufen, da Schloß Berthelsdorf, jenseits des Hutberges, einer notwendigen Bauarbeit halber zur Zeit nicht verfügbar war für Konferenzen, Synoden oder sonstige Treffen.

Langsam füllte sich der Saal des Vogtshofes in Herrnhut. Groenbeek stand im Nebenkabinett, die Hände auf dem Rücken, das Gesicht zum Fenster gewandt, aufrecht hinter der Gardine und hörte auf die Schritte, die eilig oder mit Gemach die breiten Stufen hinanstiegen. Mitten in der Nacht war er mit unruhigen Gedanken an diese Sitzung aufgewacht. Sie verfolgten ihn in seine Frühträume hinein, aus denen er sich nur schwer in den nebelgrauen Morgen fand, der sich erst allmählich lichtete und klärte. Pünktlich auf den Glockenschlag drehte er den messingnen Türknauf zum Saale und begrüßte mit verbindlichem Kopfneigen die Anwesenden, die sich schon vollzählig um den ovalen Tisch vereinigt hatten. Dumpfe Benommenheit lastete noch wie ein schwerer Druck über seiner Stirn, gleichwohl überflog sein Blick forschend, prüfend die Runde:

Josaphat Wamhsgams! Wie ein Turm der Gerechtigkeit war er auf dem Sessel postiert. Sein kantiges Gesicht, in dem

3

lebhafte braune Augen bestimmend waren, hielt er geradeaus gerichtet. Die kurze, kräftige, etwas aufgestülpte Nase schien wie witternd auf die Besonderheit dieser Sitzung gespannt. Die breiten, dunkelbehaarten Hände ruhten auf den prallen Schenkeln, die in engen Knieschnallenhosen steckten. Seine ganze wohlfundierte Körperlichkeit, die ein grünlicher Rock zwar knapp, doch akkurat umspannte, verdeckte fast die des Theologen Carel Rasmus Arebo — ein gelbliches, schmales Gesicht, an dem Generationen von Geistesarbeitern gebildet haben mußten, ehe ein Antlitz von solcher Schärfe und Prägnanz hatte entstehen können — fast schon wieder an der Grenze zum Verfall, wie auch sein fadenscheiniger, schwarzer Anzug, in dem seine hohe Gestalt unauffällig versank. Sam Dudge! Londoner Gastbruder: dezent, konziliant wie immer. Jeder Zoll an ihm ein Brite. Schwere Ware das Tuch seines Rockes! — es nahm sich üppig aus neben dem des Surinam-Sendlings Pieterbloom, dessen Anzug zweimal gewendet sein mochte, was sein überzeugendes Auftreten jedoch keineswegs beeinträchtigte — was bedeuten schon Qualitäten von Stoffen, wenn es um Qualitäten der Seele geht! Ob gut oder schlecht betucht: hier, in Bruder-Gleichheit, hob sich beides auf, wenn nur immer über der Armut auch die Ordnung stand, und an der fehlte kein Tüttelchen. Und war nicht seine eigene, Groenbeeks Robe, stets aus feingewirkten Stoffen von bestem Material, nicht minder gut als die des Briten? Durch Erbe und Heirat, wenn auch nicht durch Amtssold, war die Wohlhabenheit hierzulande eben verschieden gewachsen, was jedoch echter Brüderlichkeit nicht hindernd im Wege stehen mußte, und Armut, bittere Armut, gab es nirgends in ihrer Mitte, dafür sorgte schon der unablässige, von Gott geforderte Fleiß!

Nur brauchte man nicht gerade wie der Finanzgewaltige Roussard den Siegelring des Ahnen, als sei er ein Kastenzeichen, auffällig zur Schau zu tragen und den Schnitt des

Anzuges nach allerletzter Mode wählen! Ein wenig mehr Zurückhaltung wäre unbedingt angebracht gewesen: Stutzerhaftigkeit oder auch nur ein Anklang daran war und blieb unter Brüdern ein Greuel, man würde es ihm bedeuten müssen! Schlauer Kopf, Unklarheiten des Herzens oder des Hirnes bei ihm völlig undenkbar, jede Geste, jede Äußerung verriet den gewiegten Weltmann, den geschickten Finanzier, der jede merkantile Mission auch außerhalb der Unität bestimmt glänzend zu lösen vermocht hätte; fast zu jung noch als Chef des Abraham Dürningerschen Handelsunternehmens, saß er zufrieden in ›Abrahams Schoß‹ — viel zufrieden! War der Bruder neben ihm eingeschlafen? Die Nüchternheit des jetzt verhandelten Stoffes mochte schon dazu angetan sein, und der eintönig-gleichmäßige Tonfall des Referenten, der chronologisierend allerlei Vorfälle noch einmal abrollen ließ, tat ein übriges — doch er horchte nur. Mit geschlossenen Lidern horchte der ›Afrikaner‹, nahm sich aus wie ein Eremit aus den Wüsten Vorderasiens: das Gesicht asketenhaft vergeistigt, vergilbt wie ein altes Blatt. Moskitoküste und Kaffraria hatten seiner Gesundheit bleibende Spuren eingeprägt; manchmal war er abwesend, als lebe er noch immer unter Tembus, Kaffern oder Hottentotten. Fest verschlossen die Lippen, schien er für den Rest seines Lebens nur noch bedacht auf Schweigen und Sammlung. Ganz ähnlich der ›Grönländer‹ ihm gegenüber. Der hatte eine kurze, knurrige Stimme. Wenn er sie erhob, meinte man, ein Hund begänne zu bellen, doch er tat es nur selten, seit jahrzehntelange Einsamkeit in der Arktis sein Wesen geformt hatte. Zaghaft in seinem ganzen Gebaren Schoepflin, Basler Diaspora-Mann, Sinnbild der Treue im kleinen, eine einfältig-lautere Seele. Wenn es aber sein mußte, dann brach ein Eifer aus ihm, vor dem er selbst tief erschrak, so daß er denn auch seine Heftigkeit — nach 1. Kor. 13 — sofort bereute und den Ton seiner erhobenen Rede sanft und mild abklingen ließ.

Schüchtern nur balancierte er seine dürren Knochen auf dem brokatbespannten Sessel, war sich seiner Unzulänglichkeit im äußeren wie im inneren zu jeder Stunde bewußt. Bescheiden? Gewiß, doch lebte er spürbar aus jener Kraft, die in den Schwachen mächtig ist.

Auffallend inmitten dieser ernsten Runde das von braunen Locken umspielte, leicht zur Seite geneigte Haupt des Arztes Bruckammer. Er sah aus, als wolle er zur Antwort auf jede schwierige Frage erst einmal ein Lied summen. Ohne Bruch, ohne tiefgehende geistliche Erschütterungen, war er durch Geburt in den Kreis der Brüder hineingewachsen, und die Zugehörigkeit dazu hinderte ihn keineswegs, auch heute noch ein eifriger Verehrer Goethes zu sein, nach dessen Tode er — ein sanges- und wanderfroher Studiosus — eine empfindsame Pilgerfahrt von Jena nach Weimar gemacht hatte. Jean Paul und ›Johann Wolfgang‹ standen neben Homer immer griffbereit bei seiner Bibel, deren schönste Kapitel er Spalten lang auswendig wußte. Groenbeeks Argwohn, daß seine Beschlagenheit in den Testamenten eher ihrer dichterischen Kraft als ihrem Frömmigkeitsgehalt zuzuschreiben sei, hatte er mit den Worten zurückgewiesen: »Beides ist eines, George!« — danach ließ er sich auf kein weiteres Verhör mehr ein.

Groenbeeks Blick landete schließlich bei dem greisen Bischof, der am oberen Halbrund des Tisches ungewollt präsidierte. Ein aschgraues Seidentuch, bis unter das Kinn nach eigener Mode und Eingebung gewunden, umrandete weich sein mächtiges, weißes Haupt, das nichts von seiner Majestät verloren hätte, wenn der Mann darunter in ein Bettlergewand gekleidet gewesen wäre. Selbst auf den ›jungen Dachs‹ neben ihm, der, ein getreuer Famulus, in sein späteres Hirtenamt hineinwuchs, fiel in dieser Nachbarschaft ein Schimmer von Reife und Gesetztheit. In wahrhaft ungesuchter Würde trug der Episkopus die bischöflichen Weihen, die einst Johann Amos Comenius mittelbar der er-

6

neuerten Brüderkirche als wesentliches Vermächtnis übergeben hatte. Der Greis, dessen fernblickendes Auge in die Welt des Unsichtbaren zu schauen schien, dessen Gesicht Friede, dessen Mund die unauslotbare Freude kündete, vereinte durch seine Persönlichkeit die so verschiedenen Charaktere der Zwölf, die sich heute aus der Hierarchie der Brüder hier zusammengefunden hatten.

Gedankenverloren, wie durch einen Flor gedämpft, hörte Groenbeek die monotone Stimme des Dürningerchefs, der — es dünkte ihn eine Ewigkeit — nicht fertig wurde mit den Quartalsaufstellungen der Einkünfte aus den drei großen Unitätsprovinzen: der europäisch-festländischen, der britannischen und der nord- und südamerikanischen, mitsamt der Diaspora. Langwierig stellte er sie den Aufwendungen gegenüber, die sich in der gleichen Zeit auf den Außenstationen in Dänisch-Westindien, Australien, Labrador, Surinam und anderen als notwendig erwiesen hatten, mit geringen Abweichungen immer das gleiche! Nervös begann er mit den Fingerkuppen auf die Tischplatte zu klopfen, als das Getöse von der Landstraße, die unglücklicherweise stracks durch den Ort führte, die sonst so unwahrscheinlich gehaltene Stille erheblich zu stören begann. Er beugte das fahle, bartlose Gesicht mit den grauen Schläfen über das spiegelnd polierte Kirschbaumholz und schlang die Hände fest ineinander, wodurch es ihm gelang, die bedrohte Aufmerksamkeit zu wahren (bedeutend ruhiger war es doch hinter Park und Mauern im Schloß auf der anderen Bergseite!).

Dann aber machte ihn ein Satz, ein Wort dieses Satzes hellwach: Tibet! Der höchste Posten der Brüder, die höchstgelegene Europäer-Siedlung überhaupt: Himalayastation Numero 1, das jüngste Sorgenkind aller, das wahrscheinlich nicht lebensfähig bleiben würde, denn unermeßliche Schwierigkeiten bauten sich vor den beiden Brüdern auf, die man Anno 53, einem alten Versprechen gemäß, schlicht

und einfach in die Mongolei geschickt hatte über den See-
weg um das Cap und den Landweg durch Indien, da ihnen
die zaristische Regierung die Reise durch Rußland wegen
revolutionärer Umtriebe im Osten verweigert hatte. Nie
waren sie bei den Mongolen angekommen. Aufgegeben
hatte man sie, als Monat um Monat verstrich, ohne daß
eine Nachricht über das Wasser gekommen wäre. Dann aber
erfuhr man, daß sie in der fraglichen Zeit den Himalaya
zweimal hatten überqueren müssen, um an der Pforte nach
Tibet festzustellen, daß ihr Weg beendet, ihr Auftrag un-
ausführbar sei. Grenzwächter des Dalai Lama hatten ihnen den Weg durch Tibet verwehrt.

Nein, sie kamen nicht zurück, dachten gar nicht daran;
sie hausten in einem verfallenen Bungalow im subtropi-
schen Himalaya, überraschten mit dem Vorschlag, unmittelbar an der Südseite der Hauptkette des Gebirges — möglichst mitten in Asien — eine feste Dauerstation zu gründen, für deren Erstellung sie auch schon einen handgreif-
lichen Plan vorlegten. Zögernd wurde das ›Experiment‹
gutgeheißen — und vor drei Jahren hatten sie dann den Bau
begonnen und ihn im vorigen Sommer vollendet. So hausten sie nun in der nördlichsten Provinz des Pundjab in
dreiundeinhalb tausend Metern Höhe, während des Winters auf Monate hinaus abgeschnitten von jeglicher Zivilisation und Nachrichtenverbindung, mitten unter Tibetern.
Unbegreiflich diese zwei, Heyde und Pagell, die schon nach
dem ersten Bausommer um Bräute angehalten hatten.
Selbstverständlich wurden sie ihnen verweigert! Dafür aber
sandte man ihnen — nicht gerade zur Aufsicht, doch ge-
wissermaßen um sie zu dämpfen — als primus inter pares
den älteren Jäschke nach, der subtil und genial, mehr Gelehrter als Pionier, ihnen brüderlich-herzlich ein wenig
auf die Finger sehen sollte. Die Auseinandersetzung zwischen diesen drei ungleichen Naturen, die unweigerlich
kommen mußte, blieb denn auch nicht aus, und mit der

mörderischen Revolution, die kurz nach Ankunft des dritten Mannes im Himalaya über Indien hereinbrach und die Herrschaft der Briten in Asien in ihren Grundfesten bedrohte, setzte in Himalaya-Station Numero 1 ein Ringen um Wahrheit und Wahrhaftigkeit ein wie ein Sturm, dem die Windstille noch immer nicht gefolgt war.

»Himalaya-Station Kyelang hat, wie vorauszusehen war, noch keine Einnahmen zu verzeichnen«, schloß mit ermüdeter Stimme der Finanzier, »sie bleibt vielmehr noch angewiesen auf unsere Unterstützung, die wir durch Überschüsse aus anderen Fonds auch durchaus zu dotieren vermögen, bis sich nach einer Probe- und Wartezeit von sagen wir etwa drei Jahren herausstellen wird, ob wir die Neugründung halten oder fallen lassen wollen.« Mit seinem lavendelduftenden Schnupftuch die Schläfen betupfend, ließ er sich erschöpft in den Sessel zurückfallen. Die ›Tibeter‹, wie man der Einfachheit halber die drei Himalaya-Brüder kurz titulierte, blieben der einzige Gegenstand, mit dem man sich in der anschließenden Beratung befaßte. Während der zwei Stunden heftigen Für und Widers in Angelegenheiten ihrer Ökonomie und Hauswirtschaft, die man eingehend nach den verschiedenen Ansichten der drei Punkt für Punkt prüfte, beschloß man einmütig, die Planung in dem Sinne fortzuführen, dem die beiden Praktiker, Realisten und Erstgesandten, August Wilhelm Heyde und Johann Eduard Louis Pagell, unter Einsatz des Leibes und Lebens zum Durchbruch verholfen hatten.

Zuweilen war es, als stünden die beiden vor sieben Jahren Verabschiedeten nur noch wie ein Schemen vor der Runde, in der über sie geredet und geurteilt wurde, in der man ihr Werk — unbesehen — lobte oder tadelte und das geistige Baugerüst bemaß, das dort erst zu entstehen hatte. Tibet! Himalaya! Niemand hier in diesem Kreis und kaum jemand im weiten Europa konnte sich von dem einen oder dem anderen eine gültige Vorstellung machen, und so prüfte man ihre Taten und Tage nicht nur aus einer räumlichen Entfernung von Tausenden von Kilometern und fand, daß — trotz des zugestandenen Fleißes und aller Anstrengung — doch von den eigentlich geforderten Erfolgen noch überhaupt nicht die Rede sein konnte. Zur Geduld mahnend, wies der Bischof schließlich allzu strenge Maßstäbe zurück: »Man soll von einer Eiche nicht verlangen, daß sie schnell wie ein Kürbis wachse! Es ist allein schon bemerkenswert, daß sie sich bis jetzt behaupteten, die neue Niederlassung schufen, während man doch ringsum in Indien die Europäer niedermachte, ihr Blut in Strömen vergoß und ihre Behausungen in Brand steckte. Sie erwarben sich das Vertrauen der Inder und Tibeter in einem Augenblick, in dem Mißtrauen und Haß gegen alles, was eine weiße Haut hatte, die Atmosphäre vergifteten. Das ist gewiß nicht entscheidend, aber doch beachtlich, und so gesehen sind auch Meinungsverschiedenheiten unter den Dreien nichts als Bagatellen, vielleicht sogar eher förderlich und fruchtbar. Unser Verlangen nach Erfolgen«, meinte er gelassen schließend, »hat eine Zuversicht!«

Da aber erhob sich Groenbeek. Leise mit seinen Papierstößen raschelnd wartete er, bis der Lärm der Fuhrknechte draußen verstummte und die schwerfälligen Wagen nur noch als fernes Grollen über das holprige Pflaster von dannen rollten. Unter vernehmlichem Räuspern brachte er mit einer gewissen Erregung ein Blatt feinsten Überseepapiers zum Vorschein, das er in den vergangenen Tagen schon oft in die Hand genommen, aber jedesmal mit einem Gefühl peinlicher Verlegenheit zurück in den Akt ›Himalaya‹ gelegt hatte. »Ein Heiratsprojekt, meine Brüder!« sagte er mit nur noch schlecht unterdrücktem Seufzer, während er mit müder Gebärde auf das Papier deutete: »... die Heiratswünsche und -anträge unserer drei Hagestolze vom Himalaya!«

Ein erstauntes Murmeln ging durch die Runde. Heiraten! Wieder heiraten! Alle drei heiraten! Vor zwei Jahren hatte man es den beiden, Heyde und Pagell, rundweg abgeschlagen und ihnen anstelle der erbetenen Bräute den kühlen und nüchternen Jäschke — einen eingefleischten Junggesellen — zur Unterstützung gesandt; und dieser sollte nun nach nur einem Jahr Hochasien auch bereit und entschlossen sein zu heiraten?! Das machte die Sache gewichtiger, als wenn die beiden verhinderten Bräutigame von Anno 56 auf ihren Wunsch zurückgegriffen hätten . . . doppelt schwer wog es, und doppelt so heftig wurde die Frage nun diskutiert.

Plötzlich verwandelte sich die Runde der Zwölf in ein Forum, in dem über das Gute und Ungute des Heiratens unter gewöhnlich bürgerlichen und ungewöhnlich unbürgerlichen Umständen verhandelt wurde: heiraten oder nicht! Heftig prallten die Meinungen aufeinander, wie Bälle flogen die Worte, schnell und treffsicher abgegeben oder bedächtig und vorsichtig gezielt, über das Oval des blankpolierten Tisches, an dem schon manche sonderbare Angelegenheit des brüderischen Personenstandes verhandelt worden war, doch wohl noch nie mit solcher Anteilnahme. Da saßen sie wie die Stellvertreter einer höheren Macht, die streng und gerecht, doch auch mit Milde die Geschicke von drei Männern und drei Frauen zu knüpfen oder zu trennen hatten. Als letzter verteidigte der ›junge Dachs‹ mit Ungestüm und grundsätzlich die Ehelosigkeit aller Männer auf exponiertem Posten.

Der Bischof, der zumeist geschwiegen hatte, lächelte beschwichtigend seinem übereifrigen, noch ledigen Famulus zu, ehe er langsam und deutlich sagte: »Die Ehe ist eine Kolonie der Unsterblichkeit im Lande der Sterblichen!« Er ließ sich durch den skeptischen Blick seines jungen Nachbarn nicht beeindrucken und sprach zu ihm gewandt ruhig fort: »Nicht *ich* habe dieses Wort geprägt, mein lieber Freund, ich gebe es nur weiter, dieses Wort, das ein von uns allen sehr verehrter Bischof gesagt hat, der unter dem Zölibat von Rom stand. *Er* hat es geformt, *ich* aber« — und es klang wie ein kleiner heiterer Triumph gegenüber seinem römisch-klerikalen Kollegen — ». . . *ich* habe dessen Wahrheit wirklich ein langes Leben hindurch selbst erprobt: der Ehe die Ehre!«

Zwölfmal schlug das Glöckchen vom zwiebelförmigen Dachreiter der Kirche. Das helle Oktoberlicht zitterte durch das Geäst der alten Bäume, von denen sich sacht Blatt um Blatt löste und in schwebendem Fall durch die Bläue segelte, während steile Mittagsruhe sich über die lautlosen Straßen breitete. Mit dem zwölften Schlage hatte man sich sieben zu fünf entschieden, dem Heiratsansinnen der drei Tibeter stattzugeben, um so mehr, als der Finanzmann alle früheren Bedenken gegenüber dem neuen Aufwand beiseite schob: Reise- und Ausstattungskosten der Bräute seien gesichert; die Ausstattung, die selbstverständlich, der ›militia Christi‹ entsprechend, sozusagen ›feldmarschmäßig‹ zu sein habe, könne allein schon dem Fonds der Sachwerte entnommen werden, die dank Assembleen und Teegesellschaften der Damen- und Schwesternzirkel vorsorglich, fleißig und reichlich zusammengetragen worden seien. Schließlich sei die körperliche und geistige Arbeitskraft von drei Personen weiblichen Geschlechtes ein Wert an sich, der nicht nur zum Wohle der drei Männer dort investiert werden würde.

Und wieder erhob sich Groenbeek. Mit sachlich trockener Stimme faßte er den Beschluß zusammen: »Wir werden also zur Verstärkung der ›Front im Osten‹ drei Frauen entsenden, denn — sei es, wie es sei — ein Kampf wird auf alle Fälle dort oben zu bestehen sein: gegen das Klima, gegen die Einsamkeit, gegen die Eigenwilligkeit der Charaktere — ein Kampf um die Freiheit und Selbständigkeit der neuen Gründung inmitten einer Welt des Außerordentlichen. Das Haus im Himalaya ist so groß, daß es drei Familien, bestehend aus sechs erwachsenen Personen, beherbergen kann, ohne daß sie dadurch in räumliche Bedrängnis kommen. Selbstverständlich kann auch diese exterritoriale Haushaltsführung nur unter unserer alten Voraussetzung der ›Communia bonorum‹ bestritten werden ...«

Plötzlich wurde Groenbeeks fast mechanisch vortragende Stimme, kaum merklich, unsicher: Gütergemeinschaft! Alte Gepflogenheit in allen Überseestationen — war sie wirklich auch heute noch tragbar? Würden durch sie nicht neue Konflikte unter den besonderen Umständen im Himalaya gefördert? Niemanden im Kreise schien eine solche Erwägung zu beunruhigen; sich selbst und der Familie genug, lebte und wirkte man friedlich wie hier in den europäisch-festländischen Gemeinen. Mit deren speziellen Einrichtungen war auch der Burgfriede jedes Privathaushaltes unantastbar verbürgt, gewiß würde keine Familie Ansprüche erheben, an der Ordnung eines Nachbarhaushaltes teilzuhaben oder dies auch nur für erstrebenswert halten. Communia bonorum! Groenbeek, eingefleischter Individualist, dachte mit Schrecken an eine solche Einrichtung. In diesem Punkte hielt er sich selbst der ohnehin oft nur schwer zu bewältigenden Bruderschaft für völlig unfähig; prüfend blickte er in die Runde — Überlieferung ist eine starke Macht, und nur der Verletzte drängt nach Reformen, hier aber war niemand verletzt.

Nach einer kurzen Pause des Besinnens, während der er sich geräuspert hatte, fuhr er in gleichmäßigem Ton fort: »Aus Gründen der Sparsamkeit und der Pflege der Gemeinschaft halten wir also auch für den Himalaya an dem alten Brauch — Gemeinsamkeit der Güter — fest. Selbstverständlich«, er wurde wieder lebendiger, »habe ich mich des Ja-Wortes der in Frage kommenden Bräute *vor* dieser Verhandlung versichert, und nachdem auch wir nun mit einem Ja entschieden haben, erkläre ich hiermit das Verlöbnis der drei Tibeter, dem nach menschlichem Ermessen im kommenden Jahr 1859 die Ehe folgen wird. Da gegen die Person der Bräute und ihre Eignung von uns aus kein Einspruch erhoben wird, gelten mit dem heutigen Tage sie alle, die ich dem Alter nach aufzähle, als verlobt:

1. Heinrich August Jäschke, altböhmischer Herkunft, vordem Direktor des Pädagogiums Niesky, verlobt mit seiner Base Emilie Rosenhauer, Schwesternpflegerin in Königsfeld-Schwarzwald. Beiden ist die sittliche Reife, die Grundbedingung jeder Ehe, durchaus zuzusprechen.

2. Johann Louis Eduard Pagell aus Pommern, Diakon der Brüder-Unität, verlobt mit der Schwäbin Friederike Mächtle. Sie hat besondere Umsicht und Tatkraft im Haushalt des Königsfelder Predigers viele Jahre lang bewiesen, ist seit Pagells Aussendung als dessen »heimliche« Braut anzusehen und gilt nun öffentlich als seine Verlobte.

3. . . . der dritte, August Wilhelm Heyde, gebürtig aus Schlesien, Diakon der Brüder-Unität, Sohn des seinerzeit vom Katholizismus zur Unität konvertierten Johann Anton Heyde, verlobt mit — Unbekannt.

Jetzt war es heraus, jetzt war es geasgt: das Versehen, das Vergessen — jetzt war es eingestanden. Die Männer der Runde, die nach dieser langen Sitzung kaum mehr auf das Resumé gehört hatten und schon an einen weißgedeckten Tisch im behaglicheren eigenen Hause dachten, sahen bei der stockenden Stimme Groenbeeks und seinen unbegreiflichen Worten erstaunt auf: »Verlobt mit Unbekannt!« — »Ja, ja!« bestätigte der, »so ist es: ›Verlobt mit Unbekannt‹, denn — kurz gesagt: die Braut des Dritten ist bereits seit zwei Jahren verheiratet. Wir selbst lehnten — wie hier ja weidlich bekannt ist — seinen Heiratsantrag ab. Die Umworbene ehelichte im gleichen Jahre einen anderen. Man vergaß es, Heyde diese Tatsache mitzuteilen, und so hielt er guten Glaubens jetzt, nach zwei Jahren, wieder an um ebendieselbe Maximiliane Adolfine Elisabeth Rosenberg,

Gattin unseres Bruders Sam Weiz, beide zur Zeit in Labrador.«

Worte wie: »Das hätte man ihm doch ersparen können!« und »Peinlich, peinlich!« sogar solche von »absichtlichem Vergessen« wurden laut. Groenbeek aber fuhr unbeirrt fort: »Wir sind ganz allgemein übereingekommen: es wird geheiratet! Also ist Heyde davon nicht ausgeschlossen. Da nun aber seine ›Braut‹ bereits vergeben ist, werden *wir* für ihn eine andere suchen, *wir* werden sie suchen, wir müssen sie finden, nur so kann der Lapsus gutgemacht werden!«

In der nachfolgenden Besprechung über die Suche nach der Braut spaltete sich die Runde sichtlich in zwei Gruppen, eine kleine ›moderne‹ und eine große ›altväterische‹, die dem ›heiklen Unterfangen‹ nichts Heikles beimaß, sondern die Ernennung einer Braut — deren Person beinahe unwichtig — als das natürlichste von der Welt ansah. Diese Gruppe hatte ein so erdrückendes Übergewicht, daß auch die Zaudernden ihre anfängliche Ablehnung aufgaben, da sie nicht ankamen gegen die siegesgewisse Partei der Patriarchen. »Im kommenden Frühjahr wird sich die von uns ausgemachte Braut an Bord eines Ostindieseglers begeben und zu ihrem Bräutigam — bekannt oder nicht — nach Asien fahren!« Mit leise scharrendem Stühlerücken, mit Gruß und Gegengruß, ebenso förmlich als brüderisch-herzlich, verabschiedeten sich die Zwölf. Summend verhallte der Ein-Uhr-Stundenschlag über den im warmen Mittagslicht erglänzenden Walmdächern des Ortes. Die Schatten der Zwölf zeichneten sich im blendenden Mittagslicht des Oktobers scharf auf die leeren Straßen; noch immer hielten sie ihre Häupter schweigend geneigt und bedachten eindringlich die unerhörte Tatsache ihrer Brautsucherschaft.

Verlassen wie zuvor träumte der kleine Saal des Vogtshofes mit seiner rokokohaften Heiterkeit in die Stille des Abends; von den Wänden nur blickten aus feierlichen Gemälden die Gesichter der Gründer: Nikolaus Ludwig, Graf und Herr von Zinzendorf und Pottendorf; Gräfin Erdmuthe Dorothea, seine Gattin; Friedrich von Watteville; einer der preußischen Heinriche und der erste Brüderbischof. Eine Braut sollte gesucht werden! Eine Braut für einen Mann, den sie nicht kennt — ein Mann, der sie nicht kennt — eine Braut nach Tibet, eine Braut nach Hochasien! Der Wind bewegte, ein wenig nur, die steif-weißen Leinenvorhänge durch ein offenstehendes Fenster, und hinter der Silhouette der alten Bäume des Herrschaftsgartens erschien auf blauem Grunde das helle Gefunkel der Sterne.

DIE VERLEGENHEIT

Alles Laub war von den Bäumen gefallen. Kürzer wurden die Tage und länger die Nächte. Den halben November hindurch brauste ein Sturm, der die alten Alleen seufzen und stöhnen ließ. An einem dieser frühdunklen Tage trafen sich die vier ›Ältesten‹ aus dem Rate der Zwölf zu einer neuen Besprechung im engsten Kreise. Kaum vermochten die drei Kerzen des silberarmigen Leuchters Helligkeit in alle Ecken und Winkel des großen Raumes zu bringen, eines der vielen unter dem Dache dieses geräumigen Hauses, das man seit den Tagen des Grafen Zinzendorf ›Herrschaftshaus‹ nannte. Nacheinander nahmen die vier auf den Sesseln Platz, die den runden Tisch umstanden; Verlegenheit hatte sich aller bemächtigt.

Die Suche nach der Braut war ins Stocken geraten. So ging das nicht, so unter der Hand ließ sich das nicht regeln — einer kleinen Anzahl vielbeschäftigter Männer anvertraut, von denen die meisten schon wieder in alle Himmelsrichtungen davongefahren waren. Energisch erklangen vier Stimmen, vier Augenpaare blitzten auf, vier Männer suchten und fanden die Worte, die weiterführen sollten, und als die Kerzen noch nicht zu halber Höhe herabgebrannt waren, hatten sie ein Rundschreiben an die Ortsoberhäupter von zehn oder zwölf anderen Gemeinden aufgesetzt, in dem diese ersucht wurden, unter dem Siegel der Verschwiegenheit sich in ihrem Wirkungsbereich an der Brautsuche zu beteiligen — unauffällig, ganz unauffällig, sozusagen mit verschlossenem Munde, aber mit offenen Augen und Ohren.

Und dann wanderte dieser Anruf, der vielleicht einen ›Ruf‹ nach sich ziehen würde, an den Rhein und in den Schwarzwald, in das grüne Herz Thüringens und in das platte Zuckerrübenparadies, in die Niederungen der Lausitz und in die Wilhelmstraße der preußischen Residenz, in die Gefilde Nord-Schleswigs, Schlesiens, Hollands und der Schweiz. Tage kamen, neblig und naß, an denen man keinen Hund vor die Türe gejagt haben würde, geschweige denn ein Menschenkind; Tage, an denen mancher mit gelindem Entsetzen sich vorstellte, wie es wäre, wenn er selbst die geheiligten Bereiche des traulichen Heims verlassen müßte, um in eigener Person auf einem himmelweit entlegenen Posten aus dem Nichts eine Welt zu schaffen. Naßkalte Tage waren es, gesättigt von jener beklemmenden Unheimlichkeit, vor der man sich am besten in die Polster behaglicher Kanapees sinken ließ oder in die weichen Pfühle schwellender Sessel, ganz nahe dem gelben Lichtkreis der Lampe und dem Bereich der heißen Kacheln oder des brodelnden Teekessels, nunmehr unangefochten durch schleichende Nässe und Dunkelheit, wie sehr auch der Wind im Kamin rumorte oder vor dem Fenster das Käuzchen schrie.

Tage kamen, Tage gingen, ohne daß dem Anruf ein Echo gefolgt wäre. Und als dann der Schnee fiel, immer neuer Schnee, der über die Gaupen der alten, gebrochenen Dächer dicke weiße Mützen stülpte, da wußten die Männer der geheimen Brautsuche, daß sie umsonst Ausschau gehalten hatten. Und während die Flocken niederfielen, dachte der eine und der andere: was ist dies schon gegen das, was jetzt im Schneeland Himalaya hinter einem Sperrgürtel unübersteigbarer Pässe niedergeht! Dann klopfte er seine Pfeife aus und bedauerte besonders den einen der drei, der nun eben doch — wohl oder übel — ein Leben lang auf den Honig der Liebe und das Manna der Ehe würde verzichten müssen, denn jedes tastende Vorfühlen hatte erwiesen: keine ging aus freien Stücken in die weiße Wildnis als die unerwartete, ungeliebte Braut eines ungeliebten, fremden Mannes, der sich unter unheimlichen Volksstämmen heimisch gemacht hatte; ging um so weniger, als Gott nicht vom Weibe fordert, daß es um seinetwillen auch Abenteuer bestehe. Und zwingen? — wen könnte man zu einem solchen Wagnis zwingen? Nur eine Törin oder eine Verzweifelte löste sich unbedacht aus dem heimatlichen Band, und weder eine Törin noch eine Verzweifelte lebte hinter den stillen, umfriedenden Mauern.

Als dann die Tage kristallklar und frostklirrend über dem Land aufgingen und ein blauer Himmel sich über rauhreif-behangenen Hecken, Wäldern und Gärten spannte, als das neue Jahr 1859 mit dem brausenden Geläut von großen und kleinen Glocken Einzug hielt, als der Saft wieder in den Bäumen zu steigen begann und dem Anruf immer noch kein Gegenruf antworten wollte, vielmehr alle erwogenen Vorschläge sich als unannehmbar zerschlugen, da seufzte Groenbeek: »Es werden immer weniger, die hinaus wollen, weil es sie treibt!«

Mißmutig schob er seine Schale mit dem schwarzen Hochlandgebräu beiseite, unberührt ließ er die Pfeife, sorgsam gestopft mit dem edelsten Kraut der Firma Dürninger & Co., rastlos ging er in seinem Studierzimmer auf und ab, in das die Dämmerung schon breite Schatten legte. Quälend trat ihm in dieser Nacht die Zwiespältigkeit seiner eigenen Seele vor Augen, die einen Riß damals erhielt, als er um eines glücklichen Ehelebens willen den einst ersehnten

Ruf zum Amt in Übersee ablehnte. Er überdeckte diesen Zwiespalt mit Entschuldigungen vor sich selbst, mit überhäuften Amtsarbeiten und allerlei Unrast. Doch in dieser Nacht wurde die Wunde spürbar — eine alte Narbe, die plötzlich zu schmerzen beginnt — er fühlte die Schwäche des eigenen Wesens, die sich nur stark machte mit der erworbenen Würde und ihn, wie er meinte, zwang, stets kühl, gerecht und unpersönlich zu bleiben. Doch in dieser Nachtstunde, in der er die Aufzeichnungen der Himalayabrüder vor sich liegen hatte, sprangen ihn Sätze daraus förmlich an, und zum ersten Male sah er hinter den geschriebenen Worten die Männer selbst. Sprunghaft, hastig überlas er längst Bekanntes, und es wurde ihm aus Buchstaben Leben.

... das Zelt ist wieder unser Haus, ein Feldstuhl unser Tisch: wir sind auf dem Wege nach Tibet und zu den Mongolen.
... ein dürftiges Nachtlager in einer Höhe von 12 000 Fuß. Schliefen unter dem donnerähnlichen Getöse fallender Lawinen endlich ein.
... beim Erwachen sahen wir uns völlig eingeschneit, mußten uns erst wieder Licht und Aussicht schaufeln. Müssen hier vier Wochen auf die Öffnung des 15 000 Fuß hohen Kulzum-Passes warten. Verbringen die Zeit mit dem Kopieren des alt-tibetischen Buches Dsanglun, das uns Lamas liehen.
... heftiges Schneegestöber auf dem Shingunpaß. Pagell bricht ohnmächtig zusammen.
... das Gehen über den neugefallenen Schnee ist beschwerlich, sinken oft tief ein — Pagell muß sich immer wieder vor Schwäche niederlegen, um neue Kräfte zu sammeln. Wolkenloser Himmel. Die zurückprallenden Strahlen der Sonne auf dem Neuschnee sind fürchterlich.
... menschenleere Gegend seit Wochen. Bei sinkender Sonne die Höhe des Chang-sang-Passes in der Kailas-Kette erreicht. Kleiner grüner Platz dicht am Schnee. Schlugen un-

sere Zelte bei Dunkelheit auf ... beißende Kälte. Befinden uns in einer Höhe von 18 000 Fuß.

... Einöden und sumpfige Täler, eisige Gewässer waren zu durchwaten. Um Mitternacht den gewaltigen Grenzsee Pangkong erreicht. Blauschwarz starren die Gipfel der Berge von Tibet herüber.

... drei Tage am toten See gewandert. Erreichen den Grenzort Chusul in einer weiten Sandwüste. Äußerst beschwerlich.

... die Leute von Chusul rufen berittene Grenzwächter herbei, Diener des Dalai Lama. Sie zwingen uns zur Umkehr. Wir werden uns trennen und an zwei verschiedenen Orten der Westgrenze die Möglichkeiten des Durchkommens erkunden.

... treffen uns nach einem Monat getrennten Wanderns in Kanum wieder. Pagell wurde in seinem Zelt bei dem großtibetanischen Dorf Akse wie ein Gefangener umstellt. Ich passierte die drei großtibetanischen Dörfer Kyurit, Tsurit, Dambar unangefochten, um im vierten Dorf, Dalakar, zu erfahren, daß es unmöglich ist, offen durchzukommen. Auf Mithilfe beim heimlichen Grenzübertritt steht für jeden Tibeter der Tod.

... sind abgerissen, niedergedrückt und matt. Zehn Hochpässe des Himalaya vergebens überstiegen, der eine war 19 500 Fuß hoch, zwei 18 000, drei 16 000, vier 12—14 000, ungerechnet alle niedrigeren.

... wir sind entschlossen, nicht zu verzichten. Werden eine Niederlassung gründen unter Tibetern, so nord-östlich als es nur eben geht. — Britisch-indische Regierung erteilte uns Vollmacht zum Landankauf.

... die Leute des ›Menschennestes‹ Kyelang sind fassungslos vor Staunen, daß wir uns in ihrem Hochtal ansiedeln wollen. Mißtrauen wird wach nach anfänglicher Freude des Wiedersehens. Halten uns für verkappte Regierungsbeamte, die sie auch während des Winters in ihrem Reich beaufsichtigen sollen, das dann von der übrigen Welt durch Schnee abgesperrt bleibt ... sie senden einen Regierungssprecher in Eilmärschen ab nach Nagar ...

... der einstige König des Tales, Tara Chand, bietet uns ein Stück Land in Gletschernähe an, um es mit der britisch-indischen Regierung nicht zu verderben; durchschauen ihn und verzichten darauf.

... nach hartem Ringen: ein Stück Himalayaerde, 220 Quadratruten groß, ist unser. Kauften es dem Oberpopa ab für 300 Rps. Es liegt an der alten Pilgerstraße von Innertibet zum ›Drei Weltenherrn‹ im Nachbartal, das ist eine Alabasterstatue in einer Pagode, die in nahen mystischen Zusammenhang mit dem Dalai Lama in Lhasa gebracht wird. Ein hochheiliger Ort für alle Lamaisten.

... das Fällen des ersten Baumes eine Revolution: rühr ihn nicht an, ein Dämon bewohnt ihn!

... die Tibeter söhnen sich mit uns allmählich aus. Sie sehen, daß wir nichts Böses anstiften und die Dämonen uns nichts tun; sie bestaunen unsere Handwerkszeuge und unsere Art zu arbeiten; wollen es uns gleichtun.

... auf einmal Handwerker die Fülle: fünfzig, achtzig, hundert an manchen Tagen — Lamas und Laien, Pilger und Pilgerinnen, Einheimische und Fremde. Sie tagelöhnern bei uns.

... der Baugrund ist ausgehoben, Mauern wachsen. Sie sehen, daß hier etwas anderes entsteht als ihre niederen Erddachhütten, die der Schnee oft eindrückt oder in wäßrigen Schlamm auflöst. Schlagen Holz im Kardanger Wald, den wir mit neuen Baumsorten aufforsten werden.

... etwas Schreckliches ist geschehen. Sechs Frauen, die Bauholz für uns trugen, stürzten in den Strom; die Brücke aus Weidenzweigen riß, während sie darüber gehen wollten. Sie trieben in rasender Schnelligkeit ab, fünf konnten sich retten, für die sechste war es der Tod. Unser Schmerz ist unaussprechbar.

...Männer und Frauen arbeiten unbeirrt weiter. Bessere Brücken müssen her.

...verhängnisvolle Trockenheit. Die Erde ist wie Pulver. Kein Tropfen Regen seit Wochen. Lho-yul hat schon das trockene Klima Zentralasiens.

...alles schmachtet. Die Tibeter opfern den Lhu-Gottheiten des Wassers. Sie beschwören die Lamas, Regen zu zaubern, denn nur der Lama hat die Macht über die Geister der Luft, der Erde und der Gewässer — so glauben sie seit Urzeiten.

...der eine Großlama versprach drei, der andere fünf Tage regnen zu lassen. Doch die Sonne steht in tropischer Glut über uns, die vernichtet und versengt alles.

...Der Tod ist da. Eine furchtbare Ruhr grassiert... alles, was noch gesund ist, schleicht sich von der Baustelle fort: ›Die Dämonen Tibets schicken ihre Strafe über das Hochtal, weil zwei Nichttibeter die Geister der Erde erzürnten!‹

...sie streichen ihre Hausecken rot an, um die Krankheitsdämonen abzuschrecken — sie legen ihnen Fadenkreuze in den Weg, damit sie sich darin verfangen. Doch kein Dämon läßt sich einfangen, die Seuche wütet entsetzlich. Schlimmer noch, daß wir nicht helfen dürfen.

...Kranke, Sterbende, Tote. Zwei Monate schon rast die Ruhr. Jetzt bestattet man nicht einmal mehr die Toten nach dem alten Zeremoniell, sondern stürzt die Leichen einfach in den Fluß hinab.

...mitten in der Nacht eine geisterhafte Prozession. Schwarzmagier und rote Lamas führen alles, was sich noch mühselig auf den Beinen halten kann, bei Fackelschein zum Dorf hinaus. Sie führen einen Mann aus Stroh mit sich: die Krankheit. Unter Pfeifen, Schreien und dem Rasseln von Becken wird der Dämon aus Stroh von den Lamas zu einem Teil verbrannt, zum anderen vergraben.

...haben den bedeutenden Teil eines Nebenbaus vollendet. Mitten in der Nacht eine Stimme am Zelt: ›Sahib, gib uns von deinen Zaubern.‹ Beim aufflackernden Schein der Kerze fliehen einige Gestalten ins Dunkel, andere ziehen sich Tücher über den Kopf, um nicht erkannt zu werden. Und wir geben von unseren Arzneien. Es ist ein offenes Geheimnis, daß unsere Mittel helfen. Wir teilen aus, wenn auch nur im Dunkeln, niemand, der gesundet, will es wahrhaben, daß er Medizin bekam.

... die Krankheit ist gebrochen. Es wird Herbst. Unsere Lebensmittel schwinden. Können unmöglich den Winter über hier aushalten, müssen zurück nach Thandar-Kothgur.

... tibetische Flüchtlinge aus Ladak, das jetzt unter das Regime des hinduistischen Kaschmir geraten ist, bitten um Aufnahme in unser Gehöft. Sie haben Haus und Hof verlassen, weil sie die hohen Steuern, die der Kaschmirsatrap allen Tibetern auflädt, nicht mehr aufzubringen vermögen. Wir kennen die Lage in Ladak und wissen, daß der Bauer Lobsang Tschospel die Wahrheit redet. Er soll mit seiner Familie im Gehöft bleiben, während wir für den Winter in den Süden ziehen.

... haben die Zelte zusammengepackt. Überschlagen das Werk des kurzen Sommers: 4000 Ziegel geformt, gebrannt, gestrichen; zwei Zisternen gegraben, Bauholz zu Brettern verschnitten und zugerichtet; einen Nebenbau vollendet, den Grund zum Haupthaus ausgeschachtet.

... die Tibeter des Tales sehen uns ungern ziehen. Ein gutes Zeichen — wir haben ihr Vertrauen gewonnen. Der Abschied fällt auch uns schwer.

... die erste Post aus Deutschland bringt die Anfrage nach Erfolgen in geistlicher Hinsicht. Es ist unschwer der Vorwurf daraus zu erkennen, daß wir mehr hätten ›predigen‹ sollen.

... Pagell hat seinen Entschluß wahrgemacht und ein Heiratsgesuch mit der Bitte um Genehmigung an unsere Behörde eingereicht. Seine bisher heimliche Braut heißt Friederike Mächtle. Auch ich habe einen Heiratsantrag abgesandt. Maximiliane Adolfine Elisabeth Rosenberg möchte ich gern als meine Braut und baldige Gattin betrachten dürfen.

... tägliche intensive Sprachstudien, jetzt nur noch tibetische, wenn auch ohne unsern geliebten alten Lehrer Lama Lobsang.

... Tibet kommt uns auf halbem Wege entgegen. Sodnam Stobkjes, ehemaliger Mönch des berühmten Klosters Hemis in Ladak, will mit seinem Sohn Joldan in unser Berghaus Kyelang kommen und zu unserer Hausgemeinschaft gehören. Er ist äußerst beschlagen in dem System seiner Religion, lebt wie ein mönchischer Buddhist, obgleich er, wie viele ladakische Lamas, jetzt keinem Kloster mehr angehört.

... Sodnam kommt täglich zu uns mit Joldan, haben eingehende Gespräche. Wir nennen der Kürze halber Vater und Sohn Tob und Dan.

... keine Frauen, aber ein Mann. Heinrich August Jäschke ist seit Monaten zu uns unterwegs, ohne daß wir es wußten. Soll als Dritter im Männerbunde unser Himalayawerk stützen.

... Unser Zelt steht auf einer Anhöhe vor Simla. Schon vierzehn Tage lang warten wir hier auf Jäschke. Erstanden für ihn ein zahmes kleines Bergpferd.

... heute beim Morgengrauen hörten wir eine einsame Männerstimme singen: ›Wir woll'n uns gerne wagen, in unsern Tagen der Ruhe abzusagen, die's Tun vergißt ...‹ Eine dunkle Gestalt kam auf uns zu: Jäschke ist da.

... Jäschke ist routinierter Sprachenmann. Außer den meisten europäischen beherrscht er die alten Sprachen (Griechisch, Lateinisch, Hebräisch), das Hindustanische ist ihm bereits bekannt, das Tibetische wird er durch Sodnam Stobkjes schnell lernen.

... Jäschke will unbedingt unsere Pferde sofort verkauft wissen. Verführen zum ›Sahibtum‹, das ihm wider die Natur geht.

. . . wir werden um des Friedens willen unsere Pferde verkaufen. Doch noch nicht jetzt, wir brauchen sie notwendig in allernächster Zukunft.

. . . Aufbruch nach Norden. Unser ›Seufzerzug‹ in den Himalaya hat doch noch ein gutes Ende gefunden. Zum Schluß hatten wir hundertzwanzig Lastenträger, die Bau-Utensilien und Lebensmittel beförderten. Es war der endgültige Auszug aus der zivilisierten Welt.

. . . Schwere Stunden für uns: Jäschke übt erbarmungslose Kritik an dem, was wir hier gearbeitet und für die Zukunft vorbereitet haben. Alles, aber auch alles sei bereits verfehlt. Alles zu solide ausgeführt oder zu groß geplant. Der ›Sahib‹ ist ihm ein Greuel, und wir beide seien dem Sahibtum bereits verfallen. Alles zeuge gegen unsere Demut.

. . . verkauften unsere Pferde an Adolf Schlagintweit, der uns auch in diesem Jahr noch einmal aufsuchte. Er reist nach Kaschgar.

. . . Tob und Dan sind mit Jäschke nach Norden aufgebrochen. Im Herbst werden sie zurück sein.

. . . Unsere Lage hier in Asien wird fragwürdig: Die Todesstunde der Ostindian Company und der Herrschaft Großbritanniens über Indien scheint nahe zu sein. Eine grauenhafte Revolte ist unter der Eingeborenenarmee ausgebrochen. Alle Engländer, die sich nicht rechtzeitig retten konnten, fanden auf gräßliche Weise den Tod. Capt. Hay schickte uns aus Nagar Nachrichten, die das Schlimmste auch für unsern Bezirk fürchten lassen.

. . . neue Warnungen von Capt. Hay. In der Nachbarprovinz werden heimlich Briefe herumgesandt, die zum Aufstand rufen. Tschamba, die Provinz westlich von Lahoul, würde sich im Falle des Gelingens an Kulu anschließen, ebenso Lahoul. Hay mahnt zur Wachsamkeit.

... wir bauen unentwegt fort, haben nicht die Wahl, uns die Zeit auszusuchen, in der wir am liebsten leben und wirken würden. Die Mauern des Hauses wachsen; setzte heute abend einige Sträucher, Pappeln und Weiden.

... Die Europäer in Kothgur halten sich zur Flucht bereit. Capt. Hay lädt uns dringend ein, zu ihm in sein altes Kastell zu kommen, er habe sich darin mit Munition versehen, so daß er glaube, sich auf Monate hinaus mit Erfolg verteidigen zu können. Wir werden nicht gehen. Uns ist nicht bange. Arbeiten weiter und trauen auf den starken über uns ausgereckten Arm.

... die ›Armee der Rache‹ — Sikhs und Gorkas kommen den Engländern zu Hilfe. Vom südlichen Indien und Ceylon rücken mehr und mehr englische Truppen heran, besonders auf das heißumstrittene Delhi zu. Ein furchtbares Ringen um die Macht beginnt jetzt.

... unter keinen Umständen werden wir in das Kastell flüchten. Wenn wir sterben sollen, so kann es auch hier an Ort und Stelle geschehen — eine Kleinigkeit, zwei waffenlose Europäer zu meucheln.

... der erste Stock des Hauses ist fertig. Fast ist es wie eine Herausforderung, jetzt ein Europäerhaus zu bauen, wo man überall in Indien die Häuser der Fremden zerstört, sie selbst aber abmäht wie zu dichte Binsen.

... Hinrichtungen der Aufständischen durch Strang und durch Kugeln. Sie werden vor die Kanonen gebunden und ›weggeblasen‹.

... Capt. Hay hat gegen achthundert Zentner Pulver und eine große Anzahl von Geschützen im alten Königspalast von Sultanpour ausgehoben. Der König von Kulu ist gefangen nach Kangra abgeführt worden, mit ihm die Hauptführer der Hindupartei in Unterlahoul. Es ist damit bewiesen, daß bewaffneter Aufstand in unserm Distrikt geplant war. Wundern uns immer mehr, daß sie uns nicht schon längst überwältigt haben.

... das Haupthaus ist im Rohbau fertig ...

... die Cholera ist ausgebrochen. Achtzig Tote in Kothgur. Jetzt lassen sich unsere Hinduarbeiter nicht mehr halten; sie laufen von den drängenden Bauarbeiten weg, um nach ihren Familien zu sehen. Auch wir sehnen uns nach Briefen von zu Haus. Seit Monaten ist jeder Postverkehr unterbunden ...

... Pagell und ich werken allein weiter. Die beiden Schornsteine gucken über dem fertig gedeckten Dach hinaus; das Ab- und Zuputzen der Dielen ist vollendet.

... in Kulu 1100 Tote. 700 in Rampur, in Suket etwa 300, in dem kleinen Königreich Mandi etwa 400. Wir warten, wann die Cholera hier erscheinen wird.

... neue Nachrichten von Erschießungen und Greueln ...

... Post soll für uns unterwegs sein, berichten Händler aus dem Süden, warten darauf in großer Spannung.

... die Post müßte schon längst da sein. Forschen nach ihrem Verbleib.

... eine Sonnenfinsternis. Die Tibeter fürchten eine solche weit mehr als alle Schrecken der Cholera und alle Greuel und Scheußlichkeiten einer Revolution. Ihr Schießen, Trommeln und Schreien, um den Drachen zu verjagen, der die Sonne zu verschlingen droht, war ohne Maß.

... die Post ist da. Händler, die sie brachten, fanden den Briefträger tot am Wege. An der Südseite des Rotang war er zusammengebrochen — Cholera. Sie nahmen ihm die Papiere ab und händigten sie uns endlich ein, allerdings erst nach Versprechen eines Geschenkes. In einem unbeschreiblichen Zustand halten wir die so heiß ersehnte Post in Händen: offen, zerknittert, zerrissen, verschmutzt, und vieles ist bestimmt verlorengegangen ... auch die Antwort unserer ›Bräute‹. Kein Wort von ihnen.

... Türen sind eingesetzt, die Fenster mit Scheiben verglast. Kein Tibeter kennt Glas.

... Händler aus Norden bringen erschreckende Nachricht:

Adolf Schlagintweit im Karakorum ermordet. Solange das nicht bestätigt ist, halten wir es für ein Gerücht...

...das Haus ist fertig. Alle Hindus, die wieder zurückkehrten, weil es ihnen hier sicherer schien als in Kothgur, sind endgültig aufgebrochen; richtete heute unsere Bibliothek in einem Raum des unteren Stockwerkes ein...

...Sodnam Stobkjes ist mit Jäschke und Joldan unversehrt zurück.

...hielten die Einweihung des Hauses im ›großen Saal‹. Strenge Hausordnung und Arbeitsteilung regelt von nun an die Stunden unseres Tages. Arbeitsbeginn morgens sechs Uhr, Tagesschluß abends zehn Uhr, zwischenhinein drei — knappe — Mahlzeiten...

...Pagell übernimmt das Hauswesen. Mir wurde die Ökonomie übertragen, dazu die ärztliche Versorgung des Tales und die noch nicht existierende Schule. Jäschke wird ausschließlich für Sprachstudien frei sein.

...ein Erdbeben! Nur zwei schwache Stöße! Doch es zeichneten sich tiefe Risse in unsere neuen, frischbeworfenen Wände, sind ungefährlich, sprechen es aber dennoch deutlich aus: wer sich in Sicherheit wiegt, ist verloren...

Groenbeek schob die Blätter beiseite. Die drei Tibeter waren ihm zu Mahnern geworden. In sich zusammengesunken saß er da und blickte in das Licht. Noch einmal das Alter, das nach ihm packte, abschütteln können, noch einmal ganz jung, ganz unbelastet sein, nicht nur ›Organ‹ — noch einmal aus voller Entflammung heraus leben können. Doch unerbittlich hatte die Zeit den Riegel vor die Tür geschoben, und nur ein Nachtwächter ließ seinen aufreizend frommen Singsang davor abklingen. Er hörte die Stimme aus der Ferne und vernahm deutlich das Lied — »*Ihr Mauerzerbrecher, wo sieht man euch? Die Felsen, die Löcher, die wilden Sträuch, die Inseln der Heiden, die tobenden Wellen, sind eure von alters verordneten Stellen...*« Groenbeek lachte bitter. ›Wo sieht man euch?‹ — Hinterm warmen Ofen bei herbem Toback und gezuckertem Tee. Er löschte das Licht und trat an das Fenster. Und wie der Wind die kahlen Bäume davor hin und her schwanken ließ, sah er sich selbst wieder an dem Wald von Masten und Segeln entlangwandern: Amsterdam — Schreyerstoren! Das Ausfalltor in die Welt. Doch er segelte nur aus zu einer kurzbefristeten Visitationsreise, Guayana, Surinam das Ziel ...

Groenbeek zuckte unwillkürlich zusammen, als mit dumpfem Anprall eine Fledermaus gegen sein Fenster fuhr. Damals, ja damals! Die Fledermäuse fielen wie Wolken aus dem Dickicht des Waldes, sie lösten sich von den Sparren der Hütte und klatschten gegen Tür und Fensterladen, durch deren Ritzen kümmerlicher Lichtschein nach außen drang. Und drinnen lag, von Tropenfiebern geschüttelt, die ›Missi‹. Er saß an ihrem Lager mit seinem Begleiter, entsetzt über die Einsamkeit, in der die Frau als einzige Weiße unter Schwarzen lebte, jetzt schwer krank. Doch nach wenigen Stunden schon hatte er sich davongemacht, hatte die Fiebernde, Bewußtlose sich selbst überlassen, fluchtartig war er den Bereichen der Großen Wälder entronnen: Wolkenbrüche stürzten in diese schwelende, feucht-heiße Tropennacht, die ein Tumult von Donner und Blitz und Myriaden von Moskiten und anderem Tropengeschmeiß zu einer Wohnstatt Luzifers machten. Wie zerschlagen lag er am Boden des schlanken großen Corjars, das wohl zwanzig rasche Ruderer flußabwärts führten: Gesellen Charons — so kamen ihm die geschmeidigen Schwarzhäute vor — der Urwald Guayanas aber, das war das ›Totenland‹ Dedde condre, die Hölle. Und sie blieb in dieser Hölle, war diesem Fieber, dieser Nacht nicht erlegen, war am Morgen aufgewacht und hatte getrauert, daß der Besuch — selten wie Gold! — so sie schnell wieder verlassen mußte. Sie hatte dann erneut den Sklaven der Holzplantage Bergendal beigestanden und geholfen, nicht nur, indem sie ihnen sagte, auch ihr Leben sei kostbar und keineswegs vergebens. Nein, sie war nicht gestorben — noch nicht! Zwei, drei Jahre tiefer und tiefster Urwald, ehe ihr Leben dort langsam erlosch wie ein Licht. War sie gestorben? War sie wirklich gestorben?

Unheimliche Stille ringsum. Nur die alte Ulme vor dem Fenster ächzte und stöhnte im Winde wie die Masten, Segel und Planken der Barken an einem Sturmtage vor Schreyerstoren. Fünfzehn Jahre früher — er war noch jung oder doch sehr viel jünger als jetzt — da stand er am Quai und beobachtete ein Klümpchen Kinder, um eine dunkle Gestalt geschart: aus Surinam in die Heimat verschifft, auf neue Führung wartend. Die Kinder standen da wie frierende Küchlein, die unter den Flügeln der Glucke Schutz suchen. Nur eines hielt sich trotzig abseits, den Blick auf einen Frachter geheftet, der wieder auslief. Das sechsjährige Mädchen, das taub gegen die Umwelt zu sein schien, stand in seinem farbigen Kattunkleidchen, dem üppige Urwaldphantasien aufgedruckt waren, da wie ein kleines exotisches Wesen in der Umwelt holländischer Biederkeit, herausgefallen aus seiner alten Welt, bedauernswert verlassen in der Fremde! »Was ist mit dem Mädchen?« hatte er die Schwester gefragt. »Was wird sie haben!? Ein störrisches Heimwehherz hat sie, das sich nach Vater und Mutter und Gott weiß was allem zurücksehnt!« — »Und wie heißt das Kind, wohin reist es?« — »Mietje nennen sie alle, aber in Wirklichkeit heißt sie Maria Elisabeth Hartmann, kommt nach Welke.« — Maria Hartmann: die einsame Frau im Urwald hatte eine Tochter, Maria Elisabeth Hartmann ...

Gegen Mitternacht löste sich durch den heftiger werdenden Wind ein Ziegel vom Dach. Er fiel klatschend auf das blaue Basaltpflaster des Hofes. Groenbeek dachte an jene verhinderte ›Himalaya-Braut‹, die eine Labrador-Ehe eingegangen war, er dachte an den zuversichtlich wartenden Mann in Hochasien, und dann sah er wieder das Kind aus

Surinam in buntem Urwaldkattun — es war, als sei es gestern gewesen, und doch lagen Jahre dazwischen, entscheidende, gewichtige fünfzehn Jahre. Einen kleinen Kalabas hatte es in der Hand gehalten — ob sie gehen würde? Maria Elisabeth Hartmann, sie, die Tochter, das Kind?

DER RUF

George Groenbeek saß über seinen Arbeitstisch gebeugt im stillsten Zimmer seines großen Hauses. Er überflog noch einmal das Schreiben, das nun wirklich das Signum der höchsten Brüder-Autorität durch Unterschrift des Bischofs und das Amtssiegel des Ältestenrates erhalten hatte. Beruhigt lehnte er sich in seinen Sessel zurück und sucht zu ermessen, welche Wirkung von dem ›Ruf‹ ausgehen würde. Der feine Sand, den die episkopale Hand selbst darüber gestreut hatte, blitzte im hellen Lichte des Morgens auf wie Silberstaub. »Unbekannte Braut?!« hatte der Bischof gesagt — »nur kräftig wie Moses an den Stein schlagen, dann wird er Wasser in die Dürre geben — oder — die Braut für den Himalaya: bald wird sie uns bekannt sein, die Unbekannte!«

Groenbeek, nicht halb so zuversichtlich wie der muntere Greis, war zufrieden, daß Amtssiegel und Unterschrift ihn selbst einer großen Verantwortung entbanden. Zögernd verschloß er das Schreiben; als feurige Schnuppe tropfte der rote Lack auf das Papier, und ein bläuliches Flämmchen verpuffte, ehe er entschlossen den Stein seines Ringes als Siegel in die schnell erhärtende Masse drückte, um danach den Brief in eigener Person zu spedieren.

Mit seinem Krückstock schlug er dreimal kräftig an die Tür des kleinen Hauses von Bruder Amos Ehrenfried Schliephake. Eine kleine, gebeugte Gestalt mit spitzem Kinn und spitzer Nase, mit abstehenden Ohren und munteren Augen öffnete. Die ganze behende Gestalt hatte etwas von einer Feldmaus oder einem am Boden entlang huschenden Eichhörnchen. (In seiner Jugend hatte er kaum an sich halten können, wenn ein anderer in seiner Gegenwart seiner stattlichen, großen Gestalt und seiner Kraft wegen gerühmt wurde, dann war er schnell nach draußen gegangen, um die geballten Hände zum Himmel zu erheben und Gott anzuklagen: »Warum hast du mich nur so klein und dünn gemacht!« Doch das war schon lange her). Jetzt hatte er als Kurier in allerlei Ortschaften zu gehen, wobei es ihn nur beunruhigte, ob er auch rechtzeitig wieder zu jenem ›Liebesmahl‹ zurück sein könnte, das, kurz vor Ablauf der siebzig geheiligten Tage vor Ostern, immer als ein sonderbar feierliches Agape hier am Ort gehalten wurde. Solange er denken konnte, hatte er es kein einziges Mal versäumt. Groenbeek beruhigte ihn darüber und gab ihm den Siegelbrief, den Amos mit Bedacht in das sicherste Fach seiner großen Ledertasche steckte. Stillvergnügt summte er ein Lied vor sich hin, als er die kleine Brüder-Residenz unter dem Hutberge verließ. Das letzte Haus hatte er hinter sich, als er eine tiefe Stimme über sich hörte:

> Bruder Amos!
> Reise munter:
> Amors Bruder
> Bist du jetzt!

Bruckammer, hoch zu Pferd, kam hinter der immergrünen Efeumauer eines alten Gartens zum Vorschein und rief ihm, gut aufgelegt wie meist, diesen Abschiedsreim aus dem Stegreif zu, dessen Anspielung dem diskretesten aller Boten natürlich nicht aufging, um so weniger, als ihm sehr wohl die Bruderschaft mit Propheten, nicht aber die mit Genien bekannt war.

In erstaunlicher Schnelle kam er voran. Es war, als ließe es sich in dieser vorösterlichen Zeit besonders leicht über die Erde wandern — die guten Beine mußte ihm doch jeder lassen! Und voll Rührung gedachte er während des Wanderns an das Pedilavium unseres Herrn, und er fragte sich manchmal, wenn seine Füße heiß und müde wurden, ob sie wohl auch einer heiligen Waschung für würdig befunden worden wären. So meditierend, eilte er über das Land und freute sich kichernd, wenn er wieder einmal so eine moderne Dampfbahn oder auch nur ein Pferdegespann, auf deren termingerechte Abfahrt man viele Stunden, ja manchmal Tage hätte warten müssen, kraft seiner schnellen Beine überlistet hatte. Dabei überschlug er denn auch, was wohl Bahn und Post gekostet haben würden, und seine eigene Wertschätzung stieg, als er errechnete, welch erkleckliche Summe er doch dem Haushalt der Brüder durch den Einsatz seiner Person ersparte.

Als er von Bunzlau über Gnadenberg sich dem Eulengebirge mit Gnadenfrey näherte, war er todmüde und matt. Erst als er das Weichbild des Ortes mit der Silhouette des Questen auftauchen sah, belebten sich seine Sinne und Kräfte neu. Er winkte ihn förmlich herbei, der Geist des verewigten Bruders Justus Freiherr von Seydlitz, den Maria Theresiens eifrige Priester ob seines entflammten Brudersinnes einst in Gewahrsam nahmen, aus dem ihn nach langem Darben in fester Haft die Güte Gottes und des Alten Fritzen Erlaß über die Glaubensfreiheit lösten, wodurch er — ›Aus Gnaden froh und freier‹ — sein Gut unter dem Questen, den alten Seydlitz-Hof, zu einer Herrnhuter Siedlung ausbaute, in ewigem Dankgedenken daran, aus Gnaden frei geworden zu sein.

Als Amos das Pflaster dieses Gnadenortes der Freiheit wirklich unter sich spürte, atmete er erleichtert auf. Auf einer Bank unter den hohen Linden, die den Platz umstanden, grub er aus dem Geheimfach seiner Tasche den wichtigen Brief hervor und gab ihn mit einigen anderen Schriftstücken gewissenhaft in einem der großen Ortshäuser ab, ehe er mit aufgeschundenen Füßen im Kämmerlein des Diasporahauses verschwand, wo er vernehmlich den schuldigen Lobpreis für die so wohl überstandenen Anstrengungen anstimmte und sich darauf wohlig unter das warme Federbett verkroch.

Eine Nacht lang lag der Ruf unangetastet in der Kassette des Anstaltsdirektoriums. Der Herr des Hauses, von den meisten insgeheim und vertraulich kurz ›Hunty‹ genannt, hatte mit gleicher Gelegenheit von Groenbeek ausführliche Mitteilung über Umstände und Nebenumstände des versiegelten Briefes erhalten, und er überlegte, ob er diesen sofort an das ahnungslose Mädchen weiterreichen oder die Nacht — eine Gnadenfrist — darüber verstreichen lassen sollte. Er entschloß sich für letzteres, da er selbst von den Tatsachen so sehr beeindruckt war, daß auch er sich erst darin einfühlen wollte.

Es war einer der ersten warmen Februartage des Jahres 1859. Der flötende Ruf einer Amsel stand unverhofft nach dem strengen Winter über dem alten Garten und dem großen Haus, die er mit schmelzenden Lockrufen aus der Reglosigkeit der weichenden Nacht erweckte. Ein Morgen ohne Reif und Eis, in den Hunderte von Mädchen noch schlafesselig hineindämmerten, über dem Amselruf allmählich erstaunt die Lider öffneten, ehe sie sich auf das Signal der Schlafsaal-Autorität zum Sprung in den Tag entschlossen. Das Haus war, wie alle herrnhutischen Internate, weit über die Grenzen des eigenen Landes hinaus bekannt als Einrichtung vorzüglicher Ordnung und Mittler gediegener Bildung; der gute Bürgerstand des In- und Auslandes, vor allem der schlesische und preußische Adel ließen hier ihre Töchter in großer Zurückgezogenheit für ein korrektes Leben in der Welt vorbereiten.

Die Sonne schien so warm auf die südlichen Fenster, und der Duft der frischumbrochenen Scholle des Gartens war so würzig, daß sich bald dieses und jenes Fenster öffnete und den Frühlingshauch einströmen ließ. Und es verwoben sich bald mit dem Amselschlag die neuesten Duette von Brahms, die vielgeliebten Lieder Schuberts oder Schumanns, der — erst kurz verstorben — der auserkorene Liebling aller sangesfrohen Mädchen blieb, die hier gründlich auch der großen Erzieherin Musik anvertraut wurden. Es war, als hätte der Amselruf sie angeregt zu eigenem Jubilieren! Nicht leer wurde der Saal, aus dem ein wahres Frühlingskonzert erklang, in das alle einbezogen wurden, alle, ob sie nun in entfernteren Räumen über die Stickrahmen gebeugt die befohlene ›stille Freizeit‹ in Anstand hielten, oder ob sie in öliger Langeweile und Beharrlichkeit Geschichtsdaten paukten, ob sie sich mit der Mathematik oder mit Aufgaben des gemeinen Rechnens abmühten. — Alles war durch Sonne, Amselruf und Mädchensang beschwingter an diesem Tage, so daß man heute selbst schwierige französische Vokabeln in bester Pronunziation abrollen ließ. Sogar die Opferung Isaaks verlor etwas von ihrem Schrekken, und die düster-ernsten Landschaften Caspar David Friedrichs, die mit ihrer durchlichteten Ferne als Sinnbilder der Unendlichkeit erklärt und gepriesen wurden, fanden mühelos Zustimmung und Anklang in den heute so aufgeschlossenen Gemütern. Erst als die Sonne dem Zenit näher rückte, wurde es stiller, die letzten Etüden perlten aus geübten Fingern, bis schließlich noch mühselige Läufe — hart auf die Saiten gedroschen — als Frondienst von jenen stöhnenden Schülern der klingenden Muse abgeleistet wurden, die doch immer nur ihre Knechte bleiben würden.

Als es wieder ganz stille geworden war und auch der gelbe Schnabel der Amsel nur noch Verlangen nach nahrhaften Brocken auf der Erde zeigte, saß im obersten Stock des Hauses eine Gruppe der ›Großen‹ mit krinolinenweiten Röcken und modisch enggeschnürten Miedern dicht um ihre Lehrerin, die mit ihren einundzwanzig Jahren fast als

Mitschülerin dieser Fünfzehn- bis Siebzehnjährigen angesehen werden konnte. Maria oder »Miriam«, an der die Mädchen in schwärmerischer Verehrung, aber auch in echter Liebe hingen, hielt eine Gedenkstunde für Bettina von Arnim, die hochbetagt vor wenigen Wochen in Berlin gestorben war und von der man nie so recht wußte, ob sie als ein *schauerliches und ungenießbares* Phänomen zu betrachten sei, oder als das *wahre und begabteste Sonntagskind der erhabenen Schöpfungswoche*.

Maria weckte in ›ihren‹ Mädchen Verständnis für das, was die Dichterin für die schlesischen Weber getan hatte, und Begeisterung für die unmittelbare Sprache des Herzens, die denn auch sichtlich die Herzen der Hörerinnen zu gewinnen schien. Halblaut nur, doch deutlich verlas sie das Wort:

> »... Ich glaube, daß jeder Mensch
> ein Rätsel ist, und daß es die Aufgabe
> der Liebe ist, zwischen Freunden
> das Rätsel aufzulösen, so daß ein Jeder
> seine tiefere und innere Natur
> durch und in dem Freunde
> erkennen lerne ...«

Dieser Satz zündete! Ein Wort, das den Freundschaftsbund, der die eine oder die andere — in jener Endzeit großer Freundschaften — eng miteinander verband, aufs neue bestätigte, und mancher fragende Blick wurde in stummem Einverständnis erwidert. Ergriffen schob Florentine ihrer Nachbarin Laura ein mit Goldschnitt umrandetes Billett des Andenkens zu, und Laura las unauffällig die warmen, tiefempfundenen Worte, der sie ›ewig liebenden Florence‹ (›Freundin! sei glücklich! sei es ewig! und wenn ich dahin bin, so ehre dies Andenken‹). Ein Händedruck wie ein Treueschwur wurde heimlich gewechselt, ohne daß sich ihre Aufmerksamkeit währenddessen wesentlich von dem Vortrage

Miriams entfernt hätte. Sie nannte die Worte Bettinens das schönste Denkmal der Dichterin, das sie sich selbst wohl für alle Zeit gesetzt habe. »Liebe —« sagte sie und suchte tiefer einzudringen, »was ist Liebe?« Da klopfte es. Die Köpfe der Mädchen fuhren herum. Constanze von Dittmers stand unter der Tür; sie suchte zu verbergen, daß sie, eine gesetzte Lehrerin von nahezu dreißig Jahren, ungebührlich hastig die vielen Treppenstufen heraufgestürmt war. Ihre Worte kamen jedoch noch atemlos hervor, als sie Maria zuraunte: »Du sollst alles stehen und liegen lassen, Hunty erwartet dich!« So leise auch diese Worte geflüstert waren, so wurden sie doch von fast allen Mädchen verstanden, die hellhörig sofort begriffen, daß etwas Außerordentliches vorliegen müsse. Und sie mutmaßten erregt die absurdesten Möglichkeiten, als sie zu zweit und zu dritt in den Garten hinabstiegen.

Die dunkle Gestalt Huntys erhob sich aus dem ledernen Sessel. »Das ist für dich, mein Kind!« er bediente sich Maria gegenüber noch immer des vertraulichen ›Du‹, da er es gewesen war, der sie — schon als Schülerin seiner Anstalt — um ihrer Gaben willen für den Beruf der Lehrerin ins Auge gefaßt und dann selbst ausgebildet hatte; und er bereute seine Entscheidung noch keinen Augenblick, seit sie unter seiner Leitung aus Kindern Mädchen und aus Mädchen junge Damen heranbildete.

»Du kannst das Schreiben hier oder in deiner Stube lesen, ganz wie du willst!« Kritisch, ungläubig betrachtete Maria den Brief in ihrer Hand, überflog die Aufschrift einmal und noch einmal, kein Zweifel, er war an sie gerichtet, an sie — Maria Elisabeth Hartmann — Lehrerin des Schwesternhaus-Pensionates zu Gnadenfrey/Schlesien. Arglos, doch voller Spannung erbrach sie das rote Siegel und trat ans Fenster. Lautlos verschwand Hunty, die Dittmers vor sich herschiebend, die sich nicht zu lassen wußte vor Unruhe und Neugier.

Maria zuckte unter der Wucht der Worte zusammen. Wieder und wieder las sie, jedesmal dumpfer und schwerer das Gewicht der Kunde spürend: »Braut — ich eine Braut. Fortgehen von hier. Nach Asien gehen. In den Himalaya. Zu einem fremden Mann ... ich ... seine Braut!« Steif lehnte sie sich an die Stütze des Sessels, angestrengt auf die Streifen und Blumen des damastenen Polsters starrend. Sie wartete, daß sich alles als Trug der Sinne, als Spiel der Phantasie erweisen und wie ein Phantom von selbst auflösen werde, doch dann spürte sie wieder das Papier in der Rechten, und wieder las sie, beinahe buchstabierend, langsam Silbe für Silbe, Wort für Wort diese Botschaft, die — es konnte kein Zweifel sein — ein Ruf war. Mit geschlossenen Augen suchte sie zu begreifen, zu ermessen, was nicht zu ermessen war.

Nach geraumer Zeit erst bemerkte sie, daß sie allein im Zimmer war, und verließ es zaudernd, benommen, erstarrt. Wie aus weiter Ferne drang das Getöse der nun in den Garten hinabschwärmenden Mädchen an ihr Ohr. Als sie die Türklinke zu ihrem Zimmer im obersten Stockwerk niederdrücken wollte, fuhr sie zurück: Constanze hockte zusammengekauert auf einem niederen Schemel hinter dem Gangvorhang. »Was ist geschehen, Maria? Was ist?!« Fremd blickte Maria die Freundin an, doch sie ließ sich von ihren flehentlichen Blicken in die Gegenwart zurückrufen. »... kannst du schweigen?«

»Wie das Grab, bestimmt Maria — wie ein Grab!« Maria, unschlüssig, ob sie ihr Geheimnis nicht doch lieber einem Grab als einer Freundin anvertrauen sollte, reichte ihr mit resignierender Bewegung das Schreiben. »Lies selbst! Es bleibt ja doch nicht verborgen!«

Gierig verschlang Constanze die Worte des Briefes, stieß einen Laut des Erstaunens aus, das hatte sie doch nicht erwartet! Dann stieg sie, ohne Maria weiter durch Frage, Trost oder Anteilnahme zu behelligen, in dem erhebenden Gefühl bevorzugter Mitwisserschaft hinab in das schon brandende Meer ungewisser Vermutungen, das jedesmal hohe Wellen schlug, wenn jemand aus dem Lager der Erzieher oder der zu Erziehenden unvermutet und überraschend zu Hunty befohlen wurde. Sie genoß die Tatsache, als einziges weibliches Wesen dieses Hauses eingeweiht zu sein in das, was alle brennend gern gewußt hätten.

Die Natur hatte Constanze von Dittmers nicht zu einer Heroine des Schweigens bestimmt, und so geschah es, daß sie hier einen Brocken, da einen Satz ihres kostbaren Wissens ›ungewollt‹ ausstreute, und bald durcheilte der volle Inhalt des Briefes das weite, vielmündige Haus. Schneller schlugen die Herzen der Mädchen, geschäftiger regten sich ihre Lippen als bei den meist farblosen Anlässen ihres nur wenig abgelenkten oder gar bedrängten Daseins in der strengen Umhegtheit von großen Gärten und klostergleichen Mauern. Tibet-Braut: Miriam, die jüngste Lehrerin! Das Abenteuerliche an dieser Nachricht ließ die Phantasie ihrer Schülerinnen seltsame Blüten treiben. Schweigend verlief das Essen. Ein Zischeln nur hie und da zu dem gedämpften Klappern der Teller und der eintönigen Stimme der Vorleserin. Doch kaum waren sie wieder draußen, schwoll flutgleich das Schwatzen an, in den Gängen, auf den Stuben.

»... sie wird es nicht tun! Sie kann es nicht, darf es nicht tun!«

Die kleine Comtesse von G. steigerte sich förmlich hinein in die Angelegenheit dieser besonders geliebten Lehrerin, und sie fand rege Zustimmung im Kreise ihrer noch immer verblüfft, erregt und neugierig dreinschauenden Kameradinnen.

Florentine jedoch schnippte mit den Fingern in die Luft, drehte sich geschmeidig in den Hüften, wie wenn sie zur Quadrille antreten oder Contre tanzen wollte. Sie wandte den übrigen den Rücken zu und lachte über die Schulter zurück: »Heiraten ist doch schön, ist doch charmant! Aber zu den Kannibalen dort oben — oh, mon Dieu!« Dabei dachte sie errötend jenes brandenburgischen Junkers, der sie bei ihrer Rückkehr nach Hause wieder als Tänzerin — möglicherweise für das ganze Leben! — begehren würde. Ganz in die Nähe des Hofes käme sie dann, würde dem Prinzregenten Wilhelm begegnen, dessen unglücklicher Bruder im vorigen Jahre plötzlich hatte abdanken müssen. Welche Geheimnisse barg doch die große Welt! Und sie trällerte eines jener hierorts verpönten Liedchen, das sie ›draußen‹ aufgeschnappt hatte, lustig, doch nur mit halber Stimme vor sich hin.

Es lockerte und verlor sich indessen das Flüstern und Zischeln mit den verlöschenden Lichtern des Abends, als alle — müde und tagesmatt — in der Ruhe des großen Schlafsaales wieder in die Nacht hineinschlummerten. Doch um die Lampen und Lämpchen der Familientische des Ortes, bei denen man sich gewohntermaßen ›zum Lichten‹ einfand, wurde es jetzt lebendig. Auch in den großen Chorhäusern, besonders der ledigen und verwitweten Schwestern, huschten eilige Gestalten über die sandbestreuten Dielen der langen Gänge, um schnell noch einmal bei der Nachbarin am traulich erleuchteten Tisch Auskünfte und Meinungen über allerlei Tagesfragen zu erhalten. In den behaglichen Stuben, die im Verlaufe eines Jahrhunderts eine beachtliche Kultur des Verzichts entwickelt hatten — bei der das Teetrinken in Ermangelung anderer für würdig befundener Getränke eine nicht unbedeutende Rolle spielte —, hier, in diesen trauten Klausen, wo man zur Förderung des ›inneren Menschen‹ sich gegenseitig unverhohlen Einblicke in das eigene Leben gestattete (ganz entgegen des sonst gewahrten Abstandes und Für-sich-Seins), hier wurde auch dieses neueste Ereignis als ein in seiner Art unerhörtes Vorkommnis wieder und wieder durchgesprochen, erwogen, beurteilt und — verworfen.

Wie kühn auch etliche Brüder noch hundert Jahre zuvor mit nur einem oder wenigen Talern in der Tasche und ein paar schäbigen Kleidern auf dem Leibe, aber mit einem bergeversetzenden, blinden Glauben an ihre Sendung zu unentdeckten Welten vorgestoßen waren, so konnte doch eine solche Haltung nicht mehr als allgemein gültig vertreten werden, vor allem nicht für ein so junges Mädchen, denn das war Maria, trotz ihrer Lehrerinnenwürde, ja doch noch! Leise klirrte das hauchfeine Porzellan der Teetassen, aus denen der Dampf in leichten Rauchwölkchen aufstieg, ein Vorgang, bei dem sich immer schnell und sicher Stellung beziehen ließ. Das härene ›Streitergewand‹ von einst, heute schien es nicht mehr tragbar. Aus der Mode? Ach nein, nicht gerade — aber schließlich müssen auch Brüder und Schwestern, die, trotz allem, in der ›Welt‹ stehen, etwas auf sich halten. Also doch veraltet? Ein zu hartes Wort! Ein wenig mit der Zeit gehen wäre der Gemeine nicht schädlich, denn schließlich lebte man nicht mehr im schwärmerischen achtzehnten, sondern im vorwärtsdrängenden neunzehnten Jahrhundert! Das war keine Frauen-, sondern eine Männerstimme an einem Männertisch, die das mit Nachdruck feststellt und dieses veränderte Denken auch für den ›inneren Gebrauch‹ sinngemäß angewandt wissen wollte. Der Sprecher forderte Nüchternheit, Verstand und Sachlichkeit, wo man einst auf Gedeih und Verderb hin vertraut und gewagt hatte, oft nur zu viel! Der leicht ketzerische Anflug dieser Worte beeindruckte indessen die übrige männliche Teerunde kaum, man betätigte die Pfeifen und sprach in ihren Rauch hinein aus eigener Anschauung und Erfahrung von Südafrika oder Westindien, vom Labrador oder Surinam nahezu wie von der eigenen Heimat, und von Indianern, Negern, Eskimos und Hottentotten als von Brüdern und Schwestern, mit denen man einst nahen Umgang gehabt hatte. Aber die Tibeter? Wer konnte schon etwas Gültiges über sie sagen! Das, was jetzt bruchstückweise von dort verlautbar wurde, war wenig genug. Alles mußte noch erst erforscht werden, vor allem die Sprache. »They are cursed dogs!« hatte ein englischer Offizier gesagt, als er bei der Jagd auf wildes mongolisches ›Gelichter‹ im Himalaya stieß. Die Brüder alle aber — ledig oder nicht —, die an Huntys Hause zu nächtlicher Weile vorüberzogen, waren sich stillschweigend einig in der Meinung: unverantwortlich, sie zu schicken!

Die aber, um die es sich handelte, saß auf der Kante ihres schmalen Bettes und weinte. Der Schlag, den sie in der Frühe erhalten hatte, brannte jetzt wie eine jener Wunden, deren Schmerzhaftigkeit man erst empfindet, wenn die allgemeine Betäubung durch den ersten Schock zu schwinden beginnt. Nur stärker, immer entschiedener war im Verlaufe des Tages das Grauen vor dem Unbekannten, das auf sie zustürmte, geworden. Nichts hatte daran die Aussprache geändert, die sie am späten Nachmittag noch mit Hunty gehabt hatte. Im Gegenteil, seine Worte stürzten sie nur in einen neuen, verschärften Konflikt ihres ungewollten Brautdaseins, als er ihr bei aller väterlichen Milde doch schonungslos auseinandersetzte, daß sie als Braut des ihr unbekannten Mannes ein ganz besonderes Taktgefühl für diesen entwickeln müsse, da er eigentlich um eine ganz andere, eine gewisse Maximiliane Adolfine Elisabeth Rosenberg, angehalten habe, die aber inzwischen verheiratet sei. Diese Tatsache werde man dem Bräutigam jetzt mit ihrem Jawort mitteilen.

»Und wie alt wäre die Braut seiner Wahl gewesen?« Ihre Stimme mußte tonlos geklungen haben, denn Hunty sah sie plötzlich ermunternd an, begann dann aber doch etwas verlegen die Augengläser zu putzen »... nun, nun!« meinte er beschwichtigend, »so genau weiß ich das natürlich nicht, aber sicher war sie in seinem Alter. Er ist — doch das steht ja gewiß in deinem Brief? — zwölf Jahre älter als du ist er. Mit seinen vierunddreißig Jahren steht er im besten Mannesalter, wie man so sagt!« Bestes Mannesalter! Hunty hielt einen Augenblick inne; was konnte dieses Mädchen, das er immer noch als ›Kind‹ anredete, darunter verstehen: bestes Mannesalter! Alles, aber auch alles hatte man geflissentlich von den Mädchen ferngehalten, was sie mit der ›anderen Hälfte des menschlichen Geschlechtes‹ unmittelbar oder auch nur gedanklich in Verbindung hätte bringen können. Sogar die leiblichen Brüder in den Knabeninternaten durften ihre Schwestern nie allein sehen oder sprechen, nur von der Straße aus grüßen, wenn sie, durch Zufall, einander in geschlossenen Kolonnen begegneten. Dann schlugen sie die Augen nieder, und manchmal war dabei ein kaum hörbares ›Schwester‹ den spröden Knabenlippen entschlüpft. Bestes Mannesalter — es war nicht möglich, jetzt Vergleiche mit Brüdern oder Vätern anzuwenden; darum sagte er, sich energisch räuspernd: »Beste Mannesjahre sind eben, wenn einer noch nicht alt, aber auch nicht mehr zu jung ist.«

Zu jung! Ein plötzlicher Hoffnungsschimmer leuchtete in Marias Augen auf. Immer und überall war sie unter den Kollegen als ›noch zu jung‹ angesprochen und behandelt worden, so daß sie nachgerade ihr Zu-jung-Sein als Mangel und Nachteil gegenüber der würdigen, älteren Kollegenschaft ansah. Jetzt aber kam ihr dieses ›zu jung‹ wie eine Erlösung aus großer Not. Ein belebendes Rot überspielte ihr blasses, angestrengtes Gesicht, in dem aller Kummer einer unendlichen Harmonie und Ruhe wich. Hunty bemerkte mit Staunen diesen Vorgang, der Maria noch jünger machte. Beinahe verlegen betrachtete er den Schmelz dieser Jugend. ». . . wenn er«, fuhr sie zögernd fort, »zwölf Jahre älter ist als ich, dann glaube ich sicher, daß man sich in mir geirrt hat: ich bin zu jung — zu jung für eine Braut!«

Ungewohnt barsch wies Hunty das zurück: »Zu jung? — für eine Braut kann man nie jung genug sein!« Das ›Nie‹ verbesserte er schnell in ein ›selten‹ oder ›kaum‹, und er merkte, daß er seinerseits wieder unsicher wurde, weil es da eben doch mancherlei gab, was er unmöglich mit diesem Kinde erörtern konnte, das bei aller Klugheit noch völlig unwissend, bei allem Liebreiz völlig unerschlossen war. Forschend sah er sie an. Die Ruhe, die über sie gekommen war, machte sie ihm überlegen, so daß er sich vor ihr einen Augenblick lang täppisch und unbeholfen vorkam, während er sagte: »Du wünschest wohl sehr, ›zu jung‹ zu sein?!«

Voll wandte sie ihm ihr Gesicht zu und sah ihm fest in die Augen: »Zum erstenmal in meinem Leben: Ja!« — Dieses klare Ja forderte Hunty heraus: »Wie gut du Ja sagen kannst. Ich weiß, ich wußte es immer: du bist ein Ja-Mensch, und auch in diesem Punkte wirst du zu einem Entscheid kommen, der dir entspricht. Ich weiß, du kannst es, ich weiß, du kannst auch einen ungewöhnlichen Schritt tun: du kannst!« — »Aber warum nur alles so schnell, so überstürzt?! Wenn er schon vor zwei Jahren gewußt hat, wen er heiraten will, so hat man es hier schon mindestens vor Einbruch dieses Winters gewußt. Jetzt ist es Februar, der Frühling steht vor der Tür, und jetzt soll ich ihm als liebende Braut entgegenreisen, ohne daß er eine Ahnung von mir hat, ohne daß es mich zu ihm zieht. Hätte man mir nicht wenigstens etwas mehr Zeit lassen können — einen Winter hindurch, warum, warum erst heute dieser ›Ruf‹?!«

»Kein Warum! Wichtige Entscheidungen erledigen sich immer am besten kurzfristig und ohne langes Hin und Her.« Hunty, dem bei diesem Punkte wieder etwas unbehaglich war, schlug einen beinahe amtlich kühlen Ton an, als er sagte: »Du kannst selbstverständlich auch nein sagen, gewiß, du kannst dich dem Rufe entziehen!« — »Ich will nicht feige sein, aber ich weiß, ich bin der Aufgabe nicht gewachsen, ich spüre, ich bin nicht für eine Braut gerüstet, am wenigsten für die seine: mein ganzer Zustand beweist es mir.« — »Kein Mensch ist von vornherein fertig zu etwas und vollkommen in seiner Haltung vor dem Schicksal.« Hunty ging im Zimmer auf und ab, ehe er sich in seinen Sessel zurückzog. »Es gibt Menschen«, sagte er, und seine Stimme klang ernst, »— es gibt Menschen, auf die das Beschwerliche, Gefährliche oder doch Ungewöhnliche zu warten scheint, und andere, die davon nie angerührt werden. Sieh mich an: ich sitze hier in aller Stille und warte darauf, daß die Samen, die ich ausstreue, aufgehen. *Ich* brauche meinen Koffer nicht mehr zu packen, oder auch nur einen Ranzen, und in die Welt der Gefahren hinauszuziehen wie du. Ich kann hier alt werden und ruhig in diesen Mauern sterben und werde dereinst unter den schönen alten Lindenbäumen ausruhen von aller Arbeit.«

Der Schein der sinkenden Sonne verklärte den dunklen Raum mit warmem, goldenem Licht. Den tiefen Ernst beiseite schiebend, suchte Hunty plötzlich zu scherzen: »Unsere große ›Mutter Unitas‹«, sagte er, »ist eben ein besonderer Vogel, unter dessen Flügeln zwei Sorten von Jungen heranwachsen: Nesthocker und Nestflüchter. Es scheint mir, daß du — ein surinamisches Vöglein — zu den letzteren gehörst: entwickle deine Art und fliege aus! Und sieh nicht mit Bedauern zurück in das Nest der zweiten Heimat, die dich flügge machte!«

Hunty, der zu jenen Pädagogen gehörte, die wenig loben, selten tadeln, aber junge Menschen zu nehmen wissen, ohne daß sie selbst merken, wie sie geführt werden, hatte sich zu einer deutlichen Aufforderung herbeigelassen, die fast schon einer Forderung gleichkam. Es lag eine Erwartung, aber auch eine Aufmunterung in seiner Stimme, der sie sich nur schwer entziehen konnte. Hunty merkte das und suchte zu mildern. »Wenn du nur unschlüssig bist, mein Kind«, aus seinen Worten klang jetzt eine große Güte, »— wenn du nur unschlüssig bist, dann tue, wie die Väter taten, wenn sie nicht aus noch ein wußten und sich doch eine Last aufpacken sollten, die ihnen zu schwer dünkte, oder wenn sie unvermutet vor einem Kreuzweg standen: sie befragten das Los. Das war üblich. Und wenn diese sehr alte Sitte unter uns im Aussterben ist, weil heute alle immer gleich ganz genau wissen, was sie können — vor allem aber, was sie nicht können —, dann erinnere dich ruhig dieses Brauches und übe ihn in blindem Glauben!« Und er erklärte ihr die Bewandtnis und den Ritus der Losbefragung, die als klarer Fingerzeit von höherer Hand demütig hingenommen wurde von Menschen am Scheidewege.

Mit forschendem Blick suchte Hunty nach einem Widerhall seiner Worte in dem niedergeschlagenen Wesen da vor sich, das Zuspruch — den rechten Zuspruch — so nötig hatte, und obgleich er festzustellen glaubte, daß seine Rede an die ›Braut‹ in diesem Zustande der Abwehr wohl ins Leere gesprochen war, fuhr er doch unbeirrt fort, auf die alte Erfahrung bauend, daß auch Unverstandenes und Abgewiesenes nicht verlorengeht, sondern zu seiner Zeit aufersteht. Marias zweiflerischer Blick, der ihm ihre Gedanken über die Losbefragung verraten hatte, machte ihn nachdenklich und veranlaßte ihn zu neuer Erklärung: »Nicht wahr!« sagte er, und seine Stimme klang sehr eindringlich, »was ich ganz genau weiß, das brauche ich nicht noch zu glauben! Also brauche ich auch umgekehrt nicht mehr zu wissen, was ich ganz sicher glaube! Wissen und Glauben, das sind die beiden Schalen, die an dem großen Waagebalken unseres Lebens hängen. Eine endliche Gerechtigkeit hält sie im Gleichgewicht. Das Vertrauen in dieses Gleichgewicht und in diese Gerechtigkeit sich nicht rauben lassen ...!«

Die frühe Dämmerung verbarg sein Gesicht, das die hohe Lehne des Sessels beschattete. »Das meiste in unserem Leben ist Unsicherheit ...« Es war, als hätte er zu sich selbst gesprochen, denn plötzlich hielt er inne, besann sich des Augenblickes und raffte sich aus seiner Versunkenheit auf. Mehr als einmal schon hatte er sich während der Unterhaltung beklagt, daß ihm ein derart unbequemes Amt zugefallen war. »Ich weiß, mein Kind«, sagte er müde, »ich bin ein schlechter Brautsprecher! Eine Unterhaltung von Frau zu Frau wird dir gut tun; meine eigene ist krank, aber deine Schwesternpflegerin van Trooght wird dich morgen früh erwarten, sie ist bereits unterrichtet!«

Alexandra van Trooght! — mehr gefürchtet und geehrt als geliebt. Selten, daß jemand aus freien Stücken und dem Drange des Herzens folgend den Weg zu ihr fand. Maria war froh, daß noch diese Nachtstunden zwischen der Begegnung mit ihr standen — eine Nacht, so seltsam, so verwirrend, wie sie noch keine erlebt hatte. Der Ruf, dazu Huntys Eröffnungen und Forderungen bewegten ihr Gefühl heftig. Jetzt in der Dunkelheit waren ihr seine Worte beklemmend nah. Schön und gut, was er gesagt hatte, aber es selbst leben und in die Tat umsetzen, das blieb doch ein ander Ding; und ganz unmöglich konnte er wissen, wie einer Braut ums Herz war, die keine sein wollte.

Wenn er nur etwas mehr über den Mann, den ›Bräutigam‹, gesagt hätte, etwas Menschliches, Verbindendes — aber wie sollte er auch! Und so sah sie diesen Fremden nur in nebelhafter Ferne als einen irgendwie gearteten und gestalteten Menschen, der nichts von ihr ahnte, nichts von ihr wissen konnte und wollte, der aber keinesfalls zu jenen gehörte, die in liebenswürdiger Unentschlossenheit oder aus frommer Schüchternheit nicht gewußt hätten, mit wem sie das Leben zu teilen wünschten — keiner, der sich durch Mütter, Schwestern, Tanten oder Behörden eine Braut suchen ließ, nein: dieser Mann hatte eindeutig eine Braut erwählt, nicht einmal, sondern sogar ein zweites Mal hatte er in standhafter Beharrlichkeit um eben diese Frau angehalten — aus Liebe? Gewiß, was denn sonst! — und seine Schuld war es nicht, daß sie nichts davon erfahren hatte. Plötzlich hörte sie eine eisige Stimme aus ihrem Innern aufklingen: ›Ersatzbraut!‹ Wie eine Lähmung legte sich dieses Wort über sie, das die Not ihres Herzens ihr auf die Lippen getrieben hatte.

Je tiefer sich die Nacht herabsenkte, desto mehr erschrak sie, welch ein unnachgiebiger Rebell der Stolz ist, der Stolz der Frau, die selbst und freiwillig ihre Liebe verschenken möchte. Sie aber dachte noch gar nicht daran, denn sie war glücklich, endlich so leben zu können, wie sie lebte. Und was Liebe war und sein konnte, ahnte sie nur dumpf. »Liebe — was ist Liebe!?« Unfaßbar, daß sie sich in der Frühe dieses Tages noch erkühnt hatte, eine solche Frage vor den Mädchen aufzuwerfen. Zwar hatte sie sich aus einem besonderen Anlaß dazu aufgerufen gefühlt. »Liebe — was ist Liebe!« Jetzt saß sie selbst da wie ein verirrtes Kind, ihre Kehle war trocken, wie ausgedörrt. »Die Liebe . . .«, so hatte sie sagen wollen, »ist etwas sehr Kostbares, die Liebe zu einem Freund, einer Freundin, besonders kostbar aber ist sie wohl zu einem geliebten Manne, anders ist sie als die Liebe zu Vater und Mutter, anders als die zu Geschwistern und Freunden, alles zusammen ist sie und noch viel mehr!« Jetzt spürte sie, daß sie mit ihren tastenden Worten das Geheimnis der Liebe in seiner Unergründlichkeit nur noch geheimnisvoller gemacht hätte. Auf tönernen Füßen schmerzlich empfand sie es — stand alles, was sie in Wahrheit um jene Liebe wußte, die anders ist als die zu Vater und Mutter und Geschwistern. »Liebe ist Leidenschaft! Liebe ist schmerzliches Sich-Sehnen« — so hatte sie gelesen, »Krone des Lebens« ist sie, und »Glück ohne Ruh«. Das trockene Würgen im Halse schnürte ihr fast den Atem ab, nichts von alledem spürte sie, kein Sehnen und kein Begehren, kein Glück und kein Hochgefühl, nur tiefe Zerschlagenheit. Eine Braut ohne Liebe ist keine Braut! Eine Braut ohne Glück ist eine Verdammte! — Braut? — das Wort hatte ein schreckliches Echo: Ersatzbraut!

Die letzten Lichter im großen Hause waren erloschen. Je stiller es wurde, desto beklemmender wuchsen aus dem

Dunkel quälende Gedanken, wie sie ähnlich noch nie in ihrem Innern erstanden waren. Mit bleiernen Gliedern erhob sie sich schließlich aus ihrer Kauerstellung und ging zu dem Schreibpult am Fenster. Da lag der Ruf offen wie das Todesurteil ihrer Freiheit und ihrer persönlichen Freuden. Etwas Feindseliges ging von ihm aus, etwas, das eigene Rechte beanspruchte. Unruhig flackerte das Kerzenlicht über die Schriftzeichen, die sie in dem Verlangen nach Klarheit und Tröstung noch einmal überflog, doch beides blieb fern. Es stand nicht da: Kannst du auch? — willst du vielleicht? — würdest du gern —? Sondern hinter unverbindlichen, kargen Worten stand da ein ungeschriebenes, aber unüberhörbares: Du sollst. Du sollst in die Fremde gehen! Du sollst alles verlassen, was dir lieb und wert geworden ist! Du sollst eine Braut sein, einen Unbekannten heiraten!

Sie löschte die Kerze, als ein heißer Tropfen von ihren Wimpern auf das Papier fiel. Der aufsteigende Mond begann das Zimmer mit Licht zu füllen und die geliebten Gegenstände ringsum, die ihr Leben froh und glücklich gemacht hatten, wie zum Hohn auf ein Podest zu erheben, auf dem sie nun erst recht ihren Wert erkennen und ihren Verlust abschätzen konnte. Da stand das Klavier mit den aufgeschlagenen Noten. Sie schloß das Instrument und nahm das begonnene Aquarell von der Staffelei, eine mit Tusche leicht hingeworfene Skizze des nahen Eulengebirges, halb fertig — alles halb fertig! Man macht keine Sachen halb: entweder ganz oder gar nicht! Und sie zerriß das Papier und steckte es in den langsam erkaltenden Ofen. Zu heller Lohe flackerte es auf und ließ nur einen Aschenrest zurück. Da, die Bücher an der Wand. In farbigen und schlichten Gewändern blickten sie auf sie herab, diese stillsten aller Freunde, die so lautlose, unwandelbare Begleiter ihrer Tage geworden waren. Das Leben hatte neu für sie begonnen, seit sie aus freier Wahl in die Welt der Dichter vorgestoßen war, sie hatte ›Werther‹ verschlungen und die ›Wahlverwandtschaften‹, sie liebte Stilling und hatte um die Günderode getrauert, hatte sich von Königen und Helden Shakespeares erschüttern lassen, mehr noch und mehr, nicht auszuschöpfen war der Born. Je angelegentlicher sie gelesen hatte, desto größer wurde ihr Durst, Neues und immer Neues zu erfahren, und ihrem eigenen Bedürfnis kam die strenge Pflicht helfend entgegen. Ihre Hauptunterrichtsfächer, Literatur und Sprachen, waren die Füllhörner, aus denen sie nur zu schöpfen brauchte, um sich selbst zu bereichern, während sie ihre Schützlinge dabei mühelos lehrte. Traurig glitt ihr Blick über die Versammlung ihrer Freunde, denen sie soviel zu verdanken hatte, jetzt mußte sie ihre Welt verlassen. Das und noch sehr viel mehr hatte sie bedenkenlos aufzugeben, wenn sie dem Ruf folgte, um das Weib eines Fremden im Schnee und Eis des hohen Himalaya zu werden. Ein kühler Luftzug vom halbgeöffneten Fenster ließ das Papier raschelnd auffahren. Sie beschwerte es mit einer Büchse und schüttelte abweisend den Kopf: Das war nicht die Liebe, die jeder Mensch sich ersehnt — das war ein Befehl, ein Ehebefehl!

Im Hause war es so ruhig, daß man auch den leisesten Schritt auf dem Sand der Dielenbretter knirschen hörte. Hin und wieder knackte es im Polster eines Möbelstückes oder in der Wand, ein Holzwurm tickte irgendwo, und droben im Schlafsaal atmete es aus einer Vielzahl geliebter Kinder- und Mädchenleben, die traumumfangen und unbelastet wieder in einen neuen Tag hinüberschlummerten. Nur sie selbst war noch wach, und wenn es nicht der glückliche Umstand gewollt hätte, daß Constanze, mit der sie das Zimmer teilte, unerwartet die Aufsicht im Schlafsaal übertragen worden wäre, dann hätte auch sie in ihrem Bett genauso still liegen müssen wie die Mädchen. Doch das war keine Nacht zum Schlafen. In Kleidern wachen, wie wenn man jemanden erwartet, und wenn es auch nur ein Entschluß ist. Ein kalter Windzug stieß das Fenster auf und ließ sie erschauern. Sie schloß es und zog fester die dunkelbraune Mantille um sich.

Wie still war die Nacht. Noch nie hatte sie sie wachend zugebracht — wachend, stehend und gehend in einem Zimmer, das sie für einen Mondumlauf allein bewohnte. Das war gut, das machte sie ruhiger, fast so ruhig, wie wenn sie wirklich auf den heckenbestandenen Questen entwichen wäre, um unter dem Sternenhimmel Sammlung und Klarheit wiederzufinden, die im Rahmen des straff geordneten Kollektivs nur schwer zu bewahren blieben. Zum ersten Male seit langer Zeit hatte sie sich dagegen empört, daß solche ›Kapricen‹ selbst einer Lehrerin nicht gestattet waren, es sei denn, daß sie ihren Wunsch zuvor ordnungsgemäß anmeldete, und selbst dann war es noch mehr als fraglich, ob sie wirklich die Erlaubnis erhalten hätte. Wahrhaftig! Sie hatte aufgeatmet, als Constanze ihr eröffnete, daß sie heute nacht überraschend eine Kollegin zu vertreten habe. Oder sollte Hunty etwa ...? Wußte er, daß Zerrissenheit und Schmerz schamhafter und verletzlicher sind als Freude und Glück? War er es, der ihr die Stille verschaffte, ohne daß sie darum nachgesucht hatte, der ihr ersparte, der wohlmeinenden Geschwätzigkeit preisgegeben zu sein, die redet, ohne eigentlich zu empfinden? Wußte er, wie ausgeliefert der Erschütterte ist, der Gefahr läuft, mit der Fassung auch noch sein ›Gesicht‹ zu verlieren? Aber vielleicht war es wirklich nur ein Zufall und Hunty völlig unbeteiligt an dieser willkommenen Einsamkeit! Wahrscheinlich hätte er ihr doch zu schlafen befohlen, wenn er geahnt hätte, wie sehr sie sich noch außerhalb der Ordnung befand. Schließlich hatte er mehr zu bedenken, als sich mit ihrer Person zu befassen.

Seltsam, als einzig wache Seele jenseits der Welt des Schlafes zu weilen. Der Mond stand über den leeren Straßen. Sein Licht durchflocht das Astwerk der kahlen Bäume, hier stand es wie struppige Borsten, da reckte es sich wie geballte Fäuste in den Himmel, besonders unheimlich und massig an der großen Weide, deren Krone gekuppt worden war. Ein Hund tauchte dann und wann aus dem scharfen Schlagschatten der Häuserreihen auf, streunend glitt er bald in das Licht, bald in den Schatten der niedrig geduckten Mauern und Dächer, ein großer schwarzer Hund, der schnuppernd die Straßenzeile entlangtrottete, als sei er der verkörperte Gefährte der Nacht, ein Geschöpf der Finsternis. Sie hörte die Uhren anschlagen und verklingen. Ein Uhr. Zwei Uhr. — Unfaßbar, weshalb man gerade auf sie als Tibet-Braut verfallen war! Sie war nicht die einzige, die man einst aus den Wäldern der Kindheit, von Surinam nach Europa geschickt hatte, um hier zu lernen, was Schliff und Bildung, was Ordnung und Unterordnung, was erlaubt, was nicht erlaubt war. Die Stuben der Internate waren voll von kleinen ›Afrikanerinnen‹ und anderen Wildgeschöpfen entlegener Weltgegenden, von Dutzenden, die das gleiche Kinderschicksal mit ihr geteilt und erlitten hatten, kummervoll und sehnsuchtsbeladen neben den Glücklichen zu leben, die ihre meist vermögenden Eltern in erreichbarer Nähe wußten und immer wieder zu ihnen zurückkehren durften. Dann besonders würgte der Heimwehschmerz und man verkroch sich unter einem Tisch oder hinter einem Vorhang, um sein Elend nicht einer vielmündigen Öffentlichkeit preiszugeben; denn es hatte sich noch immer erwiesen, daß das Rufen nach Vater und Mutter und alter Heimat vergebens, hoffnungslos vergebens blieb und daß ein naßgeweintes Kopfkissen eher ein Anlaß zur Rüge war als ein Grund zum Bedauern oder eine Aufforderung an die Zärtlichkeit.

Vielleicht, daß die ›Brautrufer‹ in ihr eine ähnliche Bereitschaft zum Dienst unter fremden Völkern vermuten, wie sie Vater und Mutter mit ihrem Leben und ihrem Tod in der Einsamkeit bewiesen hatten? Vielleicht war man auf sie aufmerksam geworden, weil ihre beiden großen Brüder wieder die Straße über das Meer gezogen waren, um in Afrika und in Amerika zu wirken wie die Eltern? Nein und nochmals nein! Man hatte sich in ihr geirrt, wenn man glaubte, sie sei fähig, eine Aufgabe zu übernehmen, die an Selbstaufgabe grenzte. Die sie gerufen hatten, konnten nicht wissen, daß sie bereits ihren Beruf als ›Berufung‹ auffaßte und entsprechend ausfüllte. Was nicht alles hatte sie mit ihren Mädchen noch beginnen wollen. Jeden Tag neu hatte sie es sich gelobt, ihnen eine gerechte Lehrerin, aber auch eine aufrichtige Freundin zu sein, die sie verstand, wenn sie Heimweh oder Sehnsucht nach etwas Unerreichbarem überkam, denn auch die ›Glücklichen‹ hatten — trotz Vater und Mutter, manchmal sogar durch diese — ihre Nöte. Ganz an ihrem Platz fühlte sie sich, seit sie herausgefunden hatte, daß in den Fugen des steinigen Mauerwerkes der Internate noch immer Humus genug lag, auf dem man Ranken und bunte Blüten ziehen konnte, ohne das Grundgefüge zu zerstören. Noch vieles war an diesem Werk zu tun, und sie baute mit Eifer und Leidenschaft daran, weil sie selbst einst erlebt hatte, wie nötig eine solche liebevolle Berankung auf nackten grauen Mauern war. Der Brautruf als Ruf zu neuer Tätigkeit — er war ein Irrtum: sie hatte gewählt, hatte in rastloser Bemühung an sich gearbeitet, um ihren Beruf von Grund aus zu erfüllen — sie hatte ihn begonnen und mußte ihn vollenden.

Gehorsam — bedingungsloser Gehorsam! Auch dieses Wort aus Huntys ernstem Munde kam ihr wieder. Die gehorsame Braut, die ja sagt zu der über sie verhängten Brautschaft! Unstet ging sie von Fenster zu Fenster, durch die das Mondlicht silbern flutete. Nein, so einfach konnte man nicht eine fügsame Braut werden, weil es eine wie auch immer geachtete Runde am grünen Tisch beschlossen hatte — nein, so nicht! Gehorsam, von klein auf und oft unter Tränen geübt, hier war er nicht am Platze, hier mußte er zurücktreten vor der Würde der Frau, die sich nicht einem

Manne anbietet, der sie nicht gewollt hat. Es änderte kaum etwas daran, daß die Obrigkeit sich zur Mittlerin machte. Wie aber, wenn diese wirklich eine Vertreterin Gottes war — wie dann? Und sie erschrak.

Je mehr sie alles bedachte, je weiter die Nacht voranschritt, desto unentwirrbarer erschien ihr das Ganze und desto mehr graute ihr davor, alles mühsam Erworbene hinter sich zu werfen, als wäre es ein Nichts; ihr graute vor jedem Neuanfang, vor aller Unbequemlichkeit und vor dem Mißbehagen in den Regionen der Unkultur, sie entsetzte sich davor, auf Gedeih und Verderb ein Wagnis einzugehen, aus dem es kein Zurück mehr gab.

Alle die vielen Lichter, die seit Anbruch der Dunkelheit bis um Mitternacht von überallher wie in schweigendem Einverständnis, wie Gruß und Gegengruß aufgeleuchtet hatten, waren längst erloschen. Auch das letzte Lämpchen war mit dem letzten Wächterruf verglommen, selbst der streunende Hund schien endlich eine Hütte gefunden und sich verkrochen zu haben. Allein war sie, ganz allein. Und immer mehr wich aus diesem anfänglich so ersehnten Alleinsein die Zuversicht auf Ruhe und Klarheit. Verlassenheit legte sich auf sie wie Eiseshauch. Sie erschrak vor der Wandelbarkeit des Schicksals: alle Sicherheit, alle Geborgenheit konnte von heute auf morgen verloren sein — alles, worauf man ein Leben lang wie auf einen Fels gebaut hatte, erwies sich unversehens als fließender Sand, und das feste Haus darauf war nichts als ein dürftiger Lattenverschlag, den der erste Sturm umriß. Wer weiß? Vielleicht würde sie doch unter dem Zwang des Gewissens, Gehorsam zu üben, zu dem ungeliebten Schritt genötigt werden? Sie starrte in das Schattenspiel an der Wand, das die kahlen Äste des großen Ahornbaumes, vom Winde bewegt, darauf vollführten. Sie lagen auf der weißen Kalkwand wie die Gitterstäbe eines Gefängnisses. Es gibt kein Entfliehen, kein Entrinnen, wenn das Schicksal einen gestellt hat. Keine Träne, kein Trost, nur das trockene Würgen, die Angst.

Die Uhr schlug drei. Langsam wanderte der Mond, langsam erreichte sein Schein die Fenster der Gartenflucht, lautlos huschte ein Strahl wie ein langer Zeigerstab auf die Fensterbank und von dort auf die darunterstehende Truhe. In vollem Lichte glänzte sie jetzt auf, die ständige, treue Begleiterin ihres Lebens. Noch keinen Augenblick hatte sie das alte Gehäuse aus dem Holze der Wälder Surinams verlassen — einzige Mitgift der Eltern. Ein Stück Urwaldstille strömte sie aus, eine bewegte, erfüllte, lebensvolle Stille, die den lähmenden Hauch der Verlassenheit vertrieb.

Wie ein schwimmendes Eiland kam sie auf sie zu, diese alte Truhe, wie eine vertraute Insel, auf der sie Heimatrecht hatte und aus der sie nie vertrieben werden konnte. Mit leise knarrendem Geräusch öffnete sie den Deckel, und bald hielt sie die zinnoberrote Kalabassenschale in die Höhe und ließ die perlgrauen, die granitfarbenen, die tiefschwarz und lackglänzenden Samen alter Urwaldbäume durch ihre Hand rieseln. Zu langen Ketten aufgereiht, hatte sie sie einst getragen wie eine Wälderfrau. Und plötzlich sah sie wieder die sonnendurchfluteten Räume der alten Kaffeeplantage, sah den blütenüberladenen Garten und mitten darin Vater und Mutter, zu denen man floh, wenn das Grauen des Waldes einem zu nahe kam, wenn die Maske eines Gottes, Tatze oder Schrei eines Tieres einen schrecken wollten. Dann wurde man an der Hand genommen und lauschte auf die Worte aus einem Munde, der unendlich friedliche Geschichten erzählte, der durch kleine Lieder beschwichtigte oder durch einen Kuß erlöste. Und wenn es Vater und Mutter nicht waren, die einem die Schrecken abfingen, so war es die grundgütige Aya oder irgendein ebenholzfarbener lustiger Hausgeist, der mit taschenspielerischer Fertigkeit allerlei zaubervolle Spiele in Szene setzte, mit denen er jede Angst bannte oder beschwor. Plötzlich sah sie wieder die Allee mächtiger Mauritiuspalmen, die als sichere Straße aus der Wildnis des Gartens und der verlassenen Pflanzung an die hellen Mauern des schatten-kühlen, weitläufigen Hauses führte, in das man durch die Doppelflügel der großen Tür eintrat in einen unumstöß-lichen Frieden. Ein Friede, ohne die geringste Bedrohung von außen — und noch jetzt in der Leuchtkraft der Erinne-rung wich jede Beklemmung. Sie war zu Hause.

Sie sah sich im schwankenden Schiffchen auf tiefschwar-zem Wasser, sie hörte eine dunkle Stimme, die eines jener schaurigen Wäldermärchen erzählte, in denen Spinnen und Fische, Schildkröten, Tausendbein und Elefanten große Rol-len hatten, und auch das Schnarren der Baumfrösche hörte sie wieder, das Schreien der Affen, sah das Gaukelspiel von Kolibri und Schmetterling vor einer Wand brennendroter Fuchsien und gelber Orchideen. Mit perlweißen Augen im schwarzen Gesicht, ein buntes Kattuntuch auf dem wolle-nen Schopf, ihre alte Negerpuppe — »Wir sollen verreisen, Miss Affi!« — doch das Stoffgesicht der schwarzen Puppe drückte sich abweisend in den weiten Kattunrock ihres eige-nen alten Wälderkleides, das sie damals in der neuen Hei-mat nur widerwillig abgelegt hatte, und nur, weil ›die an-deren‹, die nicht Vater oder Mutter mehr waren, darauf bestanden. Wie klein war es jetzt in ihrer Hand, wie sehr war sie ihm entwachsen. Den Stoff des Kleides mit dem be-wegten Schlangenmuster hatte ihr einst die Mutter auf den Geburtstagstisch gelegt. Und über dem Gedanken an die Mutter erstand auch wieder der Vater vor ihr, so deutlich wie nie. Fast war es, als höre sie seine Stimme, und jetzt erst begriff sie seine letzten gütigen Worte, mit denen er sie spielerisch auf die große, nahe Trennung vorbereiten wollte — jetzt erst begriff sie, wie sehr er seinen eigenen Schmerz über den unvermeidlichen Abschied mit liebevol-ler Heiterkeit verdeckt hatte, und sie verstand auch seine eigene Sehnsucht nach der fernen deutschen Heimat.

Da, sein Atlas! Wie oft hatte er ihn auf das eine Knie gelegt, während er sie selbst auf das andere setzte, um ihr die ›Heimat‹ zu zeigen. Da, noch eine der kantigen, harten Nüsse aus seiner Tasche, die er als Segelschiffe über die große blaue Fläche ziehen ließ. ›Ozean‹ nannte er sie, und das klang damals sehr geheimnisvoll. Gedankenverloren blätterte sie in dem Kartenwerk. So einfach, so schlicht wies es alle Wege in die Welt, als sei das Leben selbst ein Kartenhaus, schnell aufgebaut und schnell über die blauen Flächen zu schieben, wie einst die Nußschiffe der Kindheit. Das Mondlicht schien so hell, daß sie ohne weiteres das Wort ›Eshya‹ lesen und den wohlbekannten Umriß Asiens erkennen konnte. Und wieder hörte sie den Vater, der ihr die fremde Heimat vertraut machen wollte. »Eines gibt es dort, was du nie gesehen hast: Eis und Schnee gibt es dort in der Heimat! Oh, das ist etwas Wunderbares: da kommen vom Himmel herab Millionen von kleinen Federchen, große und kleine — die nennt man Schneeflocken — sie fallen nieder auf die Felder und die Wälder, auf die Häuser und die Straßen, sie fallen auch auf dein Haar, und wenn du die Hand hinhältst und sie fangen willst, dann hast du nichts darin als einen blinkenden Tropfen, der kalt ist, so necken dich die Flocken.« Was würde er gesagt haben, wenn er es noch erlebt hätte, daß sie in ein Land weiterziehen sollte, in dem die Flocken nicht nur necken — auswandern in die ›Heimat des ewigen Schnees‹? Auch die Eltern waren ausgewandert! Auch sie waren in das Unbekannte gegangen, aber sie waren zusammen gegangen, zusammen hatten sie alle Unbilden auf sich genommen, sie gemeinsam bestanden — eines ohne das andere nicht denkbar: bis der Tod sie auseinanderriß. Liebe! das war Liebe! Freie, eigene Wahl, die sie zusammengeführt hatte und die sie bis zum Ende miteinander verband. Was aber würde aus ihr werden — ohne diese Liebe?!

Sie tastete nach den alten Briefen aus Surinam, die in

das ungesäumte Halstuch des Vaters eingewickelt waren. Eine Handvoll mühsam beschriebener Blätter der Mutter aus den Tiefen des Urwaldes, wohin sie nach dem Tode des Vaters gegangen war. Ungezählte Male schon waren sie in all den Jahren durch ihre Hand gegangen, wieder und wieder hatte sie darin gelesen, besonders, als bald keine mehr kamen, weil die Stimme der Mutter unter dem Gluthauch des Äquators für immer verstummt war. Und jetzt, da sie die verblichenen Schriftzüge im fahlen Licht des Mondes nicht entziffern konnte, sprach sie sich den Inhalt vor — fast Wort für Wort kannte sie ihn auswendig. Wie tröstlich waren diese einfachen Sätze, dem kleinen, unmündigen Mädchen von damals geschrieben, auch heute noch besaßen sie Kraft und uneingeschränkte Gültigkeit: »...Du bist in vielen Klassen weitergekommen. Doch ich kann Dich dafür nicht loben, Du hast nur getan, was Du schuldig warst, denn es ist viel Mühe an Dich gewendet worden...«

Jede Selbstbemitleidung war fehl am Platz! Natürlich, gerade wegen der gehörigen Schuldigkeit mußte sie bleiben, hier an diesem Orte, mußte alle ›Klassen‹ der ›Schule‹ dieses begonnenen Lebens zum Ende bringen. Nein, man brauchte nicht auf einen entlegenen Posten im fremden Lande zu gehen, um zu erfüllen, was einem auferlegt war. Denn da stand ja auch: »...der Stätte Bestes suchen, wohin uns Gott ohne eigenes Wählen stellt!« Oder sollte das etwa heißen: beweise Gehorsam gegen Gott und geh! Geh, auch ohne Liebe! Ihr plötzliches Erschrecken wandelte sich unversehens in die ruhige Gewißheit: hierher, in dieses Land, an diesen Ort war sie gestellt worden, ohne daß man sie zuvor gefragt hatte; hierher, nach Europa war sie verschifft worden, ohne eigenes Wollen und Wählen. Verbissener Kummer und verschluckte Tränen hatten nichts daran ändern können, als sich das Weltmeer mit seinen Wogenbergen zwischen das legte, was sie geliebt hatte und verlassen mußte; da halfen keine Klagen, keine Strafen:

58

man hatte sich in das Unabänderliche zu fügen, wie eben ein Unmündiges sich fügen muß, man hatte gehorsam zu sein, wie ein Kind gehorsam zu sein hat. Noch ein zweites Mal das gleiche? Nein! Nicht noch einmal sich aus einer Welt lösen, deren hohe Werte man — wahrhaftig unter Schmerzen erst — zu achten und zu schätzen gelernt hatte. Jetzt nicht mehr fortgehen müssen — so ganz ohne Liebe. Ein Zauber lag über diesem Wort ›Liebe‹. Auch ein Brief der Mutter sprach davon: » . . . um Liebe ist nichts zu schwer!«

Sie hielt die Schläfen in die Hand gestützt, sie hörte das Ticken ihrer kleinen silbernen Taschenuhr; gleichmäßig ging sie voran, ihre Feder spannte und entspannte sich mit dem Ablauf der Zeit, so als hätte sich gar nichts ereignet, während ihr doch das Herz zu zerspringen schien vor der Ungewißheit neuer Schicksalslast. Elend, sterbenselend war ihr jetzt, fast wie damals, als man sie aus der Freiheit des Tropenparadieses in die Enge des abgezirkelten, liebearmen Raumes geschickt hatte: die ›Heimat‹. Andere, die nicht ihre Eltern waren, hatten von da an Tag und Nacht und jede Stunde über sie zu bestimmen; schwer war es gewesen, ›die anderen‹ zu begreifen, schwer zu verstehen, daß sie nicht Engelsflügel trugen und weiße oder goldene Gewänder, wie ihr Kindersinn es sich ausgemalt hatte, schwer, ihre Sprache zu verstehen, die nicht mehr ein trautes Gemisch aus Negerkreolisch, Holländisch und Deutsch war, sondern eine gewählte Hochsprache, die aus ihrem Munde glatt und kühl klang: in Worten redeten sie, die nicht Spiel, Scherz oder Liebkosung bedeuteten, sondern Kommandos. Sie verziehen es kaum, wenn man sich ihnen durch jenes Traumwachen entzog, das sich immer ganz von selbst dann einstellte, wenn sich alles ringsum mit Rechenexempeln abmühte. »Paß auf!« und: »Träume nicht!« das waren die gelindesten Verwarnungen, die sie schnell von ihren lautlosen Spaziergängen in die Vergangenheit zurück in die

Gegenwart zitierten, weniger harmlos, wenn sofort die Lösung einer Aufgabe verlangt wurde; dann lief man rot an wie ein Krebs, das Herz klopfte einem bis zum Halse hinauf, man verharrte schweigend in Unwissenheit und war sehr unglücklich.

Hatte sich etwas im Zimmer bewegt? Sie horchte, doch es war nur der stärker werdende Wind, der einen dürren Zweig gegen das Fenster schlug. Erleichtert atmete sie auf, und leichter wurde es, als sie bedachte, daß es dann nach dem ersten schweren Anfang auch wieder besser geworden war. Lachen und Weinen, beides zugleich! Mit neun Jahren hatte man ausgeträumt. Das Tagleben wurde schöner, man wurde wieder froh unter fröhlichen Kindern, die ihre begrenzte Welt, in der jeder Schritt abgesteckt war, mit erlaubter Munterkeit belebten: gesungen wurde zu seiner Zeit und gespielt, vor allem aber gearbeitet. Man war ein ›vernünftiges‹ Kind geworden, das plötzlich schnelle Fortschritte machte, und nur noch selten rissen lebhafte Wünsche und bunte Verlockungen einen aus dem Einerlei des Internatsdaseins, und wie von selbst verwandelte sich das Land der frühen Kindheit in eine sicher umfriedete Freistatt, in die man — zu seiner Zeit und wenn es notwendig war — sich zurückziehen konnte, ohne mehr dafür gerügt zu werden. Das, was früher unweigerlich Strafe nach sich gezogen hatte, war jetzt die Quelle der Besinnung und des Trostes geworden, die nie versiegte, selbst wenn das Getriebe ringsum jedes Eigenleben zu verschütten drohte. Und jetzt erst, nachdem man gelernt hatte, die Phantasie zu zügeln, die Gedanken zu sammeln, jetzt erst merkte man, daß ›die anderen‹ doch so etwas wie unsichtbare ›Engelsflügel‹ hatten, und mit wachsendem Verständnis sahen die immer schärfer notierenden Mädchenaugen dann und wann ein Stäubchen Gold und einen Flitter Silber auf den puritanisch-strengen Hüllen blitzen, mit denen sie ihre lauteren Seelen umkleideten. Und wenn auch die Stimmen noch immer streng blieben, so vermochte man doch durch alle Entschiedenheit des Tonfalles stets etwas zu spüren, was wirklich, wenn schon nicht Scherz, Spiel und Liebkosung, so doch Trost bedeutete, und heute nun war sie alt genug, um zu verstehen, daß die strengen Befehle von einst nur sichere Wegweiser zu Zucht und Ordnung waren, ohne die niemand in der Welt auskommen kann.

›Die anderen!‹ Viel hatte sie ihnen zu verdanken. Von Internat zu Internat hatten sie gewechselt, von Jahr zu Jahr hatten sie an Schrecken verloren. Aus anfänglicher Abweisung war Neigung, aus Neigung Liebe, aus Liebe Verwurzeltheit geworden, besonders, seit Worte und Briefe von jenseits des Wassers endgültig verstummten. Nun erst begann sie die Welt der Stillen im Lande mit ihrer verinnerlichten Kraft zu lieben wie eine größere Familie und tiefere Heimat: sie selbst wurde eine andere. Immer klarer begriff sie auch, daß das Paradies der Kindheit in Wirklichkeit die Hölle unter dem Äquator war, die bei allem Zauber einer üppigen Vegetation die Weißen (aber nicht nur sie) vorzeitig zerstörte, ein Totenland, dem niemand entkam, ohne einen hohen Tribut an Gesundheit zu zollen, wenn nicht gar — wie ihre Eltern — das Leben selbst. Weise Voraussicht und schmerzlicher Verzicht nur waren es gewesen, die das sechsjährige Mädchen, um es vor der ständigen Bedrohung durch schleichende Fieber zu bewahren, in den Schongarten kühlerer Breiten versetzt hatten — das war offenbar geworden, und das söhnte sie aus mit allem, was sie zuvor nicht verstehen konnte.

Sie liebte — ja sie liebte die Lebensführung der Stillen im Lande allmählich so sehr, daß ihr alle ›Stillen‹ außer Landes immer mehr vorkamen wie der schwerer belastete Teil eines Geschwisterpaares gleicher Eltern: Kampf, Tod, Krankheit, Armut, Einsamkeit für alle ›draußen‹, für die ›drinnen‹ aber Friede, Freude, Freunde, geregelte Arbeit, volle Sicherheit in pfleglicher Behütung. Hemmnisse und Schwierigkeiten? Gewiß, auch die waren vorhanden! Kleine Widerhaken, die jeder rechte Alltag mit sich bringt — aber Fährnisse, an denen man sich, wie an scharfen Dornen, lebensgefährlich verwundete, davon konnte unter den schattigen Dächern der kühlen, weitläufigen Bürger-, Schul- und Chorhäuser keine Rede sein. Keine Armut weit und breit, und selbst die Dürftigkeit trug noch den Stempel bewußter Bescheidung oder stiller Genüge, die selbst wieder einen Reichtum eigener Art hervorbrachte. Und sie hatte von diesen Reichtümern gelebt, hatte von dem Frieden genommen, wo andere vielleicht darbten! ». . . du bist vorangekommen, aber ich kann dich dafür nicht loben, du hast nur getan, was du schuldig warst, denn es ist viel Mühe an dich gewendet worden.« War jetzt die Stunde gekommen, in der sie den Dank für alles erwiesene Gute abtragen mußte — gegen die Menschen, gegen Gott? Braut aus Dankbarkeit?! Der Deckel der Truhe entglitt ihrer Hand, rasselnd fuhr er ins Schloß, so daß die Erschütterung nachhallte. Es war, als sei der stelzbeinige Eskimo von seinem Thron auf dem Panzer der Schildkröte abgestürzt und mit dem Kopf gegen die Wand gefahren, oder war der tönerne Krug in Stücke gegangen?

Der Mond schob den dunklen Schatten des Fenstersimses über das rostrote Holz der alten Truhe — die trostvolle Insel schwamm von dannen. Dankbarkeit! Ja, man hatte dankbar zu sein, aber auf eine solche Weise?! Sie preßte die überhitzte Stirn an die kalte Scheibe. War das Fieber, oder war es Undankbarkeit, oder mahnten die Toten? Wurde ihr Vorbild eine unerfüllbare Forderung? Nein, nie hatten sie etwas Bestimmtes gefordert, hatten es für sich selbst abgelehnt, etwas anderes sein zu wollen, als was sie waren. Und was das letzte anbelangt, so hat niemand Vater und Mutter, jeder muß von neuem selbst entscheiden, ganz allein das Verhältnis finden zu seinem Schöpfer und zu sich selbst. Oder war es nur Feigheit, Bequemlichkeit, die sich einer Aufgabe zu entziehen wünscht?

Noch kein Schimmer von Morgengrauen am Himmel. Kein Schlaf in den übermüdeten Augen. Alexandra! Vielleicht wußte sie das erlösende Wort oder doch eines, das weiterführt. Vielleicht würde Gott selbst noch das Schicksal von ihr abwenden durch einen entscheidenden Eingriff. Die Fensterflucht des ›Herrschaftshauses‹ blitzte auf im letzten Licht des Mondes. Der Wächter dieser nächtlichen Stunden versank mit rötlichem Licht im Dämmer des Horizontes. Bleiern die Glieder, bleiern die Sinne, fiel sie endlich in einen Schlaf, über den es viermal mit erzenen Glockenschlägen hinweghallte: »Befrage-du-das-Los!«

»A. VAN T.«

Maria erwachte aus dem traumlosen, tiefen Schlaf, in den sie gegen Morgen gefallen war. Gestrafft und gespannt schüttelte sie mit der Geschmeidigkeit der Jugend die drückende Last der durchwachten Nacht ab, erquickte sich mit frischem Brunnenwasser und einem belebenden: »En avant! en avant, mon enfant!« Dann durcheilte sie den Garten, auf den die Sonne ihren Schein aus schleiernden Streifenwolken herabsandte. Und wieder stand der Frühruf der Amsel wie Glockenton über dem Haus, und der herbe Duft frisch umbrochener Scholle, die Cröger, der betagte Gärtner, zum Tageslicht kehrte, erfüllte die Luft. Weithin leuchtete das Grün seiner Schürze über die kahlen Beete, wie ein einsames, erstes, riesiges Blatt. Cröger mit Schürze und Grabscheit war alljährlich die endgültige Ankündigung des Frühlings, der nun unaufhaltsam hereinbrechen würde und nicht nur das Weiß, Rosa und Hochrot aus Tausenden von Knospen, sondern auch das Grün immer wieder neues Grün hervorzaubern würde.

Ganz benommen von dem verheißungsschweren Duft verlangsamte Maria ihren Schritt, blieb an einer Gruppe Schneeglöckchen stehen, die mit den kleinen, spitzen Lanzen ihrer kräftigen Blätter schon die harte Erdkruste durchstoßen hatten und nun diesen Sieg mit einem zarten Spiel ihrer weißen Glocken feierten, die der Frühwind sacht bewegte. An der Haselhecke blieb sie hängen, und eine Wolke gelben Blütenstaubes ging auf sie nieder.

»Ein früher Frühling dieses Jahr!« meinte der Gärtner, als sie mit kurzem Gruß an ihm vorübergehen wollte. Cröger, der geneigt schien, eine Pause in seinem emsigen Werken einzuschalten, stützte sich auf sein Grabscheit, strich sich den eisgrauen Bart und schnupperte in der Luft: »Regen wird es geben, warmen Regen! Hoffentlich kommt nicht alles zu früh!«

Er sah sie bei diesen freundlich-unverbindlichen Worten mit einem forschenden Blick an, der ihr sofort sagte, daß auch er bereits von der Brautangelegenheit unterrichtet sei. Doch da sie sich schon in Sicht- und Rufweite Alexandras befand und überdies keineswegs aufgelegt fühlte zu Gesprächen, die notwendigerweise bei ihrer Person enden würden, sagte sie, sich zum Weitergehen wendend: »Gewiß wäre es kein Schade, wenn es bald regnete!« Doch Cröger ließ sich damit nicht abspeisen und begann von neuem, sie in ein Gespräch zu verweben, auf das sie nur mit einem Ohr horchte, während sie schon mit dem anderen eine bekannte Stimme sagen hörte: »Es ist nicht schicklich, am frühen Morgen und überhaupt auf Gartenwegen oder an sonstwelchen Orten und Ecken herumzustehen und zu schwatzen!«

Cröger, der ihre Unruhe bemerkte, hielt sie nicht länger zurück. Auch er kannte Alexandra, die von ihrem Zimmer aus mit scharfen Augen die Gartenseite wie ein Revier zu beobachten pflegte, so daß nichts geschehen konnte, ohne von ihr — einer erklärten und anerkannten Tugendhüterin — wahrgenommen zu werden. Nein, er wollte nicht schuld sein, daß Maria sich schon am frühen Morgen einen strengen Verweis zuzöge. Und er verabschiedete seine Neugier und Anteilnahme mit einem lapidaren: »Ja, das wär's denn wohl!« dabei bedachte er seine sich wieder erdwärts neigenden Sorgen mit einigen besonders gründlichen, tiefen Spatenstichen. Viele Dinge gab es zwischen Himmel und Erde, und Himmel und Erde waren ihm viel vertrauter als die Dinge dazwischen. Selten noch war er so froh gewesen wie heute, daß es sein Teil nicht war, die Sachen ›dazwischen‹ zu regeln und zu ordnen, sondern lediglich bei festem Stand auf schwarzer Scholle zu pflanzen und zu jäten oder zu graben.

Und während er so stillzufrieden vor sich hin grub und das Dunkle, das den Winter über in der Tiefe verborgen geschlummert hatte, nach oben wandte, dachte er wieder an seinen alten Freund, den verstorbenen Schwiegervater der ›Braut‹, dessen Sohn Wilhelm vor Jahren so schlichtweg in die Mongolei abgefertigt worden war und nun ebenso schlichtweg eine Braut bekommen sollte. Eine schöne Braut, das mußte man zugeben, wenn sie nicht lieber doch... Nein, es lohnte sich nicht, so oder so Stellung zu nehmen. Die Erde war gut, die Erde war schwer, und leise summte er das Morgenlied des seligen Freundes vor sich hin, das man diesen, schon als er noch frommer Katholik war, oft in der grauen Frühe hatte anstimmen hören, wenn er auf seinen Feldern hinter dem Pfluge einherschritt: ›Wach auf, mein Herz, und singe ...‹

Maria hätte nicht weitergehen sollen. Vielleicht wäre eine Unterhaltung mit Cröger ihren widerstrebenden Gedanken zu Hilfe gekommen, hätte ein wenig Licht in die unklare Vorstellung von ihrem ›Bräutigam‹ gebracht. In wachsender Beklemmung klopfte sie mit dem Knöchel des Zeigefingers an die innere der weißen Doppeltüren, auf der ein silbergetriebenes Plättchen die Initialen A und T trug, die durch das bezeichnende, vollausgeschriebene ›van‹ getrennt oder vielmehr miteinander verbunden waren. Kein Zweifel: sie stand vor der richtigen Tür, die sich jedoch unbegreiflicherweise nicht öffnen wollte. Sie klopfte noch einmal, jetzt etwas stärker, aber es rührte sich nichts.

Alexandra van Trooght. Am besten zwischen sieben und acht Uhr morgens zu sprechen: später war es zu spät, und früher hätte man sie bei ihrer Arbeit gestört, die sie um fünf Uhr — präzise — zu beginnen pflegte. Maria zog die Taschenuhr aus ihrem Gürtel, nein, sie war pünktlich, nicht zu früh und nicht zu spät. Um so erstaunlicher, daß die tiefe Stimme, deren Klang einem bis ins Mark drang, sie nicht zum Eintritt aufforderte. Erleichtert, aber auch befremdet, wollte sie schon den Rückzug antreten, als sie plötzlich hinter sich einen Schatten und über sich das strenge Haupt Alexandras gewahrte, die aus erzengelhafter Höhe zu ihr herunter sprach: »Es ist gut, Schwester Hartmann, daß du selbst gekommen bist. Ich war eben auf dem Wege, dich zu holen. Treten wir ein!« Und sie stieß mit Kraft die Pforte in ihr Reich auf, das in einem vollendeten Gegensatz zu ihrer Erscheinung stand; ein nahezu militantes Fluidum umgab sie, dem sich niemand zu entziehen vermochte. Man sagte, selbst erfahrene und honorige Brüder würden — wenn sie eine Meinung verfocht oder eine Sache durchkämpfte — sich in Respekt vor ihr beugen.

Eine ›Schwesternpflegerin‹ großen Stils! Hundert Jahre zuvor hätte man ihr bestimmt auch das Amt einer Beobachterin gegeben, ohne ihr jedoch das der sanften ›Ermahnerin‹ einzuräumen, welche beiden Ämter sie heute in ihrer Person vereinigte. Sie, die in ihrer calvinistischen Jugend die ›Herrnhuterei‹ entschieden abgelehnt hatte, war erst in reiferen Jahren durch ihre Freundin, die Gräfin Einsiedel, Vorsteherin des Schwesternhauses in Herrnhut, zu der Erkenntnis gekommen, daß auch in den Kammern der Pietisten das volle, ungemahlene Korn herber Frömmigkeit gespeichert sei, wenn man nur danach Verlangen trägt. Das große österliche Abendmahl, dem sie dann als Gast beiwohnte, überwältigte sie in seiner schlichten Kraft so, daß sie alle Vorurteile über Bord warf, ihr schon ergrautes Haupt dem ›Lamme mit dem Siegesbanner‹ beugte und aus voller Überzeugung selbst ›Herrnhuterin‹ und ›Schwester‹ wurde. Erstaunlich, wie sehr sie, die doch schon zwischen Fünfzig und Sechzig stand, sich bemühte, die Ecken und Kanten einer allzu ausgeprägten Selbstgerechtigkeit abzuhobeln, wobei sie schonungslos mit sich ins Gericht ging, ganz im Verborgenen freilich und unter vier Augen mit dem ›unsichtbaren Seelenprüfer‹, dessen Gebote zu leben und nicht nur zu wissen sie fortan sich bemühte. Durch dieses ständige Ausrichten auf ein Ziel hatte sich ihr Wesen spürbar geformt, ohne daß sie jedoch ihre eigentliche Naturkraft aufgegeben hätte, was auch niemand verlangte; im Gegenteil: man war froh, eine Person wie sie — perfekte Sprachlehrerin und intakte Seelenberaterin — zu haben, die auf beiden Gebieten ungewöhnliche Autorität genoß, zumal da man höheren Orts wußte, daß auf dem tiefsten Grunde ihres spröden Herzens auch Milde wohnte.

Alexandra mußte schon einen Marsch über lehmige Äcker oder aufgeweichte Waldwege hinter sich haben. Sie wies Maria in dem behaglichen Zimmer einen Platz an, dann wechselte sie in der benachbarten Schlafkammer, deren Tür sie weit offenstehen ließ, ungeniert ihre Stiefel — wahrhaftig, es waren Männerstiefel von beachtlichen Ausmaßen; darauf steckte sie ihre Handflächen in ein Lavoir, so kostbar und klein, daß es eher zu einer Kurtisane Ludwigs IV. gepaßt haben würde als zu ihr, der man gleichwohl ein halbes Dutzend hochgeborener Ahnen nachsagte, unter denen sogar Wilhelm der Eroberer spukte. Mit den nassen Handflächen fuhr sie zweimal über das ohnehin schon glatte, nicht gescheitelte, wohl aber hochaufgetürmte Haar, so daß sich auch noch die letzte Strähne wi-

derspruchslos glättete. Den Spiegel verachtete sie von je-
her und ließ nur die blinden Handflächen als Korrektiv ihrer äußeren Erscheinung gelten. Sicher wußte sie nichts
von dem dunklen Flaum auf ihrer Oberlippe, der allmählich so dicht sproßte, daß von Flaum eigentlich gar keine
Rede mehr sein konnte. Jeder Versuch indes, ihr einen Bei-
namen anzudichten, schlug fehl. A. van Trooght hieß nach
wie vor und ohne Spitze im Schülermund ›Avant‹, wie
sich das so sinnfällig und ganz von selbst aus den Initialen an ihrer Tür anbot. Schließlich war das auch in dreifa-
cher Hinsicht treffend für die Frau, die niemand ernsthaft
lächerlich zu machen gewagt hätte: von überragender Größe, konnte sie allein schon durch ihre Erscheinung Furcht
und Schrecken bei den halberwachsenen Zöglingen verbrei-
ten, ebenso auch durch ihre dunkle, tiefe Stimme, die ihnen — sobald sie schläfrig wurden — ein dumpf rollendes
»en avant! en avant mes enfants!« zurief, wobei sie schallend in die Hände klatschte, so daß man unmöglich noch
weiterdösen konnte. Jede, die nicht nur als ›Gepflegte‹, sondern auch als Schülerin vor ihrer Tür zu stehen hatte, las
mit bangem Herzklopfen das Namensschild auf dem Sil-
berplättchen, das an sich schon eine Aufforderung war, auch
wenn es schwerfiel, einzutreten: en avant! en avant!... Es
enthielt ihr ganzes Wesen, das nie zurück, immer voraus
gerichtet war.

A. van T. war schnell mit ihren Hantierungen in der
Schlafkammer fertig. Aber sie erschien nicht. Gespannt richtete Maria die Augen auf die offenstehende Tür, doch niemand trat ein. Ganz still war es im Nebenraum geworden,
so daß diese Lautlosigkeit Maria ebenso verwirrte als beunruhigte. Nervös begann sie wieder an ihrer Uhrkette zu
nesteln, geriet sogar in Versuchung, den kleinen Schlüssel
aus ihrem Pompadour herauszunehmen, weil sie heute morgen in der Erregung vergessen hatte, das kleine Werk wie
sonst nach dem Schlage der Turmuhr zu stellen und aufzu-

ziehen. Natürlich — sie besann sich rechtzeitig — tat sie das Unschickliche nicht und steckte die Uhr wieder zurück in den Gürtel. Die eine über die andere Hand im Schoße, wartete sie und horchte. Nichts, gar nichts rührte sich drinnen: — vielleicht stand ›sie‹ am Fenster und beobachtete irgendeinen Tunichtgut? — vielleicht hatte Constanze die Mädchen zu einem Rundgang im Freien herausgeführt und irgendein Widerspenstiges sich frühlingsfroh absentiert? Doch keine Stimmen draußen, kein Kleiderrauschen drinnen, auch kein eiliges Gehen in den Gängen vor der Tür.

Jetzt erst merkte sie, wie wohlig sie die Wärme eines frisch angelegten Feuers umfing, überhaupt, wie angenehm dieser Raum zu ebener Erde mit dem weiten Blick in den Garten war. Erlesene Möbel aus edlen Hölzern ringsum, die mit barockem Schwung die hellen Wände belebten; Feldbett, Feldstuhl und Tisch — eine spartanische Ausstattung hätte sehr viel besser zu Alexandras Wesen gepaßt als dieses komfortable Interieur. Woher nur jener angenehme, unbestimmbare Geruch, der so oft großen Chorhäusern eignet? Kam er vom Fenster, an dem einige Krokusse erblüht waren? Mischte er sich mit dem Arom von Kaffee und frischem Gebäck? Kam er als Lavendelhauch aus den sorgfältig verwahrten Schränken oder strömt peinliche Sauberkeit selbst einen Wohlgeruch aus? Natürlich: kein Stickrahmen am Fenster, dafür aber eine Staffelei, auf der ein begonnenes Ölstück stand. Kein Harmonium, dafür eine Hausorgel! Daneben ein Regal voller Bücher — alte Wälzer, abgegriffene Schwarten, gebunden in Schweinshaut mit Goldaufdruck, eine Moraltheologie! Aber daneben auch einige kleine, handlichere Drucke — literarische Besonderheiten? Marias Blick kam von den Büchern nicht los: welche Freunde hatte Alexandra außer der Moraltheologie?

Ihre ruhig im Raume umherschweifenden Blicke lösten sich allmählich von den Gegenständen. Raum an Raum schloß sich diesem Zimmer an, vornehm-altväterisch oder biedermeierlich-modern: grundgediegen — aber alle, und jedes ein Beweis dafür, daß hier Geisteskultur durchaus gepflegt wurde, sofern sie nicht dem Gebet und der Erbauung abträglich war. Feierliche Bereitschaft lag über dem ganzen Hause, den Tag in voller Geordnetheit zu beginnen. Wie liebte sie diese Morgenspannung, die wie ein festlich getragenes Präludium die frühen Stunden auszeichnete, ehe der Lärm des Tages begann. Und da war er wieder, der stechende Schmerz; plötzlich war es wieder da, das Gestern, das sie aufgestört und um ihre Ruhe gebracht hatte: dieses hier aufgeben! Fortgehen aus der Umhegtheit einer Welt, in der alles geregelt, durchsichtig und klar war — einer Welt, in der Enge und Weite zugleich sich trafen, in die sie wie in ein Zuhause eingekehrt war. Tibet-Himalaya — die ganze gedämpfte Behaglichkeit ringsum mit Kanapee und Sessel versank vor ihr, und mächtiger als zuvor fühlte sie wie eine Bedrohung ihre Ohnmacht und Gebundenheit gegenüber den Mächten außer ihr. Verloren an sich selbst, beachtete sie es nicht, daß Alexandra eingetreten war und in dem Ohrensessel neben der wuchtigen Pultkommode Platz genommen hatte.

»Im April wirst du nun zweiundzwanzig Jahre alt!« Dieser Satz aus dem Schatten des Pultes holte Maria in die Gegenwart zurück. Wirklich, sie erschrak jetzt über die Stimme, auf die sie zuvor so gespannt gewartet hatte. Alexandra, die mit dieser Feststellung das Gespräch eröffnet hatte, fuhr in gleichmütigem Ton fort: »... ohne dich hoffärtig oder eitel machen zu wollen, habe ich doch der Wahrheit entsprechend zu sagen, daß man dich hier nur ungern verliert. Die Schülerinnen hängen — trotz deines Alters — an dir, und dein Wandel war so, daß auch das ältere Kollegium keinen Anstoß daran nehmen konnte. Da ist nun dieser Ruf an dich ergangen — dieser Ruf, der, wie du wohl gefühlt haben wirst, nun, sagen wir, eine Auszeichnung ist. Auszeichnungen und Ehrungen machen leicht überheblich. Wie ich hörte, hast du dich nicht entschließen können, sofort ein freudiges ›Ja‹ zu sprechen. Ich möchte wissen, wie du dazu stehst: ist es Trägheit des Herzens, die dich daran hindert, Bequemlichkeit? — oder Stolz? Willst du dich vielleicht wichtig machen?«

Maria war wie aus allen Wolken gefallen: an die Möglichkeit einer ›Auszeichnung‹ oder ›Ehrung‹ hatte sie nicht gedacht, wie abwegig! Nur eine Bürde konnte dieser Ruf ihr aufladen, eine Last, deren Schwere keiner zu ermessen schien. Aber eine Auszeichnung? Wieso Auszeichnung? Strikte Unterordnung, Gehorsam, Verzicht — nur das konnte es sein, wenn sie ihn annahm.

»Ich wollte wohl, daß man jemanden anderen ›ausgezeichnet‹ hätte«, sagte sie der Wahrheit gemäß. Alexandra saß da wie ein Potentat auf seinem Thron. Mit ihren schwarzen Augen unter den dichten Brauen maß sie Maria eindringlich: — nein, hoffärtig schien ihr diese um Dezennien jüngere Schwester und Kollegin nicht zu sein, und zu ahnen schien sie auch nicht, daß ein Groenbeek, hochangesehen, sie zu diesem doppelten Dienst im Himalaya vorgeschlagen hatte. Mit der Wahl der jungen Hartmann hatte er doch wohl einen guten Griff getan. Kritisch und scharf musterte sie das Mädchen, als hätte sie es noch nie gesehen: gescheit genug, um schwierige, noch unerforschte Sprachen des verschlossenen Orients zu erlernen; bescheiden genug, um sich unterzuordnen, ohne in Demut zu ersterben; beweglich genug, um allerlei Seelengepäck auf sich zu laden; schön genug, um jedem zu gefallen! Und eben das war der Punkt, der ihr nicht behagte, die Klippe, an der das Mädchen noch scheitern konnte, denn: Schönheit, gepaart mit Klugheit erschienen ihr weit gefährdender für das Innenleben eines jeden Weibes als anmutige Beschränktheit. Und dann diese Jugend! Viel zu jung natürlich! Überhaupt: das mit der ›Braut‹ behagte ihr ganz und gar nicht. Ihrer Meinung nach hätte man ohne weiteres eine ganz andere schicken können und sollen, eine, die für eine Heirat nicht in Frage kam, doppelt so alt wie die ›Braut‹, dafür aber mehr Händearbeit gewohnt, eine Art erleuchtete Magd, stämmig und kerngesund — eine, die keine fremden Sprachen zu erlernen brauchte, weil sie auch ohne diese erst einmal Ordnung in die tibetische Männerwirtschaft da oben gebracht hätte. Aber nein! Heiraten, heiraten, heiraten! Sehr wohl konnte man ein sinnvolles Leben in der Gemeinschaft hier oder dort führen auch ohne dieses Ehestandsgetue, dem ja gewisse positive Seiten nicht abzusprechen waren, besonders im Hinblick auf die Nachkommenschaft? aber die mußte ja nicht unbedingt jeder und jede aufbringen — die Welt würde trotzdem nicht untergehen.

Schon in den frühen Morgenstunden hatte sie mit den Männern gehadert, die es immer gleich mit dem Heiraten hatten. Und diese Maria? Bleichsüchtig schien sie nicht gerade, aber doch allzu schmal, viel zu feingliedrig und hochaufgeschossen. Nun, sie war ja noch sehr, sehr jung, und an dem Rufe war so oder so nichts mehr zu ändern: geheiratet mußte sein, auch ohne ihre Billigung, und schlecht oder ungeschickt war die Erwählte — nein, die Gewählte! — keineswegs. Ihre Pflegerinnenpflicht war es lediglich, die ›Braut‹ auch wirklich als Braut zu entlassen. Und so sagte sie denn: »Entscheide dich, Schwester Hartmann. Dein Bräutigam weiß zwar noch nichts von dir, aber das Werk wartet — du solltest gehen!«

Maria, die gern mit einer Frau über ihr ungewolltes Brautwerden, über Liebe und Ehe gesprochen hätte, sah sich außerstande, Alexandra gegenüber diese Dinge auch nur anzudeuten. Das Ungestüm dieser christlichen Amazone verwies alle weiblichen und weicheren Gefühle ganz von selbst. Es war, als schwebe das Banner unveräußerbarer, starker Jungfrauenschaft über Alexandra: wo für diese nichts Bedrängendes existierte, stand Maria vor einem Geheimnis, in das sie noch nicht eingeweiht war. Deutlich spürte sie die Kluft zweier Menschen, die auf verschiedenen Felsen des gleichen Gebirges stehen, trotzdem vereint durch das gleiche mütterliche Urgestein. Und so faßte sich Maria sehr schnell, weil sie die große, dunkle Frau in ihrer Gebundenheit begriff. Auch Alexandra schien etwas Ähnliches zu spüren und übersprang den Abgrund mit einem plötzlichen kühnen Satz, der sich als eine einfache Unterhaltung erwies, die alle anderen Erörterungen von vornherein ausschaltete.

»Mon enfant!« sagte sie, erhob sich aus ihrem Stuhl und ging zum Fenster. »Ich will dir verraten, ich habe den Mann, der dein Bräutigam ist oder werden soll, schon einmal gesehen. Anno dreiundfünfzig war ich bei seiner und seines Begleiters Pagell Ordination zugegen, und ich gestehe, ich wäre in diesem Augenblick selbst sehr viel lieber zu den Mongolen gegangen als ins Schwesternhaus; aber da hat mich die Gräfin Einsiedel gehörig zurechtgestutzt und mich an meinen Platz gestellt. Der Bischof Curie tat in aller Weisheit ein übriges, er belehrte mich recht, und da stehe ich nun, bin geblieben und bin wohlberaten gewesen damit. Ich habe längst eingesehen, daß Abenteuersucht und Christenpflicht zweierlei sind. Zwar bin ich nie gefragt worden, ob ich zu den Mongolen oder anderswohin gehen möchte — aber du? Du solltest gehen, da man dich dazu aufgerufen hat, wenn auch nur als Braut oder Ehefrau. Oder hast du Furcht vor den Tibetern und den Bergen Asiens? Ich vermeide, wo ich kann, Berge und Menschen, die verschlossen sind wie Berge, aber die Mongolei und die Mongolen auf ihren Pferden, das hätte mir entsprochen: wäre gutes Gelände gewesen, bestimmt auch in geistlicher Hinsicht. Soviel ich gehört habe, sind die Tibeter ein verstocktes, unheimliches Volk — verstockt und schmutzig, sehr schmutzig. Kannst du Schmutz und Einsamkeit ertragen?«

»Ich weiß nicht, ob ich es auf die Dauer ertragen würde, aber . . .« und plötzlich sprudelte es doch aus Maria hervor, »ich kann es nicht fassen, weshalb gerade ich es sein soll, auf die eine solche Wahl fiel, weshalb ich, warum nicht eine andere?! War es Zufall, war es Verlegenheit — könnte die Wahl nicht auch ein Irrtum sein? Überschätzt man mich nicht — mich und meine Fähigkeiten, meine Kräfte? Ich liebe meinen Beruf! Ich liebe die Stille des Ortes, den Frieden des Hauses, die Ruhe der Gemeinen, ich liebe die Bücher, ich liebe die Musik, ich liebe die Menschen hier . . .«

»›Ich liebe, ich liebe, ich liebe . . .‹! Ich höre immer nur: ›ich liebe‹: als ob es auf dich ankäme und dein Wohlbehagen!« Die Strenge in der Stimme Alexandras verflüchtigte sich, als sie sah, wie brennende Röte Marias Gesicht überzog. »Wir gehen«, sagte sie einlenkend, »einem Ziel entgegen, wobei unser Wohlbefinden gar nicht in Betracht kommt. Was liegt an dir, was liegt an uns?!« Und milde schloß sie: »Du sollst nicht fragen ›warum‹, denn es ist kleingläubig.«

»Kleingläubig?« kam es leise, aber bestimmt zurück, »kleingläubig: ja, das bin ich im Hinblick auf meine Natur und meine Befähigung. Ich fürchte, mehr zu verderben als gutzumachen.«

Fest und sicher klang es jetzt wieder aus dem Ohrensessel herüber: »Sich selbst und seinen Kräften soll man nur ja nicht trau'n . . .« Ohne das Lied zu vollenden, klopfte Alexandra mit den Knöcheln der Rechten den Rhythmus auf die hölzerne Lehne, um schnell — wie in einer Singstunde — auf einen anderen überzuleiten: »Wer Gott vertraut, hat wohlgebaut im Himmel und auf Erden . . .« Trotz dieses Glaubenspreises, der von ihr mehr als Befehl denn als tröstlicher Rat gemeint war, kam es zaghaft, aber beharrlich aus Marias Mund zurück: »Und doch möchte ich gern wissen, ob dieser Ruf, den Menschen an mich sandten, auch Gottes Ruf ist. Man erweist Menschen Respekt, Gott allein aber die göttliche Ehre und Ergebung!«

»Du bist also nicht überzeugt, daß man in dir die rechte gewählt, bezweifelst die Entscheidung, die man höheren Ortes getroffen hat?« Teils anerkennend, mehr aber noch tadelnd klang diese Frage. »Und was gedenkst du zu tun?«

»Ich habe erfahren, daß man auch heute noch das Los befragen kann, wie es die Gemeine übte, seit sie besteht. Das Los soll entscheiden!«

Alexandra, die es lieber gesehen hätte, wenn sie Maria als eine ›Besiegte‹ hätte verabschieden können, reichte ihr die Hand mit leicht enttäuschtem Lächeln, in dem sich jedoch schnell Verständnis und Einsicht durchkämpften. »Der Mensch«, sagte sie, »ist ein unschlüssiges Wesen! Gewiß — freilich! das muß man immer bedenken! Darum, und so gesehen ist dein Entschluß zu achten. Natürlich steht dir die Losbefragung zu!«

DAS ORAKEL GOTTES

Ein leiser Regen klopfte auf das Knospengesträuch von Wegen und Beeten, er ließ die dunklen Stämme von Ulmen und Rüstern noch dunkler und den lichten Flor um Ahorn und Weide noch lichter erscheinen. Die Tropfen schlugen regelmäßig und sacht gegen die hohen Fenster des kleinen Saales, den auch das finsterste Unwetter nie seiner Heiterkeit zu berauben vermochte. Niemand war im Raume außer einer ganz in Gedanken versunkenen Gestalt, die — wartend oder wie in Gebet vertieft — neben dem Liturgus-Tisch stand, dessen dunkelgrüne, schwere Decke bis zum Boden reichte — ein leerer Altar, vor leeren Bänken.

Nach geraumer Zeit erst öffnete sich die Tür des Saales. In aufrechter Haltung trat Maria ein, die wissen wollte, ob denn wirklich Gott sie zur Braut ausersehen und bestimmt habe und nicht nur die Menschen. Sie hielt den Kopf mit der gekrausten, zartweißen Haube und dem rosafarbenen Taftbande der ›Unverheirateten‹ leicht geneigt und sah nicht um sich. Ihr auf den Fersen folgte Alexandra in dem langen, bis auf die Füße reichenden Pelzmantel, dem winterlichen Kirchenrequisit herrnhutischer Weiblichkeit, das sie erst mit dem letzten Tage im März abzulegen pflegte.

Maria, die nur das weiße, feierliche Wolltuch trug, das wie eine dreieckige Tunika über ihr braunes Kleid gebreitet war, fror bis ins Innerste; doch nicht, weil es kalt gewesen wäre: vor Erregung hielt sie das Tuch fest um sich geschlungen, zitternd vor der Bedeutung des Augenblickes, der Entscheidung. Hieß es Gott versuchen, wenn man zweifelte? Gott verleugnen, wenn man eigene Wünsche hatte? Gott lästern, wenn man die Obrigkeit eines Trugschlusses und Fehlentscheides für fähig hielt? Wie ein dumpfes Brausen überfluteten sie Fragen, in die plötzlich Worte hinein klangen. Worte, ganz nah über ihr, und doch auch wieder fern, Worte, wie eine uralte Litanei aus den Zeiten der Märtyrer Cyrillus und Methodius — doch sie verstand keine einzige der ihr vertrauten Anrufungen. Blaß war sie, und angestrengt suchte sie sich zu sammeln, wie zu einem Sprung in die Tiefe. Sie starrte auf die altersgelbe, ehrwürdige Hand, die ihr ein rundes, zierlich geflochtenes Weidenkörbchen entgegenhielt, über das ein gesticktes weißes Leinentuch gebreitet war. Das Gesicht, das zu dieser ganz in Schwarz gehüllten Gestalt gehörte, sah sie nicht, wollte es auch nicht sehen — namenlos, zeitlos schien sie der Abgesandte einer anderen Welt. Langsam zog die Hand das Tuch fort, und vor Maria lag eine Unzahl kleiner Papierröllchen, mit den schicksalsträchtigen Worten: Ja — Nein — Unentschieden. Verborgene Lose, mit dünnen Fäden umwickelt, durcheinander, übereinander, unkennbar eines dem anderen gleich. Jetzt, nachdem sie es von sich gewiesen hatte, selbst zu entscheiden, verantwortlich zu werden vor sich, vor dem fremden Manne und vor der ihr zu schwer dünkenden Aufgabe, jetzt erlangten diese Röllchen eine Bedeutung, die sie aus ihrer papierenen Belanglosigkeit in drängendes Leben wandelten.

Bebend vor Erwartung blickte sie auf das offene Rund des Korbes. So mögen schon immer Unschlüssige vor alte Orakelstätten getreten sein, mögen so auf eine Antwort gewartet haben, wenn sie selbst nicht mehr zu antworten und zu verantworten wußten. Ein Griff: Ja. — Ein Griff: Nein. —Ein Griff: Unentschieden — dann noch einen zweiten Griff wagen! Erneutes Unentschieden? Dann läßt man am besten den ganzen Plan fallen und kehrt, als sei nichts geschehen, ins gewohnte Leben zurück. Stürmisch flammte plötzlich der Wunsch in ihr auf: kein Unentschieden, keine Lauheit, sondern ein klares Nein, ein ganz klares Nein. Während die gelbliche Hand still und geduldig und ohne Zittern den Korb vor sie hinhielt, steigerte sich das Verlangen, Gott möge es ihr erlassen, schuldig zu werden vor dem Leben. Und dann: nicht aufbrechen müssen, nicht gehen, nicht leiden! Leben — lange leben! gesund und glücklich sein. Arbeiten! gerne arbeiten, viel arbeiten, mehr als nötig arbeiten, redlich, doch ohne Risiko. Freuden geben und nehmen, Freunde um sich wissen und die Verbundenheit mit ihnen pflegen.

Wie ruhig hielt die Hand noch immer den Korb. — Laut pochte Marias Herz. Sie schloß die Augen, um jeden Trug der eigenen Sinne unmöglich zu machen. Blind tastend erhob sich die Hand über den schicksalsträchtigen Rollen. Irrend glitt sie darüber hin. Verunglückte und Abscheidende, erinnerte sie sich, sähen zuweilen noch einmal ihr ganzes Leben plötzlich mit aller Deutlichkeit — wie in einer Vision — vor sich. Noch niemals aber erschien ihr wie in diesem Augenblick ihr eigenes Sein so ohne jegliche Bedeutung. Dafür erstand ihr auf Sekunden fast leibhaft das letzte Lager des Vaters. Sie sah den großen starken Mann, der ihr noch unmittelbar zuvor das Scheiden aus der Heimat so leicht hatte machen wollen — sie sah ihn sich hilflos in Tropenfiebern verzehren —, und dann spürte sie auf Herzschlagsdauer die grenzenlose Verlassenheit der Mutter im Urwald Guayanas — allein, völlig allein in der Weltenferne ihres letzten Totenlagers. Nein! nicht leiden! leben, lange leben, gesund und glücklich sein!

Schwer und schwerer wurde ihre Hand, tiefer senkte sie sich herab, zuckte zurück, dann aber schwand plötzlich jede eigene Führung, willenlos ließ sie sich fallen — da! — das Los. Drei Fingerkuppen hielten es fest. Ein Schreck durchjagte sie: es war geschehen — unabänderlich. Doch sie wagte nicht, die Augen zu öffnen. Hinauszögern — Zeit gewinnen, wenn auch nur eine kurze Frist, eine Gnadenfrist, die alles leichter macht. Kein Laut, kein Ton, kein Wort ringsum, nur das Klopfen des Regens gegen Fenster und Dach und das Klopfen des eigenen Herzens — eine Weile des Besinnens, eine Weile wie die Unendlichkeit. Dann aber faßte sie Mut zu dem Vorsatz, das Los, was auch immer es enthielt, als göttliches Zeichen, als höheren Willen anzunehmen — ohne Widerruf und ohne Murren. Ein tiefer Atemzug, dann öffnete sie die Augen. Mit einer Spannung ohnegleichen löste sie den dünnen Seidenfaden, an dem ihr Leben hing ... und es geschah, daß trotz aller Bereitschaft dieser ›Brief Gottes‹ sie wie ein Keulenhieb traf: »Ja.«

EINFLÜSTERUNGEN

Das Los war gezogen, Gott hatte gesprochen. Es gab keine Fragen mehr, nur noch Bereitschaft. Mit jedem Tage rückte der Aufbruch näher. Ein Monat und etliche Tage: zu kurz für wichtige Vorbereitungen und Besinnung, viel zu kurz — zu lang aber für einen Abschied, denn alle sorgten zu ihrem Teil dafür, daß ›die stille Brautzeit‹ ein bewegtes Stimmen- und Meinungsgewirr belebte. Viele konnten Marias unbedingte Unterordnung unter den Spruch des Loses nicht begreifen: »Ein Wort, von Menschen gebildet, auf Papier geschrieben —, das konnte Gottes Wille nicht sein!« So argumentierte der junge Lieutenant Justus Arcadius von P. ganz aufgebracht, als ihm seine Base Constanze diese unerhörte Begebenheit mitteilte. »Eine Lotterie der Schwachen!« nannte er die ›veraltete‹ Einrichtung. Maria gegenüber, deren Anblick er bei jedem seiner Besuche im Orte mit einer gewissen Unruhe entgegenharrte, vergaß er jede Zurückhaltung. ›Frivolität‹ nannte er es, ein solches ›Spiel‹ mit dem Höchsten überhaupt in Verbindung zu bringen; Gott hätte gewiß nichts dagegen gehabt, wenn sie dem Ansinnen der Herren Unitäter, einem wildfremden Mann als Eheweib in den Himalaya zu folgen, ein entschiedenes Nein entgegengesetzt haben würde, um so mehr, als alles, was Mann heißt, bis dato von ›den süßen Schwestern‹ geflissentlich ferngehalten worden sei.

Er nahm die Gelegenheit wahr, sich einmal Luft zu schaffen, wie schwer man es ihm trotz Epauletten, Sporen und gewichtigem Ehrenkodex gemacht habe, dann und wann bei seiner Base persönlich vorzusprechen, in allem An- und Abstand und ohne jede Hinterabsichten, nur zu einem Gespräch einmal, und dabei sei ja die Stanze schon weit über die gefährlichen Jahre hinaus.

»Und so ein kostbar gehütetes und fest unter Verschluß gehaltenes junges Frauenzimmer mir-nichts, dir-nichts als Braut in die Gletscherhölle, ab zu den Wilden, ha!«, er schlug sich mit der Hand an die Stirn, »... da kenne sich einer noch aus!« Sein Ingrimm war so herzhaft, daß er jegliche, sonst respektvoll gewahrte Pietät vergaß: ›Hazardeure‹ nannte er die Anstifter, die ihre eigene Schuld mit der Unschuld anderer bezahlen wollten. Es ging indes durch diese übersteigerte Bezichtigung die beabsichtigte Wirkung verloren, und seine eigene Hoffnung trat hinter der Aussichtslosigkeit zaghaft und leise hervor.

Doch jeder Versuch, Maria unsicher zu machen, scheiterte an ihrer neugewonnenen Haltung. Sie ließ sich auf keinerlei Streitgespräche über diesen Punkt ein. Wollte man sie trotzdem bei allerlei Abschieds- und Teegesellschaften oder Lesezirkeln dazu verleiten, so prallte alles ab an ihrem Schweigen. Und so betrachtete man allmählich das schöne junge Mädchen, das bereit war, ein Wagnis eigener Art einzugehen, mit aufrichtigem Bedauern. Diese und jene adlige Mutter kam mahnend und suchte noch zu ›verhüten‹, manche Freundin drang impulsiv auf sie ein; mit taktvoll abgewandtem Gesicht wurden ihr still die Hände gedrückt, andere suchten in stummen Beileid ihr tief in die ›Seelenspiegel‹ zu blicken, um zu ergründen, ob sie nur eine unglückliche Braut sei oder ob da nicht doch etwas wie verborgene Freude glömme. Eine gewisse Gruppe aber wich ihr geflissentlich aus und betrachtete sie nur noch scheu aus der Entfernung.

Nicht so die Vielzahl der großen und kleinen Tinetten und Clodetten, Beaten und Sabinen, Frideriken und Elisen; überall fand Maria Spuren ihres heimlichen Wirkens: auf dem Pult, in den Taschen, zwischen Notenblättern und Klaviertasten, in den Seiten eines Buches oder Heftes, auf der Schwelle ihrer Tür oder unter den Kissen ihres Bettes. Überall lagen Zettel mit Schreck- oder Mahnworten wie: »Wer sich in Gefahr begibt, kommt darin um!«, »Verderben gehe deinen Gang« — »Wer aber liebt uns?«, — »Die nächste Pflicht ist immer die heiligste!«, »Bleibe im Lande und lehre uns redlich!«

Erstaunlich, woher sie die Ausschnitte aus Gazetten und Intelligenzblättern beschafften! Berichte aus jüngster Vergangenheit, besonders Augenzeugenberichte der großen, kaum erst abgeklungenen Revolution in Indien, die ja bestimmt wieder ausbrechen werde.

Aber nicht nur die indische Revolution, ganz Asien bezogen sie ein in ihre Bemühungen, Maria umzustimmen: Mord im Karakorum!! Der deutsche Forscher Adolf Schlagintweit von chinesischen Rebellen hinterrücks umgebracht. — Auch die ›Brüder‹, der Spionage verdächtigt, in Gefahr!

»Hört auf!«, sagte sie schließlich, »ich habe damit nichts zu tun.«

Doch sie hörten nicht auf. Jetzt gingen sie dazu über, auch Schauerberichte jenseits des Zeitgeschehens aufzuspüren. Ein altes Buch, das in irgendeiner adligen Bibliothek gemodert haben mochte, hatten sie ausfindig gemacht und herbeigeschleppt. Aufgeschlagen lag es da, allerhand makabre Stellen mit Kreuzen und Totenköpfen angezeichnet ». . . ihre toten Eltern verspeisen die Tibeter, weil sie ihnen keine würdigere Grabstätte bereiten können; man wäre starr vor Staunen bei solchen Hexenkünsten, wie . . .« Auf dem im Buch eingeklemmten Zettel aber stand gekritzelt: »Solange Du noch hier bist, kannst Du alles wieder rückgängig machen!«

Maria, die sich gegen diese kleinen, wohlgemeinten Attacken gleichmütig verhielt, behandelte jedoch mit Gefühlen eigener Art in einer ihrer abschließenden Geographiestunden das letzte wichtige Forschungsergebnis im Osten: die Errechnung des Himalaya-Riesen Peak XV als dem höchsten Weltenberge, den man vor rund sechs Jahren nach dem Schöpfer der indischen Landaufnahme, Sir George Everest, schlicht ›Mount Everest‹ benannt hatte. Achttausendachthundert und etliche Meter! Die Mädchen waren nicht sehr beeindruckt von der enormen Höhe dieses Giganten. Berge standen, wenn man von den heimatlichen ›Hügeln‹ Schlesiens absah, so ganz außerhalb ihres Vorstellungsvermögens, daß sie keine Phantasie daran verschwendeten, und Maria fühlte sich völlig außerstande, sie durch ihre eigene anzufeuern. Sie selbst war zerstreut, und über Peak XV geschah es, daß sie auch wieder an dessen ganze hochaufstrebende Familie, den Himalaya, dachte, in dessen Bereichen irgendwo ihr Bräutigam lebte, und im Gedanken an ihn verrann ihr jede Vorstellung von geographischen Höhen und Tiefen, und ihr stockte von neuem der Atem. Doch der Spruch des Loses gab ihr Kraft, daß alle Zuflüsterungen von außen und innen an ihr abglitten wie Wasser an Wachs. Die Geographie aber — das wurde ihr in dieser Stunde ganz klar — spielte bei dem, was sie bedrängte, nicht die geringste Rolle, die Geographie nicht und nicht die Politik.

Als die Mädchen schließlich merkten, daß weder das fremde Land und Volk noch die Gefahren des Zeitgeschehens sie wankend machten, gingen sie offen oder versteckt dazu über, ihr den unbekannten Bräutigam zu verleiden. Daß er selbst daran unschuldig war, kümmerte sie dabei wenig: er war es, der sie ihnen schon jetzt abspenstig machte, sie von Tag zu Tag mehr in den Hintergrund drängte, wo sie doch sonst deutlich spürbar im Mittelpunkt von ›Miriams‹ Anteilnahme gestanden hatten. Die schwärmerische Zuneigung eifersüchtiger junger Mädchen war erfinderisch, ja bedenkenlos, immer neue Argumente gegen ihn zu ersinnen und vorzubringen.

Sofern sie Maria zu Ohren kamen, trafen sie damit wirklich eine verwundbare Stelle. Die Tatsache, daß er »schon so alt« sei, und die Möglichkeit, daß er häßlich, abstoßend und vernachlässigt sein könnte, befiel sie selbst oft mit einem leisen Grauen; denn was die Wartung ihrer Person anbelangte, war sie äußerst eigen, galt als ›penibel‹, und abweisend wäre sie geworden, wenn sich jemand näher an sie heran gewagt hätte, als es schicklich war. Der Kuß der Mutter, das Streicheln des Vaters über ihr Haar: das waren die letzten Zärtlichkeiten, die ihr — vor siebzehn Jahren — zuteil geworden waren, denn ›die anderen‹

pflegten nicht zu küssen und nicht zu streicheln, selbst wenn es kindlichen Gram vielleicht beschwichtigt hätte; später verbot sich so etwas ganz von selbst. Aber Liebende und Eheleute, sagte und las man, tauschten Zärtlichkeiten.

»Wenn ich wenigstens ein Bild von ihm sehen könnte!« Dieser Stoßseufzer entfuhr ihr, als Justus Arcadius wieder einmal bei Constanze vorsprach. »Ich weiß, wie er aussieht«, versicherte dieser. »Ich habe in Erfahrung gebracht, was für einer er ist: untersetzt und vierschrötig, ein stiernakkiger Draufgänger, der mit seinen Körperkräften schon zweimal den Himalaya überquert hat, aber viel zu grobschlächtig ist, als daß er eine Frau wie Sie als ein Kavalier zu lieben vermöchte! Schwarze Haare, schwarzer Bart, schwarze Augen, breite Kinnladen und Backenknochen, niedere Stirn und tiefe Augenhöhlen — wie denn die drei dort oben laut verläßlicher Quelle schon komische Käuze geworden sein sollen, die an chronischem Höhenkoller leiden und bestimmt bald abberufen oder versetzt werden, ehe sie noch ganz ›vertibetern‹.«

Andere wieder wollten wissen, daß er gar nicht so kräftig sei, sondern es auf der Lunge habe, Herz oder Lunge, so genau wisse man es nicht, aber die Höhenlage von ca. 12 000 Fuß beanspruche das Herz sehr. Doch wohne ja seine Mutter am Ort, und von der könne man sehr viel mehr erfahren.

»Seine Mutter wohnt hier?« — »Ja, sicher. Lebst du denn auf dem Mond, daß du das nicht weißt? Und sein Vater liegt auf dem Gottesacker begraben. Aus stockkatholischer Familie stammte er und ist erst in vorgeschrittenem Alter zu den ›Brüdern‹ gekommen. Und so etwas Katholisches soll auch der Sohn haben!« — womit die stolzen Protestantinnen etwas Hinterhältiges bezeichnen wollten, auf jeden Fall etwas Verdächtiges. »Aber die Mutter«, trösteten sie, »ist keine ›Katholische‹, obgleich sie ja auch Schlesierin ist!«

Die Mutter! An einem Tage kurz vor Ostern machte sich

Maria entschlossen auf den Weg ›zur Mutter‹. Sie klopfte an die Tür. Nichts antwortete, niemand war da. Sie, die sonst immer das Haus hütete, war einer gewissen Anfälligkeit halber vor Monaten schon zu ihrer Tochter gereist und unerreichbar. Tiefbetrübt überlas Maria das Türschild vor dem verschlossenen Reich, und sie verabschiedete schweren Herzens den Wunsch, ein Bild oder eine Beschreibung ihres Bräutigams aus berufenem Munde zu erhalten und ein Stück von ihm, seine Mutter, mit eigenen Augen zu sehen.

»Warum willst du Bilder?« fragte Hunty, dem sie ihr Leid klagte. »Der Glaube soll blind sein, nur das ist der rechte Glaube! Auch Bilder können lügen, und was nutzt es dich zu wissen, ob sein Haar dunkel oder blond ist, seine Augen blau oder braun, sein Wuchs klein oder groß, sein Temperament gemäßigt oder heftig, sein Charakter offen oder verschlossen, ob seine Sitten geschliffen oder grob sind? Mein Kind«, sagte er bedächtig, »das Leben erst ist die große Schule, für die du dich hier in unserer kleinen Schule nur ein wenig vorbereiten konntest. Du glaubst das nicht? Und doch ist es so: jeder Mensch für sich allein ist wie das Sonnenlicht, das man nicht erkennen kann; erst wenn es auf etwas trifft — auf kleine Stäubchen oder große Dinge — wird es für uns sichtbar; erst im Zusammenleben wird erkennbar, was der Mensch ist. Auch im Zusammenleben mit dir wird er sich offenbaren; er wird sich dann härten oder ›häuten‹, verfeinern oder vergröbern, und auch du wirst dich selbst besser erkennen, vielleicht sogar wandeln — zum Guten, zum Bösen? — je nachdem ihr einander begegnet! Und beinahe gleichgültig ist dabei die äußere Beschaffenheit der Person: jeder Mensch hat etwas, das ihn liebenswert macht, und das zu entdecken ist unsere Aufgabe. Du hast das Los befragt und glaubst an den Spruch Gottes. Dein Glaube sei blind!«

Maria seufzte tief. Bei Hunty war immer alles groß, klar

und selbstverständlich. Für ihn schien es keine Untiefen zu geben. Konnte er wirklich den Zustand einer ›blinden Braut‹ begreifen? Aber er hatte recht: das Los war gezogen, Gott hatte gesprochen, und von ihm auch noch ein Bild verlangen, das war wohl zuviel gefordert.

Von diesem Tage an schloß sich Maria noch mehr gegen Gerüchte über den unbekannten Bräutigam ab. Blind, ganz blind sein, aber glauben. Sie baute eine Art Schutzwall gegen allzu aufdringliche Meinungen, um den Spruch Gottes nicht — wenn auch ungewollt — zum Gespött werden zu lassen. Und manche begann sie ob dieser plötzlichen Haltung als stolz und unnahbar zu schelten, was ihr denn auch den Tadel Alexandras zuzog, die ja von vornherein eine gewisse Befürchtung in dieser Richtung gehegt hatte und sich ohnehin durch den ›schauderhaften Brautrummel‹ aufgerufen fühlte durchzugreifen, sobald sich eine feste Handhabe böte. Sie mußte darüber wachen, daß die Pflanze Demut in dem Herzen der jungen Hartmann nicht überwuchert und erstickt würde. Unfaßbar, weshalb sich die Mädchen — und nicht nur sie — immer wieder an dem Brautstand und dem Bräutigam wie an einem schwelenden Feuer erhitzten! Feuer löscht man, indem man es ausdrückt oder mit einem Schwall Wasser begießt!

In Huntys Haus wurde jeder Geburtstag beachtet und, wenn es sich um eine Lehrerin handelte, gefeiert. Marias zweiundzwanzigster Geburtstag wurde ein Fest für das ganze Haus. Kein Kind, das nicht eine Kleinigkeit in der Hand gehalten hätte: Aurikeln, Himmelsschlüssel, Leberblümchen oder Anemonen, ein Spitzentuch mit handgearbeitetem Monogramm, eine selbstgefertigte Skizze, einen Vers oder einen gemalten Wahlspruch. Meist waren es bescheidene Gaben, aber auch anderes wurde ihr auf den Tisch gelegt, was sie nie erwartet hätte. Die ›Großen‹ hatten es sich in den Kopf gesetzt, ihr das Brautkleid anfertigen zu lassen und es in seinen Prunkteilen selbst zu besticken. Ein

Kleid aus schwerem weißem Atlas mit weißen, halblangen Handschuhen lag vor ihr. Maria, in deren Leben bisher nur das leinene Tropenweiß eine Rolle gespielt hatte, bewunderte das viel zu teuere Material und nahm dazu die spitzen Schuhe und das leichte Federhütchen in Empfang, das Henriette und Jeanette ihr überreichten. Sie erkannte in diesen Gaben ein Unterpfand der Freundschaft, die sie den Mädchen so oft als eines der höchsten Güter auf Erden gepriesen hatte. Ihre Bedenken über die Verwendbarkeit von Damastschuhen und Federhüten im Himalaya ließ sie nicht laut werden.

Von Dank wollte niemand etwas wissen, aber: probieren! Vor allem die Großen wollten sehen, ob das Kleid auch wirklich passe. Nach einigem Zaudern willigte Maria ein; das wenigstens konnte man ihnen nicht verwehren. Und so schoben denn die Großen die Kleinen vor die Tür, während Maria im Nebenkabinett verschwand und sich umkleidete. Man war zufrieden, als sie wieder erschien. Im gleichen Augenblick aber riß eine neue Schar kleiner Gratulanten die Tür zum Gang auf. Mit einem erstaunten und langgedehnten ›Ach‹ blieben sie stehen, und entzückt umhüpften und umtanzten sie schließlich die so ungewöhnliche Erscheinung in den Mauern des Institutes, ganz vergessend, daß sie die Lehrerin vor sich hatten. Bald klatschten sie vergnügt im Rhythmus in die Hände und riefen dabei: »Miriam, die Braut! Miriam, die Braut!« Maria, die erziehliche Töne anschlagen wollte, kam nicht an gegen diese Munterkeit; jetzt faßten sie sich im Kreis, und unversehens war die Braut der umjubelte Mittelpunkt. In der offenstehenden Gangtür erschien ein Schatten, eine Gestalt — wortlos, unbemerkt, unheilkündend. Dann aber dröhnte eine Stimme wie eine Drommete: »Der Tanz um das Goldene Kalb!« Ein niederschmetterndes Wort. Es brachte im Nu alle die kleinen Stimmen zum Schweigen.

Maria schoß das Blut bis unter die Haarwurzeln, sie wurde abwechselnd blaß und rot und verschwand im Nebenraum, während die kleinen ›Tänzerinnen‹, sich heimlich puffend und stoßend, dem Erzengel folgten, der sie rächend und richtend vor Hunty brachte. Der hörte sich die Anklage aufmerksam an: »Ein Geburtstag ist kein Kinderfest!« sagte er streng und verabschiedete die kleinen Sünderinnen, die so glimpflich davon kamen. Allein mit Alexandra, sah er ihr scharf in die noch immer strafend dreinblickenden Augen, über denen die schwarzen Brauen sich zusammenzogen.

»Nicht nur, daß alle die Zuwendungen aus Bazaren und Kollekten ihren Koffer füllen! Jetzt biegt sich dieser Geburtstagstisch noch unter allerhand Gaben von den Eltern der Kinder: wozu Silber und Seide in den Himalaya? Niedrig sein und bleiben! Das allein macht die wahre Gesinnung — ich sah es selbst: die Augen der Braut strahlen zu viel irdisches Licht!«

Jetzt aber war es Hunty, der die Brauen zusammenzog, und seine Stimme klang hart und bedrohlich: »Man gönne ihr doch das Stück Brot für die Wüste und den Labetrunk für lange Dürre!« Es fehlte nicht viel, daß er Alexandra aus dem Zimmer gewiesen hätte; gemessen und eindringlich sagte er: »Ein Funken Freude, meine Liebe, ist besser als ein Haufen Trübsal, und ein Gran Güte — Alexandra van Trooght — ist besser als ein ganzer Sack voll Gerechtigkeit!«

»Nun ja!« meinte Alexandra gedehnt, denn sie behielt gern das letzte Wort. »Nun ja! ... sie ist eben noch sehr jung — eine sehr junge Schwester ist sie, die noch mancherlei wird lernen müssen!«

Gleichwohl verstrich die Zeit unheimlich schnell. Mit dem steigenden Jahr steigerten sich die Kräfte, die Unruhe des Abschieds ließ hintersinnige Grübeleien nicht aufkommen; die Hände rühren, den Verstand nutzen, die Arbeiten abschließen: keine nahm ihr das ab, auch Hunty nicht! Die Last hing an ihr bis zum Schluß. Und je näher dieser Schluß kam, desto gewichtiger schob sich ihr etwas in das Gesichts-feld, was sie zuvor nie beachtet hatte. Der Anlaß war ein ganz alltäglicher: Ein Bauernjunge, die Mütze in den Hän-den drehend, gab im Hause einen Laib Brot ab. Brot! das tägliche Brot! Die sprossenden Saaten im Frühjahr, die wo-genden Kornfelder im Sommer, die Schnitter bei der Ernte, idyllische Mühlen in schattigen Tälern, des Müllers Esel mit prallen Mehlsäcken beladen — alles das stand plötzlich zusammengedrängt als lebensvoller Ablauf vor ihr; was aber dann mit dem gemahlenen Korn geschehen war, das hatte sie wohl tagtäglich zu schmecken bekommen, doch hatte sie sich nie Gedanken darüber gemacht, wie man Brot bäckt. Drohend stand diese Frage plötzlich vor ihr, und niemand war da, der darauf antworten konnte oder wollte. Die Kolle-ginnen? Die kümmerten sich nicht um dergleichen profane Dinge, für sie würde gekocht, gebraten und gebacken wer-den bis an ihr Lebensende, ohne daß sie sich selbst dabei die Hände verbrennen mußten.

Bedrückend war auch der Anblick der vielen dampfen-den Schüsseln, die von den Küchenmädchen in den Speise-saal hereingetragen wurden, ein Vorgang, der seit fünf-zehn Jahren tagaus-tagein gewohnheitsmäßig zur gleichen Stunde vor ihr abgerollt war: heute wurde er ihr zu einem beklemmenden Schaustück. Und während sie selbst nun vor den hochaufgetürmten Tellerstößen stand und die Ge-richte an die hungrigen Mädchen austeilte, zuckte es ihr auch wohl einmal unwillig um die Mundwinkel, daß nie-mand daran dachte, sie einweihen zu wollen in das, was jede Bauerndirne schon von Kind auf lernt. Wenn dann aber die Tellerstöße wieder kleiner und niedriger wurden, kam ein fatalistischer Gleichmut über sie: »Jeder mußte eben die Suppe seines Lebens allein auslöffeln.«

Wenn schon die stark beschäftigten Kolleginnen ihre Sorgen nicht teilen konnten und beim Anhören unberührt blieben, wieviel mehr noch Hunty. Er sah darin weder eine Not noch auch nur eine Sache von Bedeutung. Wichtig allein war ihm die Bereitschaft ihres Herzens, nach Asien aufzubrechen. Alles, aber auch alles, sagte er, würde sich als das ›kleinere Detail‹ schon irgendwie, schlecht oder recht, machen! — Bei dieser Unterredung mit ihm aber brach Maria in eine ungehemmte Klage aus: »Da lernt und lernt man ein ganzes Leben lang, bildet sich ein, etwas Rechtes zu können, andere zu lehren, ihnen etwas zu sein, und unvermutet sieht man sich auf die allerunterste Stufe zurückversetzt.« Alexandra wäre zufrieden gewesen über den Grad der echten Zerknirschung und Verzagtheit der Braut. »Bitte!« flehte sie Hunty an, »helfen Sie mir!« Doch Hunty meinte kühl: »Der lernt bekanntlich am besten schwimmen, der gleich in den Strom hineingeworfen wird!«

»Bedenken Sie doch«, beharrte sie inständig, »ich habe noch nie in meinem Leben einen Topf Wasser zum Sprudeln gebracht, habe noch nie am Herd gestanden, noch nie Brot gebacken oder Wäsche gewaschen, noch nie...!« Eine schier endlose Kette von ›Noch-Nies‹ rollte sie vor ihn hin, doch ungerührt schnitt er ihre Klage ab: »Noch nie habe ich einen gesehen, der den zweiten Schritt vor dem ersten tut!« Dann wiederholte er ihr das Stutut ihrer Hausfrauenzukunft, das die Behörde in voller Übereinstimmung aller Mitglieder auch für Himalaya-Station Numero 1 im voraus festgelegt hatte: »Drei Frauen — drei Wochen! Reihum geht der Küchendienst — immer eine für alle! Keine von euch drei Frauen wird der anderen in den Kochtopf gucken, dabei kommt doch nichts heraus. Jede für sich wird zeigen, was sie vermag: so ist es bei ›Gemeinsamkeit der Güter‹ gehandhabt worden, so wird es auch bestimmt von euch Frauen für gut befunden werden, denn du hast Verstand genug, um Neues, auch ohne Präzeptor und Küchenschwestester, zu lernen! Daß sie da oben ein Kochbuch haben, weiß ich, daß es englisch geschrieben ist, tut nichts zur Sache!«

»... und Tibetisch allein ist die Sprache des Landes, die Sprache des Hauses!« Auch dieser letzte Klageton rührte Hunty nicht, und geschlagen verließ sie das Zimmer.

Jetzt erst wurde ihr klar, wie gut sie es bisher gehabt hatte, daß sie sich nie weder um des eigenen noch um anderer Leute ›Leibes Notdurft‹ hatte bekümmern müssen. Besonders nachts vor dem Einschlafen sah sie sich oft an einem großen schwarzen Herd herumhantieren, Gesicht und Hände rußbefleckt, und während sie vor dem qualmenden Ungeheuer stand, auf dem es zischte, brodelte, rauchte und rauschte, sah sie fünf hungrige Gestalten auftauchen, die ungeduldig darauf warteten, daß sie zur festgesetzten Stunde ein gutes Essen auf den Tisch brachte.

In diese Zeit fiel die große feierliche Ruhe der Karwoche, die mit ihrem Ernst auch die Abseitigen und die Übermütigen in ihren Bann schlug. Ein Schauer ging von den stillen Versammlungen aus, in denen die tausendjährigen Worte der Schrift Tag für Tag in ergreifender Lesung jung und alt in die Knie zwangen. Es war, als wenn sie alle des letzten Mahles teilhaftig geworden wären, als wenn sie selbst den Verrat miterlebt und unter dem Kreuze gestanden hätten. Still wurde das vielmündige Haus, still blieb es vor der Einsamkeit des Ölberges, vor der Verlassenheit auf Golgatha; Tag und Nacht verharrte alles in ehrfürchtigem Schweigen des Karfreitags und in der Grabesruhe der Sabbatnacht, aus der die Posaunenklänge der Auferstehung noch vor Anbruch des Morgens alles erlösten und die ganze Gemeine mit neuer Zuversicht und Freude erfüllten. Und dann erhob sich in dem großen weißen Saal, der bis auf den letzten Platz gefüllt war, mit dem Grauen der Frühe die einsame Stimme des Liturgus: wie eine schwache Flamme stiegen seine Worte auf in dem überfüllten Raum mit der stehenden Menge — wie schwebend, wie zitternd die Botschaft: ›Der Herr ist auferstanden!‹; doch brausend wurde sie aufgegriffen, bestätigt von allen wie aus einem Munde: ›Er ist wahrhaftig auferstanden!‹

Dann das Scharren der zahllosen Füße auf dem Pflaster, auf dem Kies, der Füße, die hinaus zu den Gräbern der Entschlafenen wallfahrteten, ihnen voran das Ostergetön der Posaunen, das schon so fern klang, daß die Kleinsten und Letzten im Zuge es nur dann und wann noch einmal als verwehten Hall vernahmen. Sie wanderten schweigend mit, ab und an auch einmal ein schlichtes Lied singend — einstimmig, zerbrechlich stand es im kalten Frühwind auf: »Jesus, meine Zuversicht...« Vor den Gräbern der Verstorbenen drängten sie sich enger aneinander, als die vorige Stimme wieder wie aus weiter Ferne über die begrünten Hügel zu ihnen kam: »Ich begehre aufgelöst und bei Christo zu sein, welches auch viel besser wäre...« Da, in diesem Augenblick, ging die Sonne auf. Wie ein Feuerball stieg sie aus dem Violett des Horizontes, schnell stieg sie auf, aus Rot wurde Gold, leuchtend schüttete sie es über die Fluren, über die Gräber und vereinte alle, die Lebenden und die Toten. Spürbar schlang sich ein Band wortlosen Verstehens um die Versammelten, die sich zu neuer Verbundenheit in der Gemeinschaft fanden. Als die Sonne ihre erste Glorie ausgestrahlt hatte und schon hoch am Himmel stand, löste sich die schweigende Menschenschar auf, um in Gruppen und Grüppchen zurück in den Ort zu schwärmen. Hie und da noch verweilten einige bei den Hügeln ›derer, die da schlummern‹. Auch Maria war unter ihnen. Sie suchte ein Grab und fand es. Das Grab des ›Katholischen‹, des Vaters.

Doch die Zeit flog. Schon zogen die Schwalben wieder kreischend über den Abendhimmel. An allen Hecken und Gärten erblühte der Frühling. Der Blütenschaum der Apfelbäume quoll über wie kaum je. Die meisten Kinder hatten das Haus zu den Ferien verlassen. Nur einige wenige, die niemanden hatten, zu dem sie reisen konnten, oder deren Eltern sehr weit wohnten, waren zurückgeblieben; selbst von den Lehrerinnen war nur noch ein verschwindend kleiner Teil anwesend.

Fast beängstigend war die Leere in dem großen Schlafsaal, der durch das fehlende Leben jetzt noch weit größer erschien als sonst. Enger rückten die Zurückgebliebenen um den grünen Paravant, hinter dem, abgeschirmt, Maria den Schlaf der Heimatlosen behütete. Wenn sie abends noch einmal von Bett zu Bett ging und dabei die Flucht der abgedeckten Lagerstätten überflog, dann vermißte sie schmerzlich das Atmen aus den vielen Kinder- und Mädchenbetten, aus denen sich so oft eine kleine Hand schutz- und hilfesuchend oder trostbedürftig nach ihr ausgestreckt hatte; sie dachte auch an alle ihre eigenen Anstaltsbetten, die — erst so klein — immer größer geworden waren, und wenn sie sich dann in das Autoritätsbett hinter der Spanischen Wand verkroch, dann fand sie es gar nicht mehr hart, sondern beinahe komfortabel; und mit Schrecken stellte sie sich das häßliche eiserne Feldbett vor, das die Knechte im Hofe abgeladen hatten, das nächste Bett ihres Lebens, das sie in Kürze gegen das gediegene Holzbett hier würde eintauschen müssen. Häßlich war es und alt, dieses neue Bett, wie wenn es den Feldzug der Maria Theresia gegen den Großen Friedrich schon mitgemacht hätte. Schnell überschlug sie ihre kleine Barschaft, die sie sich für eine Reise nach Leipzig zusammengespart hatte, um dort im Gewandhaus selbst einmal den großen Liszt als Pianisten zu erleben.

Leipzig wurde kurzerhand gestrichen und dafür Bunzlau eingesetzt.

Die Reise nach Bunzlau. Mitten in den überquellenden Frühling hinein. Natürlich nicht allein. Constanze im Fond der Kalesche neben ihr, ihnen gegenüber die Mädchen Francis und Florentine, die durch das gemeinsame Schicksal der ›Hinterbliebenen‹ sich eng aneinander angeschlossen hatten. Abstandsvoll und aufrecht, flott, doch würdig neben ihnen — als Beschützer und Kavalier — Constanzes Vetter, der Lieutenant Justus Arcadius, der sein Gefährt mit Zuvorkommenheit zu dieser Ausfahrt zur Verfügung gestellt hatte. Hin und wieder beugte er sich zurück und rief dem Kutscher auf dem Bock ein neues Fahrtempo zu; und so rollte der Zweispänner in den frühen Morgen, in dem es nur blauen Himmel, Sonne, Blütengründe und zarte Konturen naher und ferner Berge zu geben schien.

Unbeschwert plauderten die Mädchen im Wagen, während Justus seine Streitlust dahinten gelassen hatte und nur noch der liebenswürdige Gesellschafter Arcadius war. Leicht flogen Rede und Gegenrede hinüber und herüber, bis die alte kleine Stadt erreicht war, die im warmen Mittagslicht beinahe schon sommerlich heiß brütete. Man kaufte hier einige Ellen Leinen, dort etwas Nähzeug, da einen Stoß Schreibpapier, hier einen Vorrat Salbe und Riechwasser, dort noch einen Sonnenschirm, zum Schluß einen Topf meergrüner Farbe mitsamt einem Pinsel für das häßliche alte Eisenbett; man kaufte, bis die Börse leer und die Taschen voll waren und erlabte sich dann an den mitgebrachten Dingen aus dem Picknickkorb im Freien. Erst als die Sonne sank, fuhr das Gespann auf dem lindenumstandenen Platz ein, über dem bald wieder das eindringliche Schreien des Käuzchens erschallte, untermalt von dumpfen Unkenrufen aus der Ferne.

Einige Tage darauf wurde die Kindertruhe aus Surinam auf die breiten Schultern eines Dienerbruders gehoben, der große Koffer aus Hirschleder mit seinen mächtigen Schnallen fest abgeschlossen, das frischbemalte Feldbett aber zusammengeschoben wie eine Harmonika oder ein Blasebalg, um alles bis zur nächsten Bahnstation auf ein derbes Gefährt verstaut zu werden. Allein, wie sie es sich ausbedungen hatte, erwartete Maria in der Frühdämmerung fröstelnd das Gefährt, und sie bestieg es mit abgewandtem Gesicht und mit einem Herzen, so schwer, als wären Truhe, Bett und Koffer ein Sarg.

STRASSE ÜBER DAS MEER

Es war, als wollte der Frühling Maria auf einer großen Triumphstraße des Blühens die Heimat ihrer Väter noch einmal in eine Glorie tauchen, die alle vergangene Trübsal vergessen machte, den Abschied verklärend, erschwerend: noch die fernste Talmulde, der einsamste Wiesengrund trug den maienhaften Überschwang erneuten Lebens, und als die leuchtenden Blütenkaskaden von Pfirsich, Kirsche und Apfel verlöschten, steckten Ginsterbüsche ihre weit ausgebreiteten Zweige als gelbe Fackeln an den Weg, während Kiefern und buschiges Nadelgestrüpp ihre breiten Schirme und dunklen Gehege mit duftenden Trieben darboten, als wären es farbige Kerzen oder dicke Räucherstäbe. Gelber Raps und blauer Flachs: die Luft war erfüllt von dem Gesumm schwärmender Sechsfüßler und von dem schwellenden Gesang aus ungezählten Vogelkehlen. Er stand über satten Fluren, sandigen Marken, über blühendem Moor und grünender Heide.

Selbst vor den großen Städten hatte der Frühling nicht haltgemacht: lichtgrün waren die Ufer der Spree und die der Alster, und als man endlich die Britische Insel erreichte, war er auch dort schon angekommen. Unabweisbar erhob er sich — schüchterner zwar, doch deutlich — über den grauen Gevierten der Themsestadt: London.

Die großen dunklen Augen der Braut waren wie zwei stumme Beobachter, die jeden Wechsel, jedes Bild getreu in das Gedächtnis eintrugen, damit sie — wenn alles dieses einmal entschwunden wäre — darin zu lesen vermöchten

wie in den Aufzeichnungen eines Buches, denn Bücher —
die altvertrauten Freunde — hatte sie zurücklassen müssen
bis auf den Atlas des Vaters, die Bibel der Mutter und
ein Dictionary Huntys.

Aufrecht saß sie meist da, trotz Rütteln und Stoßen,
ohne ein Zeichen von Müdigkeit erkennen zu lassen, so
wie sie es von Kindheit an gelernt hatte, sich auch in unbequemer Lage zu beherrschen und ›Haltung zu bewahren‹. Das modisch eng taillierte Reisekostüm mit dem weiten, bis auf den Boden reichenden Rock, die zierlichen Füße in Stiefeletten mit geschwungenen Absätzen, eine weiße
Spitzenkrause um den langen, schmalen Hals, ein silber-
graues Federhütchen auf dem Kopf, dazu der Bunzlauer
Seidenparaplui, alles das war eher auf eine Ankunft in
einem Badeort als im Himalaya abgestimmt, und wie sie
so dasaß, in schlichter Selbstverständlichkeit, sah ihr auch
niemand das Besondere ihrer Reise an. Das ruhige Gesicht mit seinem festen Oval und dem ausgeprägten Profil
war von dem Hut beschattet, unter dem sich hie und da
eine dunkelbraune Locke hervorstahl, ganz im Widerspruch
zu der Glätte der schweren Flechten, die sich unter dem
Federflaus versteckten. Auch hätte ihr niemand angesehen,
daß sie Braut war, denn die Finger trugen weder Schmuck
noch Symbol eines Verlöbnisses, lange, schmale Hände,
weiß und ohne die geringste Arbeitsschwiele. Sicher war
Maria über das Pflaster von Berlin geschritten, und kein
Mensch konnte ihr die fünfzehnjährige Abgeschiedenheit
hinter klostergleichen Mauern anmerken, sicher und ruhig
blieb sie nach außen hin, auch als der große Augenblick
der ersten Begegnung mit den beiden unbekannten Schicksalsgefährtinnen gekommen war, dem sie die ganze Zeit
hindurch mit einem gewissen Bangen entgegengesehen hatte.

Da hatten sie plötzlich vor ihr gestanden, die beiden
Braut-Schwestern Emilie Rosenhauer und Friederike Mächt-

le. Beide an der Grenze der Dreißig, flößten sie unaufdringlich, doch deutlich fühlbar Respekt ein. Beide hatten einen wesentlichen Teil ihres Lebens bereits mit Erfolg gemeistert: Emilie als Betreuerin herrnhutischer Schwestern, während Friederike als Haushälterin und Köchin den Königsfelder Prediger viele Jahre mit den Erzeugnissen ihrer perfekten Kochkunst gelabt hatte. Auch sie unterschieden sich nach außen hin durch nichts von den jungen Damen und Frauen, die an der Alster promenierten: Emilie mit dem gemmenhaft fein geschnittenen Profil war in Violett und Braun gekleidet, das ihre noble Erscheinung unterstrich. Friederike stand zu den frischen Farben ihrer vollen Wangen das Grün so wohl zu Gesicht, daß sich mancher Städter bewundernd nach ihr umdrehte.

Beide Bräute prüften schweigend ihre ›Mit-Braut‹, die sich — wenn auch spät — doch noch für den brautlosen Bräutigam gefunden hatte. Beide empfanden deren Alter, ohne daß sie es ausgesprochen hätten, noch als reichlich jung oder besser als viel zu jung, und beide vermißten an ihrem Gepäck den Sack der Erfahrung, den sie selbst gerüttelt voll mit sich führten. Überhaupt: gegen ihrer beider Sicherheit war die Marias beinahe zerbrechlich, wenigstens empfand sie selbst es so; und wieder einmal erlebte sie es, die Jüngste zu sein, die sie in dieser kleinen Runde immer bleiben würde.

Freilich war allen dreien die Anrede ›Schwester‹ selbstverständlich, auch das Du hätte es sein können; aber Maria, gewohnt, die herrnhutische Etikette streng zu befolgen, wandte den Schwestern Rosenhauer und Mächtle gegenüber — als älteren Personen gleichen Geschlechts — vorsorglich das ›Sie‹ an, das ihr erst auf ausdrückliche Aufforderung Emiliens und Friederikens in das übliche Du erlassen wurde; ein Du, das man eher als ein offizielles, keinesfalls als ein vertrauliches Du anzusehen hatte. Dieses respektvolle Du kam Maria durch den Verkehr mit den

Kolleginnen geläufig von den Lippen, es war eine angenehme Verbindung auf gemeinsamer Ebene und gab sich so selbstverständlich und mühelos wie jenes dialekt- und akzentfreie Schriftdeutsch, das, in den herrnhutischen Siedlungen bewußt gepflegt, diese gleichsam zu Sprachinseln inmitten des Sächsischen, Lausitzischen, Schwäbischen, Rheinischen, Berlinischen oder Holsteinischen gemacht hatte. Nur Friederike sprach im liebenswürdigen Tonfall ihres schwäbischen Landes, dem sie mit Leib und Seele angehörte, was ihr vor der vornehm-kühlen Emilie etwas Erdhaft-Ländliches gab.

Ungeachtet dieser kleinen Unterschiede fühlten sie sich doch verbunden: die Gemeinsamkeit des bräutlichen Standes, der Reise um die halbe Welt dem gleichen Ziele zu, führte sie näher zusammen, als sie es sonst vielleicht angestrebt hätten. Nicht zuletzt aber waren es eine Menge unerläßlicher Regelungen, die zusammen bedacht und eingeleitet werden mußten. Mit der Belegung der Schiffsplätze nach Kalkutta war ihrer dreier Schicksal gleichsam verbrieft und besiegelt.

Alles, was getan werden mußte, war getan: sie hatten für Ostindien gebucht, ihr Gepäck war verladen, nur eine Nacht noch an Land — die letzte in Europa. Plaudernd vertrieben sie sich den Abschiedsschmerz. Maria hörte angelegentlich auf die Gespräche der Schwestern über Naheliegendes und Fernes. Friederike sprach von ihrem Bräutigam als einem ihr lange vertrauten und bekannten, sie schien nur ihn in Gedanken neben sich zu spüren. Emilie, in ihrer dunkelbraunen Mantille, die im Gehen ab und an ihr amethistfarbenes Kleid hervorlugen ließ, legte oft Schweigepausen ein, aber auch sie ging in bräutlicher Erfülltheit neben Maria. Sie dachte an den in der Welt der Stillen hochgeschätzten Gelehrten, der sich bei den Orientalisten Europas und weit darüber hinaus einen Ruf erworben hatte, seit er mit aufsehenerregenden Forschungen hervorgetreten war — an Jäschke dachte sie, den genialen Sprachforscher, dessen guten Namen sie nun bald tragen würde — an Heinrich, den vertrauten Vetter, den sie seit ihrer Jugend geliebt, dessen goldenen Ring sie seit einem halben Jahr an der Hand trug, mit dem sie nun doch noch ein Leben vollenden würde.

Während sie so miteinander redend oder schweigend den Kai entlanggingen, streiften Emiliens Blicke unversehens Maria, die ihre Augen abwesend in die Ferne gerichtet hielt, als suche sie nach etwas Verlorenem, und plötzlich kam ihr die Tatsache eines unbekannten Bräutigams als etwas Ungeheuerliches vor. Für einen Augenblick vergaß sie ihren Verlobten. Forschend richtete sie die grauen Augen mit dem scharfen Blick der einstigen Seelenpflegerin auf Maria, die doch so unbegreiflich gefaßt und ruhig neben ihr wanderte. Die Frage kam unverblümt als die Gewissensfrage einer Beauftragten, die nie zweideutig zu fragen gewohnt war: »Bist du auch ehrlich gewesen, als du Ja sagtest!?« Doch das Wort verwehte im Wind, und nur die Glocken von Westminster hallten mit erzenem Schall über sie hinweg, als das letzte, reine Geläut der Christenheit.

Alle gegenseitigen Erforschungen verboten sich jedoch bald von selbst. Jede war viel zu sehr mit den Anforderungen des Augenblickes und der Einfühlung in die Zukunft beschäftigt, als daß sie sich noch mit der Seelenfracht der anderen hätte belasten können und wollen. Schon auf dem Wege über die Nordsee, den man schnell und fahrplanmäßig in fünfzig Stunden auf einem der geräuschvollen, modernen Steamer zurückgelegt hatte, nahm man sich selbstverständlich, da die Frage der Partnerschaft jeder einzelnen so und nicht anders denkbar war: Friederike würde in einigen Monaten nicht mehr Mächtle, sondern Pagell heißen, Emilie nicht mehr Rosenhauer, sondern Jäschke und Maria nicht mehr Hartmann, sondern Heyde. Und so standen denn schon unsichtbar neben oder hinter ihnen ›ihre Männer‹, von denen sie wußten, daß sie ihre Posten hinter Schnee und Eis in 12 000 Fuß Höhe mit eisernem Willen, mit harten Köpfen und leidenschaftlichen Herzen verteidigten, wobei sie sich bereits so verrannt hatten, daß aus brüderlichen Kollegen beinahe schon Gegenspieler geworden waren.

Maria, die jede Disharmonie in ihrer Umgebung, auch wenn sie nicht darin verflochten war, seit je störend empfand wie eigenes Mißbehagen, hatte vor der gemeinsamen Zukunft mit den ihr völlig unbekannten Schwestern und Brüdern, den eigenen Gatten ungerechnet, noch dazu verwiesen auf einen sehr engen Lebensraum, ganz besondere Befürchtungen gehabt. Um so glücklicher war sie, als die Brautschwestern davon zu reden begannen, und sie beteiligte sich an diesem Gespräch als an einem allgemein menschlichen, das auch dann seine Gültigkeit hat, wenn man — wie sie — alle Verwicklungen nur ahnen, alle Eigenheiten des unbekannten Partners kaum zu erraten imstande war. Während das Wasser glucksend gegen die Planken schlug und das Schiff sich leise hob und senkte, beschlossen sie, immer wenn die Männer auf Biegen und Brechen ihren Willen verföchten, sich selbst desto inniger aneinanderzuschließen, alle Härten durch verstärkte Liebe auszugleichen, alle Gegensätze zu überbrücken, wenn möglich zu überwinden. Ein Handschlag bekräftigte das Gelöbnis, die dritte Hand — unberingt — mit nicht minder herzhaftem Druck als die beiden goldbereiften. Doch dann wurde nie mehr darüber gesprochen, dann war das Schweigen selbst wie ein Gelöbnis; dafür hatte nun das Meer das Wort.

Noch ehe das Schiff in See stach, hatte es sich herausgestellt, daß sich außer den drei Bräuten der *Moravians* zwei weitere Indien-Bräute an Bord befanden: Friedrike Vespake und Clementine Hagen von der Goßnerschen Gesellschaft. Beide waren froh, Schicksalsgefährtinnen an Bord zu wissen, wo sie sich verlassen und beklommen in der Fremde fühlten. Der Mannschaft des Ostindienseglers aber schien damit eine glückhafte Fahrt als ausgemacht. »Fünf Bräute an Bord!« riefen die Matrosen einer vorüberfahrenden Jolle zu, die nur einen Fang Heringe, Flundern und Kabeljau heimführte. ». . . five Brides! Such a luck!« Während sie Segel setzten, sangen sie das rauhe Lied von der Seemannsbraut, und mancher Midshipman dachte dabei an seine eigene in Shanghai oder Bombay, in Kalkutta oder Porthsmouth, in Soho oder Whitechapel, und wurde milde und weich; man fluchte mehr abseits, denn Bräute soll man nicht vergrämen! Fünf Bräute, fünfmal Glück für das Schiff, und Glück kann man scheffelweis brauchen: der Seemann besonders, denn das Meer ist tückisch! »Auf See wird man abergläubisch oder lernt beten!« pflegte der Kapitän, ein frommer Puritaner, zu sagen. Soviel Glück auf einmal, meinte er, habe man schon lange nicht mehr übers Wasser geführt. Bald kannte man alle fünf, wenn sie an Bord promenierten, um einmal der Stickluft der Kabinen zu entgehen.

Und auch die übrigen Passagiere nahmen die fünf Bräute als ein gutes Omen für eine glatte Überfahrt, die langwierig sein würde, wie die meisten Ostindienreisen, und gar nicht ungefährlich: erst kürzlich sei wieder ein Schiff gesunken, hieß es, eines auf hoher See in Flammen aufgegangen und ein Frachter mit Baumwolle seit Wochen überfällig. Gut, wenn man erst wieder Land unter den Füßen hat, meinten einige Gentlemen, denen man die Handelsherren ansah. In eifrigen Gesprächen aber diskutierte man allgemein die kühnen Projekte des Herrn von Lesseps, die dieser der englischen Regierung unterbreitet habe. Der Durchstich bei Suez — in diesem Jahr begonnen — war *das* Thema: »England wird profitieren durch diesen Kanal, hoch profitieren!« »Alle werden profitieren: keiner muß mehr den halben Globus umfahren, um zu seinen

Teepflanzungen zu kommen ... wundern werden sich unsere Enkel, wenn sie erfahren, wie lange so ein alter Kahn früher brauchte ... wir alle werden Pate stehen, wenn Mittelmeer und Rotes Meer die alte Blutsbrüderschaft erneuern!«

Die ›Paten‹ und ›Zeugen‹ dieser bevorstehenden Weltwende waren nicht abgeneigt, wenn auch nicht Blutsbrüderschaft zu trinken, so doch die Gelegenheit für einen guten Drink nicht ungenutzt vorüber gehen zu lassen. »In sieben Jahren sind die Lesseps-Leute nicht fertig, wetten .. zehn mindestens. Doch bis dahin? Die alten Kähne nehmen — und Karten spielen, Poker und Whist und dazu 'nen Whisky!« Und es klatschten die Karten, es rollten die Würfel, es klirrten die Gläser, und in den Segeln rauschte der Wind. Und der Mond ging unter, die Sonne ging auf, Tag reite sich an Tag und Nacht an Nacht; das Meer rauschte — versunken schien die Erde mit Baum und Strauch, mit Mensch und Tier.

Unbeirrbar gravitätisch durchfurchte der große Ostindiensegler mit seinen gewaltigen drei Masten den Atlantischen Ozean, Möwen umkreisten und begleiteten ihn, hellauf spritzte der Gischt vor dem Bug, während die hellen Segel — gestrafft und gespannt — von einer beständig günstigen Brise bestrichen wurden. Die Bräute verhielten sich still; stiller noch als zu Beginn der Reise: die Brücke in die Vergangenheit war abgebrochen, das andere Leben hatte bereits begonnen. Jetzt war sie gekommen, die große unabweisbare Ruhe, die nun fast ebenso schwer zu ertragen war wie vorher die Unruhe des Aufbruchs. Noch manches hallte nach in diese Stille wie das Glockengetön von Westminster, hallte nach, ebbte ab und veränderte sich in der Erinnerung, in der Einsamkeit und Gleichförmigkeit dieses neuen, mühelos gleitenden Zustandes zwischen Himmel und Wasser.

»Wenn die Räder unter dir aufhören zu rollen, und wenn

deine Füße nicht mehr den Erdboden berühren, dann wirst du die Ruhe haben, nach der du dich jetzt sehnst!« Diese Worte Huntys, die mehr wie eine düstere Prophezeiung als ein Trost geklungen hatten, bewahrheiteten sich Maria von dem Augenblick an, als sie die Küste Englands nur noch wie einen schmalen Strich hinter dem Horizonte verschwinden sah. Die bleierne Hitze, von Tag zu Tag schwerer über dem Ozean lastend, begünstigte die müde Gelassenheit, die sich ihrer bemächtigte. Niemand und nichts erlöste sie aus dieser tödlichen Melancholie, die auf den ruhigen Wassern zu brüten schien. Schwarze Schiffe mit großen Masten und Segeln, die lautlos durch Meere streichen, entführen nur aus Paradiesen und bringen wohl selten jemanden dorthin zurück! — so dachte sie oft, wenn die Wellen gegen den Schiffsbauch schlugen, wenn Segel und Rahen sich blähten oder nachts, wenn das Meer phosphorn leuchtete. Das Schiff aus dem großmächtigen Reich der Viktoria schien ihr auf unheimliche Weise dem großen Schiff aus Westindien verschwistert, das an dem Horizont der Kindheit auftauchte, sie auf immer von dem Liebsten auf Erden fortgenommen und ihr das Heimweh gebracht hatte.

Manchmal suchte sie sich gewaltsam aus dieser Umstrikkung zu lösen, die wie die Einflüsterung eines Dämons war. Dann ging sie mit kurzen energischen Schritten hinaus in die schattenlose Hitze, in die sich untertags kaum noch jemand wagte, und verweilte bald unter diesem, bald unter jenem der drei Masten. Die beharrliche Brise vertrieb für kurze Zeit die dunklen Gedanken, die sie in der düsteren Koje bedrängten, und sie blickte in die uferlose Weite des Meeres, als suche sie dort das Land mit dem Frühling, der sie so weit begleitet hatte, das feste Land, auf das nun fruchtschwer der Sommer sich senkte. Dort an dem Vordermast ließ es sich besser aushalten als an einem anderen Fleck des enge bemessenen Raumes über den

Wassern. Noch jetzt spendeten diese entzauberten Bäume mit ihren Blättern aus Leinen und Ästen aus Hanfseilen etwas Schatten; Baumvisionen und Wälderkühle täuschten sie vor, und je öfter sie unter diesen entwurzelten Stämmen sand, desto vertrauter wurden sie ihr — hatten sie in den Kordilleren gestanden oder in den indischen Dschungeln, in den Dickichten Afrikas oder vielleicht sogar in den Savannen und Urwäldern Surinams? Und jetzt erkannte sie auch, daß Schiffsmasten sich schon immer wie ein Mahnmal über ihrem Schicksal erhoben hatten: sie ragten auf über dem Leben der Eltern, die, ein hochzeitliches Paar, ausgezogen waren, um nie wiederzukehren —, sie standen über dem Leben der Kinder, die gekommen und gegangen waren auf dieser Straße über das Meer, das eine zurück in die Neue Welt, das andere in den schwarzen Kontinent, das dritte nun in den Orient — flimmernde Straßen, endlose Straßen, gezeichnet durch unsichtbare Kurse, Straßen mit gelichteten, wandernden Bäumen, abgründige Straßen — für viele ohne Wiederkehr.

An einem heißen Sommertage, als man sich auf der Höhe von Guinea befand und die Hitze von den Wassern wie ein Gluthauch zurückstrahlte, sah sie vor dem Abendhimmel eine sonderbare Schaluppe auftauchen. Tiefschwarz erschien die Takelage vor der Sonne, die brandrot und riesengroß in das purpurfarbene Meer eintauchte. Ihre Augen waren geblendet, trotzdem erkannte sie auf dem dicht vorbeistreichenden Boot deutlich nackte, schwarze Rücken, schwarze Wollhäupter, dichtgedrängt, und dürre Glieder in Eisenketten. »Ein Sklavenschiff, Madam!« sagte der Deckoffizier, der an ihr vorüberging und das Entsetzen in ihren Augen bemerkt hatte, »schwarze Ware nach Guayana, wird dort immer noch dringend gebraucht...!« Noch heute Sklaven nach Surinam, heute, wo man das Wort Humanität so feierlich aussprach wie das Wort Gott oder Freiheit — noch lange sah sie dem Schiff nach, das sich bald wie ein Punkt in den verschwimmenden Farben des Wassers verlor. An diesem Abend wurden ihr die eigenen Gefühle unwichtig, und von diesem Abend an suchte sie Trost und Arbeit in den drei Büchern, die ihr geblieben waren. Des Morgens studierte sie den Atlas des Vaters und verfolgte in eigenen Aufzeichnungen den genauen Kurs des Schiffes, mittags las sie in Huntys Dictionary, wie wenn es Verse von Keats oder Longfellow wären, und des Abends schlug sie die vergilbten Blätter des Buches der Mutter auf und las langsam und mit Bedacht die Geschichte von der Entstehung der Welt, von den Zeiten der Erzväter und Erzmütter, deren eine ihr über die Jahrtausende helfend die Hand reichte, eine, die als ›blinde Braut‹ einem unbekannten Manne entgegengereist war: Rebekka. Das waren gute Tage und Stunden, wenn die eigenen Gedanken zur Ruhe gebracht werden konnten; Raum und Zeit verloren mehr und mehr an Bedeutung. Tage kamen, an denen sie unmittelbar die Reise ihrer Kindheit fortzusetzen glaubte, von Westindien nach Ostindien, mit einer kleinen Zwischenlandung in Europa. Manchmal, wenn sie blinzelnd in die Sonnenreflexe des Wassers schaute, sah sie wieder das helle Tropenlicht durch das Gezweig alter Kakantriebäume und hoher Maurituispalmen rieseln. Wie durch ein Prisma gebrochen spiegelten sich die alten Bilder in den Wellen, durch die silbergleißend Delphine schnellten — Klänge, Stimmen woben sich in das Brausen des Schaumes, der in breiten Bändern neben dem fahrenden Schiff aufstäubte. Bis in die Träume hinein verfolgte sie — manchmal quälend, manchmal tröstend — die Vergangenheit, die sich mit der Gegenwart mischte. Eines Nachts wachte sie von einem tosenden Lärm auf, der wie das Orchester einer ganzen Brüllaffenherde klang. Er hatte sich in ihre Träume verwoben, gurgelnd schien er aus den Wassern aufzuquellen, dazwischen ein langgedehnter Ruf wie: »Tu-ju-ma-ro-muu-noo!«

»Sie feiern Linientaufe!« sagte Emilie und drehte sich auf die andere Seite. Und während der Mond schräg über den Wassern hing, schollen neue Lieder zu ihnen herab, die in trunkenes Lallen übergingen. Doch im Traume spürte Maria deutlich, wie sie, auf ein Brett von Teakholz gebunden, in einen schwarzen Strom hinausgestoßen wurde. Auf unruhigen Wellen schoß sie dahin, machtlos, wehrlos, in unglaublicher Schnelligkeit, über ihr riesige Bögen aus Wucherpflanzen. Da, die Fratze eines Waldschrates, er bleckte seine weißen Zähne. ›Cicobet-cicobet!‹ sein zischelnder Ruf, dabei streute er brandrote Blüten auf sie herab. Ketten von Blüten trieben schon neben ihr, um sie herum; traf er sie, dann spürte sie einen stechenden Schmerz. ›Cicobet-cicobet!‹ eine teuflische Stimme — doch es war nur das Geheul eines Schiffsjungen, den man zu ›heiß‹ getauft hatte, der unter gröhlendem Gelächter der Rotte laut nach der Mutter rief. Der Chor der Matrosen stieg noch einmal an mit hämmerndem Rhythmus: »Wie weit ist es noch nach Hause, wie weit ist es noch nach Hause...« Weiße Aras und rote Papageien kreischten auf, und eine dicke, platte Pipakröte blickte die Träumende träge aus grünschillernden Augen an. Emilie rüttelte sie wach: »Warum bist du nur so unruhig, wir sind es doch auch nicht!«

Und sie hatte recht! Die vier anderen Bräute waren sehr viel ruhiger. Je kürzer die Nächte, je heißer die Tage, desto öfter sprachen sie von ihrer Sehnsucht, ihrer Liebe, besonders aber über ihre Zukunft mit ›ihm‹; denn ein Schiffstag ist lang und ein Schiffsmonat wie eine Ewigkeit, und es ist gut, in diese brütende Ewigkeit über abgründigen Wassern Bilder zu setzen von Menschen aus Fleisch und Blut, die einem die Hände liebend entgegenstrecken und hinter der zitternden Fata Morgana trügerischer Eilande auf einen warten. Doch gerade solche Vorstellungen fürchtete Maria. Stundenlang lag sie oft in den glühend heißen Tropennächten wach, ohne sich zu regen, die weit offenen Augen in das undurchdringliche Dunkel der Kajüte gerichtet: Weiß er es jetzt, daß er eine Braut hat? Weiß er, daß da eine zu ihm kommt, die er nie zuvor gesehen, nie geliebt, nie erwählt und nie umworben hat? Oder hofft er noch immer auf die andere, auf eine Rahel, für die eine Lea kommt? Vielleicht hat ihn der Schicksalsbrief seiner Behörde überhaupt nicht erreicht, ist verlorengegangen auf dieser großen Straße der Ungewißheit. Was dann? Wie würde er sie empfangen, eine Unerwartete, Unbekannte, eine Braut von ›Amts wegen‹? Er wird sie hinnehmen, diese Ersatzbraut, gehorsam, entschlossen, demütig oder mutig — von ›Amts wegen‹. Gehorsam ohne Freude, demütig ohne Liebe, er wird sie hinnehmen, diese Maria Elisabeth Hartmann, eben als seine Gattin. Und davor graute ihr. Und erst wenn der rote Sonnenball wieder aus den Fluten auftauchte, verfiel sie meist in einen kurzen Schlaf ohne Erquickung. Die bedrängte Welt des Inneren kam nicht zur Ruhe — jene unfaßbare Welt des Inneren, in der sich Menschen suchen und finden, verlassen und abstoßen, einander begehren, erfreuen, verabscheuen — verstehen, hintergehen, ertragen — oder lieben. Das Reisen auf dem Planeten Erde erschien ihr trotz mancher Widerwärtigkeit und Beschwer doch nur eine Bagatelle gegenüber dem Reisen auf dem Ozean der Schicksale und der Herzen.

Der Koloß Afrika schien die ganze Welt auszufüllen. Man hatte seine lange westliche Küste hinter sich gebracht, das Kap der Guten Hoffnung umrundet, der Trost aus den drei Büchern gab sich trocken oder überhaupt nicht mehr. Jede Meile brachte ihr den fremden Mann räumlich näher, jede Meile rückte sie ihm innerlich ferner; je mehr sie vor ihm zurückwich, desto unbeirrbarer trieben Wellen und Winde, Segel und Steuer sie voran, der Gefahr entgegen, in die sie sich blinden Glaubens begeben hatte.

Mai und Juni lagen gleichsam begraben in den Korallenriffen der Tiefe, der Juli verschwamm in den azurnen Fluten, aus denen ganz sacht und allmählich der August sich ankündigend aufstieg. Nichts war zu spüren von der gefährlichen Doppelnatur des Ozeans — er war und blieb gezähmt.

Das ganze Schiff wurde jetzt von einer gähnenden Langeweile angefallen wie von einer Krankheit. Trostlose Apathie bemächtigte sich der meisten. Die Whistspieler schoben mit schlaffen Händen die Karten beiseite. »Whisky!« befahlen oder jammerten sie. Den Bräuten entfiel der Stift, mit dem sie geheime Briefe schrieben, und das Wort, mit dem sie sich gegenseitig ermunterten, erlosch. Niemand mehr tanzte, niemand mehr musizierte, niemand mehr verfolgte das flinke Spiel der Delphine, die immer wieder neu wie Silbergeschosse im weißen Gischt dicht neben dem Schiff aufblitzten. Die Kommandos der Offiziere kamen wie aus dämpfender Ferne, und unerhört erstarb ab und an in der Stille der Wasser das dumpfe Todesgebrüll eines Tieres, das mit zitternden Flanken den Stoß des Schlächters empfing. — Müde und lustlos saß der Teppichhändler Tag für Tag mit seinem Steinkrug im dürftigen Schatten an der Reeling, als wolle er die allgemeine, gewaltige Gedankenlosigkeit, die aus der Tiefe des Meeres aufzusteigen schien, in lauwarmem Gebräu ertränken. Alles trieb dahin, gefangen unter der großen Glocke des Himmels, die unentwegt über die ruhige Fläche des Wassers gestülpt blieb — das Grauen eines ewigen Mittags hielt das Schiff gebannt, selbst wenn es dunkel wurde.

In einer dieser heißen Augustnächte rauschte ein Tropenguß herab, der alles unter Deck in ein Treibhaus verwandelte. Beklemmende Schwüle, die zwischen den hölzernen Planken stagnierte! Rinnsale schwitzten von den Wänden und ließen die Sachen in den verschlossenen Koffern stockig werden; wie abgeschnürt war der Atem. Wer nicht völlig erschlafft auf seiner Lagerstätte nach Befreiung aus diesem unerwünschten Dampfbad schmachtete, ging an Deck. Draußen aber breitete sich ein flimmerndes Firmament über dem Ozean, wolkenlos, klar, als wäre das Prasseln und Trommeln des großen Regens nur Einbildung gewesen. Tief sog Maria die Meeresluft ein, die salziger, wenn auch kaum bewegter erschien als in den vergangenen Tagen. Da! unter den Sternen, die sich bis zum Horizont herab streuten, bewegte sich ein wanderndes Licht — hier eines, da eines, dort wieder eines. »Die Leuchtschiffe der Bay von Bengalen, Madam!« sagte der Kapitän. In die dunklen Gestalten ringsum kam Leben: Land! Land! — und wie ein Blitz zuckte auch in ihr die Freude auf. Freude: lange niedergehalten, doch noch nicht tot und abgesunken in dem Meer der Verzagtheit, und sie verwunderte sich über sich selbst und dieses wechselvolle Menschenherz, das eben eine vagere Geographie hat als alle Kontinente und Meere, eine durch keine Landkarte, durch keine klugen Erfindungen abmeßbare Beschaffenheit, die dennoch durch einen verborgenen Kompaß, ein geheimes Peilgerät gelenkt wird: ein Polarstern, der nicht untergeht.

In der Bay von Ceylon begann sich das tiefe Dunkelblau des Ozeans in ein zartgrünes Smaragd aufzuhellen. Schiffe, die in den vergangenen sechsundneunzig Tagen nur selten das Brautschiff gekreuzt hatten, grüßten herüber und erlösten es aus der Einsamkeit der großen Meere. Als schließlich schmutzig-gelbbraune Streifen die lichtgrüne Tiefe durchsetzten, und als breite, seltsam rote Bänder zwischen den gelben Unterwasserschichten zu fließen begannen, als wieder Möwen kreischend über Bug und Masten segelten, da atmete alles auf: Indien! Land der Erfüllung jeglicher Sehnsucht, jeglicher Erwartung. Eine fieberhafte Geschäftigkeit bemächtigte sich der Passagiere. Sie begannen ihre Sachen zu ordnen, ihr Geld zu zählen, ihre Wechsel zu sichten; sie schrieben Briefe und pfiffen munter vor sich hin, sie winkten auch den kleinen Nußschiffchen von Booten, die — flink wie die nun fernen Delphine — bald den großen Dreimaster umschwärmten.

Halbnackte, beturbante Hindus versorgten das Schiff mit frischem Obst und jungem Geflügel, mit Botschaften und neuen Nachrichten, die man noch viel heißhungriger verschlang als die saftigen, duftenden Tropenfrüchte. Der Kapitän selbst aber stieg in ein Boot und ließ sich zu der kleinen Insel Kidschari hinüberrudern, um dort auf dem Postamt die Liste aller seiner Passagiere, Name für Name, auf das Festland hinüberzukabeln. Er war zufrieden und stolz: heil und ohne Zwischenfall und -landung hatte er das ›Brautschiff‹ von Kontinent zu Kontinent gesteuert: jede Fahrt eine Bewährung dank der Güte Gottes und kraft seiner erprobten Seemannskunst.

Langsam manövrierten Lotsen das Schiff in den gewaltigsten der Mündungsarme des Gangesdeltas hinein. Begrenzter wurde der Horizont, enger die machtvolle Breite des Stromes, näher traten die dunklen Konturen der Ufer rechts und links, so weit das Auge reichte: Land! ebenes, festes Land mit hohen Blüten- und Fruchtbäumen, dazwischen Gärten und Parks mit den großen palastähnlichen Häusern der Briten. Tücherwinkend begrüßten weiße Gestalten mit jubelnden Zurufen das Schiff aus der Heimat, und auf Fort Williams donnerten die Kanonen. Hunderte von Booten umringten das Schiff, und das Schreien der Hindus mischte sich in den Donner der Salven. Wie im Fieber hasteten die Landhungrigen durcheinander, dann endlich: stürmische Freudenausbrüche, beseligtes Sich-in-die-Arme-Schließen, erleichtertes Aufatmen, schluchzendes Wiedererkennen: man begrüßte die gute Erde und die guten Menschen darauf wie Jonas die Welt, als ihn das Ungeheuer des Meeres wieder ausspie.

Doch um die Bräute war es still, ganz still.

ENTTÄUSCHUNGEN

»Kalkutta ... Das hat den schönsten Hafen der Welt, kein anderer kann sich solcher Schiffe rühmen!« Der Kapitän gab sich auf alle Weise Mühe, die Sorge der Bräute zu zerstreuen, als sie das Schiff verlassen hatten und wider Erwarten unempfangen auf dem Landeplatz standen. Der sonst so karge Seebär machte sie auf dieses und jenes aufmerksam in der Hoffnung, sie ihrer wachsenden Niedergeschlagenheit zu entreißen. Er wies auf die Menge der Masten vor ihnen, die von der Macht und Stärke des Landes und seiner Herren zeugten. »Auch in London gibt es große und starke Schiffe, aber in Kalkutta liegt nur die Auswahl der besten!« Die Bräute nickten schweigend und fanden es wohl auch verständlich, daß er unter dieser riesigen Ansammlung von Ozeanüberquerern die elenden Boote der Eingeborenen als Nichtigkeiten ansah.

Ihre Augen aber bohrten sich immer angelegentlicher in die Menge; sie tasteten förmlich die Gruppen und Grüppchen ab, die, nach Nationen und Hautfarbe getrennt, dann und wann auch miteinander vermischt, sich gefunden hatten: der Freund nahm den Freund beim Arm, jeder Gentleman hatte bald die erwartete Lady, jede Lady ihre Kinder, ihren Gatten, ihren Beschützer erspäht und sich wieder in bewährte Obhut begeben, bis einer nach dem anderen zufrieden den Platz verließ. Die Gesichter der Bräute jedoch wurden ernster, und mancher Midshipman, der vom Schiffe aus die Frauen um den Kapitän beobachteten, kratzte sich wie in eigener Verlegenheit den struppigen Bart, doch er sagte nichts und takelte nur emsig weiter ab. Ganz leer war das Schiff von Fremden. Nur noch ein lahmer Hund schlich herum, und ein brauner Hindu beschwerte sich bei dem Koch, daß der Erlös für seine jungen Hähne so gering ausgefallen sei. Die Gruppe um den Kapitän indes vergrößerte sich: jetzt standen schon etliche Wachoffiziere dabei. Die fünf Bräute aber lehnten es einmütig und verbindlich ab, noch länger unter der Obhut der Marine zu bleiben, die ihre Pflicht alle die Monate hindurch vorbildlich geleistet hatte.

Da standen sie nun unter dem dürftigen Schatten ihrer Sonnenschirme und hielten weiter Ausschau nach *ihm*, der sich vielleicht, ja bestimmt! verspätet hatte, nach *ihm* oder doch wenigstens nach einem von ihnen. Sie standen in dem Gewühle, das immer wieder an- und abschwoll, je nach dem Einlaufen und Ausziehen der großen Schiffe, und es wurde ihnen bewußt, wie sehr sie hier allein und auf eigenen Füßen zu stehen hatten, auf diesem beklemmend fremden Boden, der eine wahre Backofenhitze ausströmte. Erst als die Sonne ihre Strahlen mit geradezu vernichtender Glut auf den Kai hinabschickte, besprachen sie sich kleinlaut und überlegten, was zu tun sei.

In einem Hotel der größten und belebtesten Straßen Kalkuttas fanden sie Unterkunft. Tapfer würgten sie die große Enttäuschung herunter, daß auch nicht einer von allen fünf Bräutigamen zum Empfang in Asien erschienen war. Unsicherer schien hier manches als im vertrauten Europa: man hatte sich auf einiges gefaßt zu machen! Die Hitze über der Stadt war indessen so furchtbar, daß sie alle Entschlußkraft lähmte. Nur soweit reichte sie noch, daß man sich allgemein für geduldiges Warten entschied. Warten — was denn sonst?! Schließlich hatten die Zeitungen die Passagierliste veröffentlicht, und die Blätter würden doch früher oder später in alle Ecken und Winkel Indiens gelangen. Freilich! man war schneller als erwartet angekommen: mehr als acht Tage zu früh!

In dieser Verlassenheit besann sich die eine der fünf auf ein Billett mit der Adresse eines Deutschen in Kalkutta, der schon vor Jahren dorthin ausgewandert war. Lindemann wurde der Trost im Anfang, Lindemann war wie eine Zuflucht. »Zweitausendzweihundert und mehr Kilometer weit zieht sich der Himalaya über Asien! Da kann schon einer — wenn er etwa in der Gegend vom zweitausendsten wohnt — sich einmal bis hierher verspäten! Und Post kann sich in diesem großen Indien auch schon verirren!« so redete er, so beschwichtigte er. »Zu Hause wäre er sicherlich stattlich wie eine große, alte Dorflinde!« Meinte Maria, als sie dem langen, dürren, vornübergeneigtem Manne nachsah, der in der blendenden Helligkeit der Straße untertauchte wie ein grauer Strich.

Ausgemergelt wie er war, kam er doch alle Tage, der hagere Lindemann, der wirklich eher einem der hohen kahlen Schiffmasten im Hafen glich als einer kronenbreiten Linde. Er kam und ging und brachte Tag für Tag Zeitungen — Zeitungen, aber keinen Brief und keinen Bräutigam. Am sechsten Tage schickte er seine Frau, denn er konnte den Anblick der traurigen Bräute nicht mehr ertragen, die doppelt gepeinigt waren durch Klima- und andere Nöte. Sie sprach mit leiser, freundlicher Stimme. Auch sie glich eher einer jener verdorrten Pflanzen, die in der Hitze kümmern oder unter dem Schatten mächtiger Fächerpalmen vertrocknen. Selbst die Muttersprache hatte bei ihr eine merkwürdige Rückbildung erfahren: für viele Begriffe fehlten ihr die deutschen Ausdrücke, die sie erst mühsam durch entsprechende Entlehnungen aus dem Umgangs-Englisch zu ersetzen suchte. Auch hindustanische Brocken flossen ihr in die gütigen Vertröstungen, die sie freimütig und reichlich spendete.

Am siebenten Tage hatten sich die Bräute mit allem, was nicht zu ändern war, abgefunden. Man las, man schrieb lange Briefe oder dämmerte auch nur still in den abgedunkelten Räumen vor sich hin, sofern die Scharen von Moskitos und anderem Tropengeschmeiß eine friedliche Ruhe zuließen. Jede war für sich, jede beschäftigt mit eigenen Gedanken und Befürchtungen. Erst am Abend, wenn die Sonne unterging und die Hitze erträglicher wurde, traf man sich auf dem flachen Dach des Hauses, von dem aus man die Stadt weithin überblicken konnte. Zu dieser Stunde erwachte sie aus ihrer Leblosigkeit, und die ausgestorbenen Straßen füllten sich mit brandendem Leben: Malaien, Chinesen, Drawiden, Madrassen, Turkmenen, Afghanen, Perser und Araber mischten sich unter die hellhäutigen Sahibs und ihre — seit knapp einem Jahr wieder — ergebener Hindu-Diener, und es klangen die Glocken und Glöckchen von Tempeln und Moscheen, Kapellen und Kirchen, und es wurde gefeilscht und geschrien auf Bazaren und Gassen, bis das letzte Licht in den windigen, strohgedeckten Hinduhütten erlosch und die letzten Sänften und Wagen — mit Fackeln besteckt — in Park und Garten eines Palastes traumgleich verschwanden.

Heftig und plötzlich wie ein tropischer Sturzregen kam und ging das Leben am Abend. Auch in dem großen Hause, das fast den ganzen Tag wie in Grabesruhe gebannt blieb, wurde es laut und dann wieder still. Geschäftiger schwatzte die weißbekleidete Hinduschar, die auf nackten Sohlen tagsüber geräuschlos durch die Räume glitt, um hier Wasser zu reichen, da Tee zu kredenzen: jetzt wurden alle aus ihrer Stummheit erlöst, jetzt unterhielten sie sich deutlich vernehmbar in einer Sprache, die so rund und volltönend klang, daß Maria gespannt lauschte und Verlangen bekam, sie zu lernen; und sie lauschte und lernte, bis alles wieder unter dem ewigen Fächerrauschen zur Ruhe ging, das als einziges, stetiges Geräusch Lärm und Stille überdauerte. Der große Fächer an der Decke und der fächerschwingende Kuli am Boden — sie waren die gleichbleibenden Erscheinungen in den kahlen weißen Räumen.

Am neunten Tage ging ein blonder Hüne erhitzt und abgemattet durch die leeren Straßen der Stadt. Er watete durch Wasser, das ein Regen soeben buchstäblich einen Fuß hoch darüber ausgeleert hatte. Ein Häufchen nackter und halbnackter Hindukinder patschte hinter ihm her und zeigte ihm das Haus, in dem fünf Memsahibs vor Tagen abgestiegen waren. — Ein leiser Aufschrei, als sich die gesuchte Tür öffnete: Friederike flog ihrem Eduard entgegen. Er hatte noch die halbe Ebene zu durchreisen gehabt, als er erfuhr, das Schiff sei angekommen. Alle Not war vergessen, und die beiden hielten sich umschlungen, als wollten sie sich nie wieder in eine Zweiheit zurückverwandeln. Schweigend verließen die beiden anderen Bräute das Appartement und stiegen auf das flache Dach des Hauses, von dem aus sie zusahen, wie sich die Sonne als glühroter Ball in das Meer sinken ließ.

Pagells Herz war voll aufgestauter Gefühle für Friederike. Aber seine Hände waren leer. So sehr auch Maria und Emilie darauf warteten, ob er nicht doch ein Zeichen, eine Karte, ein Billett oder gar den ersehnten Brief aus dem Himalaya bei sich trüge, was er in der ersten Beglückung des Widersehens mit Friederike vielleicht abzugeben vergessen hatte; so sehr sie auch warteten, so begehrlich sie auch schauten, so vorsichtig sie forschten: es gab keine vergessenen Briefe oder Begrüßungschreiben, noch viel weniger folgte ihm etwa eine zweite Bräutigamsgestalt. Pagell allein war der Abgesandte der Himalaya-Bräutigame, der künftige Reisemarschall und Betreuer aller drei Bräute, insonderheit der eigenen, wofür er sofort den Beweis lieferte. Kurz und bündig erklärte er: »Noch in Kalkutta ist die Hochzeit, noch hier werden wir Mann und Frau!«

Friederike sah gern die Tage ihrer langen Brautschaft zu Ende gehen. Trotz der unbarmherzigen Hitze war sie so froh wie noch nie. Beglückt über die endliche Wiedervereinigung lehnte sie sich an Eduards Schulter wie an den einzigen Halt inmitten dieser erbarmungslosen Glut, dabei flüsterte sie wohl auch etwas von dunklen Tannenkronen des Schwarzwaldes und von der Kühle tiefer Forste, in denen sie zusammen gewandert waren, von der Frische rieselnder Bäche und von Quellen, die unter dichten Moosen rinnen und rauschen, so daß auch Eduard Sehnsucht und Heimweh anwandelte, die er jedoch sogleich an ihren Platz verwies: »Der Himalaya hat Wasser genug — Wasser, Schnee und Eis!« Es klang schroff, aber doch auch wieder wie eine große Übertreibung inmitten der unwandelbaren, stehenden Glut dieser Stadt, um die sich tropischer Dschungel als breiter Gürtel landeinwärts lagert, in dem sich alles in Zeugungsüberschwang und Fruchtfülle ergießt und überbietet.

In der kleinen schottischen Kirche gab ein britischer Reverend Friederike und Eduard zusammen, und sie bezogen für den Rest der Kalkuttaer Tage gemeinsames Quartier, während die beiden Bräute plötzlich ihr Ledigsein als eine bisher unbekannte Leere empfanden. Sie hatten nur noch den einen Wunsch, so schnell wie möglich dieser schrecklichen Stadt zu entkommen. Drei Wochen schon waren vergangen, und noch immer blieb etwas zu klären, zu ordnen und zu beschaffen, was alles den Aufbruch fast ins Unerträgliche hinauszögerte. Besonders schwer war es, wenn der *Cuprassie* Tag für Tag seine Briefschaften ablud, wobei sie regelmäßig übergangen wurden; um so schwerer, als die Männer schon zwei- oder dreimal hätten schreiben können, wenn sie nur gewollt hätten. »Sie wissen ja, daß ich nicht mehr als Hagestolz in die Berge zurückkehren werde«, brummte Pagell, »und daß ein Aufbruch von hier alles in allem vor vier bis fünf Wochen nicht in Frage kommen kann!«

Vier Wochen! Fünf Wochen! Jeder Tag eine neue Geduldsprobe. Die beiden Bräute waren so traurig und in sich verschlossen wie die Inderinnen auf der Straße, die sie nur selten, und wenn, dann dicht verschleiert, zu Gesicht bekamen. Gleichmütig reichte Maria die Tageszeitung an Emilie weiter, die diese abwehrend beiseite schob. »Alles ist fremd hier«, sagte sie tonlos, »— alles, alles ist so anders, als ich es mir gedacht habe!« Und Maria sah zu ihrem Erstaunen plötzlich Tränen über die Wangen der kühlen, würdigen, erfahrenen ›Schwester Rosenhauer‹ rollen. Tränen der Einsamkeit, der Verlassenheit und des Heimwehs. Doch diese heißen Tränen schmolzen ein Eis, mit dem auch der bisherige deutliche Abstand zwischen der Älteren und der Jüngeren forttaute. »Ich möchte, daß du von jetzt an nicht mehr ›Schwester Rosenhauer‹ zu mir sagst, sondern einfach Emmy — so, wie es eine Freundin tut!« Das Wort war wie ein Dammbruch: Emmy klagte der so viel jüngeren Maria offen ihr Leid, daß *er* doch wenigstens einen Brief zum Empfang hätte mitsenden können, wenn schon eine Reise der hohen Ausgaben wegen — das könne man ja verstehen — eingespart werden mußte, aber ein Brief, der nicht einmal teures Porto gekostet haben würde, überbracht durch einen so sicheren, verläßlichen Boten! Sie entwickelte bei dieser lange zurückgehaltenen Klage eine Leidenschaft, vor der sie selbst erschrak. Maria hörte sie verständnisvoll an, und auch sie verlieh — nun endlich einmal — ihren ewigen Monologen Stimme: »Ich habe ja nicht erwarten können, daß er mir entgegenreist, nein — das nicht! Doch ein paar Worte hätten mich wohl ermuntert, und wenn es nur eine Anrede gewesen wäre! Aber das ist es ja: er weiß sich nicht zu mir zu stellen, zu mir, seiner unbekannten, unerwünschten Braut: wie sollte er auch!«

Emmy richtete sich an dieser sehr viel gewichtigeren Klage ihrer jungen Freundin wieder auf und ergriff — je langsamer die Tage schlichen — ihre Partei gegenüber dem säumigen Manne, dem man alles entgegenbrachte und der nicht einmal die Feder zur Hand nehmen konnte! Und plötzlich stand sie wieder da, ganz ungebrochen, die erfahrene Seelenkundige, die aus Weiß nicht Grau und aus Schwarz nicht Weiß macht. Entschlossen strich sie die Falten ihres Kleides zurecht, als sie sagte: »Die Barbarei des Mannes beginnt mit der Schreibfaulheit!« und schallend klappte sie das Buch zu, in dem sie zuvor gelesen hatte.

Alles war den beiden einsamen Bräuten leichter, seit sie frei und ungezwungen miteinander reden konnten; sie selbst empfanden es, daß sie nun eigentlich erst ›Schwestern‹ geworden waren, während sie sich vorher nur so nannten. Emmy war wie verjüngt, seit sie von dem Kothurn der Würde herabgestiegen war, und Maria spürte plötzlich einen warmen Hauch um die lange aufgezwungene Einsamkeit. Vertrauen und Verstehen waren auf einmal da, Vertrauen, das jedoch nie zur Vertraulichkeit wurde. Oft besprachen sie sich in diesen endlos langen, heißen Wartetagen, und als schließlich der dreißigste Tag nahte, ohne daß ein Brief oder Gruß gekommen war, und alle Koffer und Kasten bereits gepackt zu neuem Aufbruch fertig und bereit standen, da schossen Maria unwillkürlich Tränen bitterer Enttäuschung in die Augen: aus und vorbei war es mit der Hoffnung auf die erste, wichtige Fühlung mit *ihm*, keine noch so geringe Bestätigung ihrer Brautschaft war von ihm gekommen, und doch währte diese schon über zweihundert Tage. Die lange Reise durch das heiße Indien bis in den westlichen Himalaya, hin zu dem Manne, der sie nicht gewollt, lag vor ihr wie ein Bußmarsch in die Dürre und Steppe. Still und allein saß sie im abgedunkelten Zimmer. Es flossen ihre Tränen, sie hörte nicht mehr das Klingeln und Läuten von Tempelglocken, nicht mehr das leise Klatschen der unbeschuhten Hindufüße auf den Fliesen des Flures, nicht mehr das Geräusch des großen Fächers an der Decke — überwältigt von ihrem Schmerz weinte sie lautlos in sich hinein, so daß sie das Klopfen an der Tür überhörte und erschrocken aufsah, als jemand mit knarrenden Schritten durch das Zimmer ging. Im Halbdunkel erkannte sie schließlich Pagell, der sich — etwas Undeutliches murmelnd — sogleich wieder nach draußen begab. Aber er hatte etwas zurückgelassen. Ungläubig betrachtete sie das Etwas, ein Schreck durchlief sie: ein Brief! Wahrhaftig — ein Brief. Durch den Flor vor ihren Augen erkannte sie eine fremde Schrift. Sie folgte den Linienzügen dieser Männerhandschrift, die, klar und doch ungewöhnlich zierlich, ihren Namen auf das Kuvert gesetzt hatte, und mit klopfendem Herzen erbrach sie es. Ihre Tränen flossen weiter, zu sehr verwirrten und erschütterten sie diese ersten Worte einer Liebesbereitschaft, die ganz ruhig und eindeutig klangen, und wiederum konnte sie es kaum fassen, daß sie ganz allein für ihr Auge und für ihr Herz bestimmt sein sollten. Wie im Traume verbrachte sie den Rest dieses Sonntags vor dem Aufbruch, wie im Traume verstrichen die Stunden: da hatte sich doch noch — am Rande des Verzweifelns — die Hand nach ihr ausgestreckt, die unbekannte Hand des fremden Mannes.

Am Abend, als die Sonne gesunken war, nahm sie schließlich selbst die Feder zur Hand und schrieb zum erstenmal — mit tastenden Worten und einem vor Erregung zitternden Herzen — an *ihn*, an Wilhelm.

TROST ZU ZWEIT

oder

DIE REISE DURCH INDIEN

Wenn ein Weg unmittelbar durch das Wasser führt oder wenn ein Gefährt auf offener Strecke bei stockfinsterer Nacht nicht weiter kann, weil ihm die Pferde ausgespannt werden, so wird niemand darüber erbaut sein. Auch in jenen Tagen war man es nicht, als es weder Flugzeuge noch Pferdestärken in Eisen noch weichgefederte Wagen einer Great-Indian-Peninsulat-Railway gab, die mit buntgetönten Fensterscheiben, mit Dusch- und Klimaanlagen, mit Speiseraum, Schlafkabinen und allem selbstverständlichen Komfort in Sekundenschnelle Meile um Meile auf gleißenden Schienensträngen hinter sich bringt und das Reisen zu einer angenehmen Bagatelle macht.

Die Railway der Bräute mit ihrem asthmatisch-kurzen Atem ratterte, knarrte und fauchte einige Stunden hindurch, blieb erschöpft irgendwo ausgiebig stehen, erholte sich zu neuen Taten, nahm Kulis und Herren auf, nahm einen neuen Anlauf und schlängelte sich mit all ihren oft seltsamen Gästen und Lasten in dem Tempo eines rasenden Berner Wägelchens durch große Felder von Reis, Bananen, Jute, Baumwolle und Zuckerrohr. Getröstet waren sie beide, denn auch Emmy hatte zur gleichen Stunde wie Maria einen Brief des Bräutigams aus Pagells Händen entgegengenommen. Dieses Brief-Unterpfand, das eine jede bei sich führte, um ab und zu wieder einmal darin zu lesen, befreite sie von einem schweren Druck. Wie in einem Garten fuhren sie dahin unter Palmen und blühenden Bäumen und vergaßen über Schauen und Staunen jede Müdigkeit und Beschwer, froh des Dokumentes an ihrer Seite, froh, nun endlich der Haft der großen heißen Stadt an der Küste entronnen zu sein. Der Hugli hatte sie in das Land eingeschleust, über den Hugli hatte man am Morgen des dreißigsten Wartetages zu setzen, um — nun auf modernen Schienen — in die Tiefen des Landes vorzustoßen. Doch das Glück des Eisenbahnfahrens, das drei Stunden nach Mitternacht begonnen hatte, endete schon am Abend um sechs Uhr, weil die Railway nun, unbestimmt wie lange, genug hatte.

Aber die Bräute waren noch frisch und das junge Ehepaar war es auch, und so mietete der Reisemarschall Pagell zwei Wagen der berühmt schnellen Indischen Transitpost, die Tag und Nacht ohne Aufenthalt in unglaublicher Schnelligkeit, von Pferden gezogen, dahineilt.

Ein Gefährt für das junge Paar, ein Wagen für die Bräute — so rollte die kleine hochzeitliche Gesellschaft in die erste, unbekannte indische Nacht, die eine entsetzliche wurde. Die Pferde, durchweg verdorben von zu schnellem Fahren, waren wild und tückisch. Sie rasten bald so, daß man meinte, der Wagen würde umgeworfen, bald bockten sie wieder störrisch, worauf Kutscher und Pferdeknechte heftige Prügel auf sie niederprasseln ließen. Bei jedem Wechsel wiederholte sich das gleiche, böse Spiel: schreien der Männer, sich hochaufbäumende Rosse, die laut vor Schmerz wieherten, mit den Hufen um sich schlugen, dann aber über wildem Peitschengeknall aufs neue in ein wahnsinniges Tempo verfielen, begleitet von dem zynischen, lauten Lachen der Sieger über die geschundene Kreatur. Sie johlten und pfiffen im Takte, und die Pferde rasten in Angst und Schmerz durch die Nacht.

Wagenwechsel, Pferdewechsel! Nach einer zermürbenden Nachtfahrt ein wenig Frühstück in einem Bungalow, nach einer ermüdenden Tagesfahrt ein wenig Nachtessen in einem Rasthaus, dazwischen Staub und Geschrei, Gepolter und Staub. Bald war die Gegend so eintönig und trostlos, daß sie sich vorkamen wie aus dem Garten Eden vertrieben. Tags saßen sie aufrecht in ihrem Wagen und blickten durch die Fenster, die vorn, hinten und zu beiden Seiten freien Ausblick in die baumlose Öde gewährten — ganz in der Ferne nur ein paar blaue Berge, dann und wann einmal ein mächtiger Kaktus mit brennend roten Blüten. Die Hochzeitsleute in der vorderen Kutsche sah und sprach man nur kurz des Morgens und des Abends einmal. Sie eilten in ihrem Gefährt voran wie die Glücklichen, die keine Wüste sehen und keine Hitze spüren, weil sie die Taufrische neuer, erfüllter Liebe gefangen hält. Den Bräuten im nachfolgenden Wagen gab ihre Verbundenheit einen gewissen Halt, eine Zuversicht auf die verstärkte Kraft zweier Menschen, die eines werden. Sehnsucht nach solcher Erfüllung stand unausgesprochen in ihren Augen, wenn sie über den flammenden Sand blickten, in dem sich nichts regte und rührte, bis sie schließlich wieder zurückfanden zu dem greifbaren

Unterpfand solcher Verheißung, dem ersten, einzigen Brief. Aus ihm holten sie die wichtigste Wegzehr, und bald kannten sie jede Zeile, jedes Wort auswendig; auch nachts lag der Brief immer griffbereit bei ihrem Gepäck. Sobald es dunkelte, rüsteten sie ihre Lager, denn die Wagen waren so eingerichtet, daß man auch Betten und andere Lasten bei sich haben konnte. Lang ausgestreckt ruhten sie dann recht gut, sogar bequem und ließen die nächtliche Ödlandschaft schlafend oder wachend, schweigend oder redend an sich vorüberziehen.

Die Bräute atmeten auf, als vor ihren Reisewagen statt der Pferde schwerfällige Ochsen mit breiten gehörnten Stirnen gespannt wurden. Dort hinten in der Ferne schimmerte silbern der Ganges, dorthin mußten sie. und durch die Furt macht nur das Rind, nicht das Pferd den Weg — oder war das Rind heiliger als das Pferd? Nichts war den Kutschern heilig, das Pferd nicht und nicht das Rind: sie brüllten laut und schlugen auf die Tiere ein, sie bohrten spitze Stöcke in ihre Flanken, Fußtritte für jeden Schritt voran, und wenn das nicht genügte, dann drehten sie ihnen fast die Schwänze aus. Dabei wühlten sich die Räder oft tief in den Sand der Straße und, als man die Furt überquerte, in den Kies des Stromes: tief und tiefer sank das schwere Gefährt ein, so daß viel Wasser in den Wagen drang und die Sachen der Bräute durchnäßte. Oft war die Strömung so stark und die Strudel so reißend, daß der Wagen zu stürzen drohte. Ein schwerer Tag, fast unerträglich, Stunden hindurch auf dem gefahrvollen Wasser lavierend, die brütende Hitze darauf tat ein übriges. Wie erlöst fühlte man sich, als endlich das andere Ufer ohne Unfall erreicht war, wo wieder Oleanderbüsche in voller Blüte auf der festen Erde prangten: weiß, hochrot und rosenfarben.

Benares im Ochsenkarren erreichen ist fast so verdienstvoll wie zu Fuß, denn im Staube der Straße geschieht beides. Und beinahe ist das Rumpeln und Holpern im harten, heißen Wagen noch martervoller als das gleichmäßige Fortschreiten des Wanderers. Langsam zottelte das Ochsengespann auf sandiger Strecke voran. Am fünften Tage endlich zeichneten sich am Horizont die Steilufer von Benares, der heiligsten der heiligen Städte Indiens, ab. Ein heftiger Wind hatte sich aufgemacht, der die Staubwolken vor dem Wagen hertrieb wie Pulver, und als man endlich die Stelle erreichte, wo der heilige Strom sich in weitem Bogen und wieder ein Stück seinem Ursprung im Norden zuwendet, waren die Bräute eingestaubt wie Pilger in Sack und Asche. Trocken waren ihre Kehlen, die Augen heiß und entzündet. Wie hinter Schleiern nur erkannten sie auf den breitstufigen Uferghaten die bunten Scharen von Pilgern und Betern, dazwischen Gebetsschreine und schwelende Holzstöße. Nah und deutlich wurde erst alles, als man noch einmal den Fluß bezwang, doch dieses Mal auf einer Fähre.

Die Hitze, die über Benares lastete, war unbarmherzig. Die Sonne, die den höchsten Stand überschritten hatte, schimmerte rötlich durch die Staubwolken, die auch die ungepflasterten Straßen der Stadt Schiwas kaum begehbar machten. Der heiße Wind und der wirbelnde Staub umpeitschte die Bräute, bis sie endlich in ihrem Bungalow landeten. Müde und matt schlossen sie die Läden und suchten, unfähig zu einem Erkundungsgang in die Metropole des Heils, im Finsteren ruhend, sich das Innere der gewaltigen Tempel vorzustellen, die am Wege wie Traumvisionen erschienen waren.

Fünf Tage von Kalighat bis Kaschi! Im abgedunkelten Zimmer dachte Maria über die Worte Pagells nach, der den Fortschritt von heute gegenüber dem Gestern lobte: acht Wochen hatten er und ihr ›Bräutigam‹ vor sechs Jahren benötigt, um die gleiche Strecke — Kalkutta-Benares — hinter sich zu bringen, allerdings auf dem Wasserwege, und im Einschlafen noch hörte sie das Gurgeln des Stromes, der griffnah den Wagen unterspülte, sie hörte das Brüllen der Stiere und der wilden Antreiber; darüber schlief sie ein. Gegen Mitternacht erst erwachte sie von einem Geräusch dicht neben ihrem Lager. Sie lauschte, setzte sich auf — nein, kein Wind! — es wurde stärker, es tappte und raschelte, es quickte und huschte: Ratten? Das Schwefelholz zündete: Ratten, wahrhaftig Ratten! — eine ganze Gesellschaft tummelte sich im Raum. Der Proviantkorb, den sie bei sich führten, war in Gefahr. Sie suchte ihn sicherzustellen, doch das war ein nutzloses Beginnen: die Ratten behaupteten sich genauso zäh wie Kakerlaken, Tausendbein, Spinnen, Skorpione und anderes Ungeziefer, das sich durch die ganze Ebene als Schmarotzer immer wieder einstellte, besonders peinigend während der Dunkelheit. Doch in dieser Nacht erwiesen sich Erschöpfung und Schlaf als stärkere Verbündete: sie überlisteten Ekel und Angst.

Schlecht war der neue Wagen aus Benares, kurz davor zusammenzufallen. Wenn er die Wegrinnen der ungepflasterten Straßen zu queren hatte, mußte man fürchten, er werde auseinanderbrechen, er knarrte ständig in allen Fugen. Doch der Morgen nach dieser ekelnden Ratten-Nacht war herrlich. Blühender Oleander rechts und links des Weges, dichte Mangobäume, die ihre hohen Äste wie riesige Bögen über die Straße wölbten. Tamarinden und wieder Oleander — vergessen war, was dahinter lag! Es umwölkte sich indes der strahlende Morgenhimmel mehr und mehr, drohend stand es plötzlich über dem Gespann, und schon brach ein gewaltiger Regenguß herab, wie ihn nur die Tropen hervorbringen. Und während es wie aus Gießbächen rauschte, saßen die Bräute geduckt in der Ecke ihres altersschwachen Gefährts, von dem sie nur hoffen konnten, daß es sich nicht noch in seine Einzelteile auflösen und davonschwimmen würde. Brückenlos und hochangeschwollen der gelbbraune Ganges, der, es gab keine Wahl, heute wieder überquert werden mußte. Der trockene, heiße Wüstenwind vom Vortage hatte sich in Regensturm verwandelt, der an dem Wagen riß, als wolle er ihn umwerfen. Nur langsam kam man voran, und es war gar nicht daran zu denken, das Tagesziel Alahabad zu erreichen! Bei anhaltendem Regen und heftigem Sturm blieb die Karosse schließlich bei Nacht auf offener Straße in einem Dorf liegen: kein Zugtier war zu bekommen, und die Transitkutscher verkrochen sich ob des Unwetters mit anbrechender Dunkelheit in eine freundlich mit Kürbis behangene Hütte. Die Bräute aber blieben — durchnäßt und ohne Schlaf — die ganze schreckliche Nacht hindurch auf ihrem Karren. Gegen Morgen erst nickten sie ein, schliefen dann sogar fest und tief, als sie plötzlich durch einen gewaltigen Ruck und ein furchtbares Geschrei aufgeschreckt wurden: eine ganze Mannschaft Kulis hatte sich versammelt und hob den Wagen aus dem nabentiefen Schlamm, in den die Räder nach und nach eingesunken waren. Schließlich spannten sie sich anstelle der Zugtiere selbst vor die Deichsel, zogen die triefende Kutsche durch Sand, Kies und Kot bis an den Strom, brachten sie dann auf eine Fähre, wobei sie ein ohrenbetäubendes, taktmäßiges Chorgebrüll anstimmten, was sie zu ihren Kraftleistungen anfeuerte. Das gefährliche Unternehmen gelang, den Wagen auf der glitschigen Fähre zu halten und trotz Wellengang und kreiselnder Strudel ans andere Ufer hinüberzuführen.

Friedlich, als sei nichts gewesen, stand dann die Sonne wieder hell am Himmel und trocknete zusammen mit Luft und Wind die Sachen. Der Blick auf die im strahlenden Morgenlicht daliegende Stadt Alahabad war herrlich. Menschen strömten in Scharen an die Ufer, Kränze aus Rosen warfen sie als Opfer der Mutter Ganga zu, Blüten, die auf bewegten Wellen trieben. Leidtragende hockten im Kreise um einen brennenden Holzstoß mit einer Leiche; schließlich erhoben sie sich und warfen das starre, halbverkohlte Gebein in den Fluß — es schoß dahin zwischen Blumen und

Wellen, und die Beter schlürften das heilige Naß und die Trauernden wuschen darin ihre Glieder.

Die Freude auf Weiterreise in der Bahn belebte sie: endlich wieder einmal trocken und geschützt in einem ordentlichen Dampfwagen ein Stück weiter kommen! Die Erwartung indes war glückvoller als das Erleben selbst: mit Puffen und Stoßen und endlosen Halten trödelte die Railway die ganze Nacht hindurch; stocksteif war man, als man schließlich, nicht frühmorgens um fünf (wie der Fahrplan verheißen hatte), sondern mittags um elf Uhr, übermüdet in der bedeutenden Militärstation Cawnpore eintraf.

Eile war not — schon schrieb man den vierten Oktober —, weit noch das Ziel Himalaya, das nicht zu jeder Jahreszeit erreichbar war. »Der Oktober hat schon manchmal schwere Schneefälle gebracht!« sagte Pagell und blickte bekümmert nach Norden. Im Transitwagen — es war nicht zu leugnen — kam man schneller voran, und es folgte eine Transit-Nacht, wie sie noch keine erlebten. Die Grausamkeit feierte einen Triumph: diabolisch hieben die Kutscher auf die Pferde ein, besonders auf ein sehr armes, das lahmte. Das prügelten sie, bis es tot niederstürzte. Achtlos warfen sie es auf die Seite. Einige Schakale standen im Mondlicht auf und machten sich lautlos an ihr grauenhaftes Geschäft.

Doch das mächtige Fluten auf der großen Straße vertrieb am Morgen die entsetzlichen Bilder der Nacht; man näherte sich Delhi. Abgebrannte Ortschaften, verwüstete Marken, verödete Paläste und Villen. Es hing förmlich noch Brandgeruch über dieser Bannmeile, in der das mörderische Ringen um Herrschaft und Freiheit begonnen und erst vor kurzem beendet worden war. Hier erhielten die Bilder, die sich durch ganz Indien rechts und links der Großen Straße immer wieder anboten, jene besondere Note vom Grauen der Verweslichkeit. Haufen von bleichenden Knochen und Rippen, ganze und halbe Skelette, Kamelskadaver, Büffel- und Zebuleichen, sie erzählten die traurige Geschichte unzählbarer Karawanentiere, die Hitze, Staub, Futtermangel, Grausamkeit und Überbürdung nicht überdauert hatten. Auf den verbrannten, dorrenden Äckern hockten in großen Scharen Geier; mit lautlosen Sprüngen umhüpften sie ihre Opfer, die ihre armen Erdentage nun unter der Glut der Sonne und unter dem Flügelschlag ihrer schwarzen Todesvollstrecker beschlossen.

Unter dem mittagsschweren Himmel fuhr die Kutsche der Bräute dahin, und die stehende Hitze filterte den süßlichen Geruch der Auflösung und des stinkenden Aases in alle Sinne. Bis an die Grenze des Ertragbaren wurden sie gespannt, wenn sich die Bilder des Todes mit denen ekstatischen Lebens unheimlich mischten und durchdrangen. Ohne einen Halt rollten die Wagen voran, kamen durch verlassene, durch menschengefüllte Ortschaften. Dicht drängten sich die Scharen zum Feste des Ram, und die Maske des Gottes uralter Zeiten stand über orgiastisch schreienden Männern, deren allmählich heisere Rufe immer wieder angefeuert wurden von der verhalten-aufreizenden Musik aus Flöten und blechernen Instrumenten. Der heiße Atem dieses Schauspiels schlug bedrängend durch die offenen Fenster des Wagens — kaum kam er voran. Manchmal wurde er sogar zu halten gezwungen vor einer inbrünstigen Menge oder vor Tempel-Rindern, besonders aber wenn heilige Pfauen plötzlich die Straße sperrten. Ganze Scharen von Papageien stürzten kreischend auf die Erde herab — es war wie ein beklemmender Traum, wie ein Fahren durch einen Wald irrer Masken, bis endlich wieder die sengende Glut alle Bilder verschlang, als seien sie nur eine trügerische Fata Morgana gewesen.

Aber die Wagen waren heute gut und die Pferde waren es auch: sieben englische Meilen in einer Stunde! Und dann rollten die Räder hinein in die alte Residenz Delhi, die Hochburg von Sultanen und Großmoguln mit all ihren Prunkbauten, die das Prächtigste sind, was Herrschermacht hervorgebracht. Verwaist der Königspalast: der Herrscher — neunzig Jahre alt — abgeführt als Gefangener nach Rangoon, alle seine Söhne getötet, und seine vertriebenen Töchter gehen im Lande umher und betteln. Dort die Silhouette des Tores, vor dem erst kürzlich noch so viele Leichen gelegen hatten, daß man es nicht zu öffnen vermochte, das ›Bluttor‹. Irgendwo lebte noch in der Stille der verödeten Stadt das Wutgeheul der dem Tode Entgegengeführten, der Donner der Kanonen und der erstickte Schrei der Gelynchten — noch jetzt webte es im Raume, wo doch nichts war als Totenstille, geboren aus dem Nachhall der Vergangenheit. Viele Kaufläden waren verschlossen, leer und verlassen standen sie in der Straßenflucht. Sie gehörten jenen gefährlichen Mohammedanern, die — verbannt und geächtet — der Stadt verwiesen worden waren.

Das gastliche Haus des Europäers Smith war den Bräuten wie ein bergender Hafen in dem Meer des Fremdartigen und der Trostlosigkeit, die auf mühsam überdeckten Abgründen stagnierten. Sie fühlten nichts als Verlangen nach Ruhe und Schlaf in dem geordneten Haus mit den festen Mauern und den guten Menschen darin. Die Bräute überstanden die Teegesellschaft und die aufschlußreichen Gespräche mit Militärs und Zivilpersonen, während sie voll Sehnsucht des sicher winkenden Schlafes und einer langen, ungestörten Nacht gedachten: schlafen! Nur schlafen! Doch schlafen? — kein Windzug, kein kühlendes Lüftchen, kein schwingender Fächer, nur das metallische Sirren blutgieriger Insekten; ihr unablässiger Hohngesang vertrieb den Schlaf aus den Augen, und ihr Stechen brachte sie zur Verzweiflung.

In dieser martervollen Nacht ohne Erquickung mußte sich Maria des Briefes von Wilhelm dringender noch als sonst vergewissern. In allen noch bevorstehenden Beschwerlichkeiten der langen Reise zu ihm bedurfte sie dieses festen Haltes, der sich aber — zu ihrer Bestürzung — gerade jetzt in ein schwankendes Etwas verwandelte: der kostbare Brief, dessen Worte sie fast schon im Traume hersagen konnte, verweigerte seinen Trost, sein Vorrat an Kraft hatte nicht vorgehalten. Sie konnte es nicht fassen, daß dieser Born langsam zu versiegen begann, gleichwohl steckte sie den Brief auch unter Tags zu sich, als man die Stadt besuchte. Sie hielt ihn als ein ›Schibboleth‹ an sich gepreßt, das als geheimes Erkennungszeichen ihrem vagen Dasein hier in der Fremde erst Sinn und Berechtigung verlieh. Stockflecke hatte er bereits, war zerlesen und zeigte Spuren von Tränen. Mühsam suchte sie zu retten und zu bewahren, was ihr mehr und mehr entglitt.

Alle Schrecken gehen einmal zu Ende, auch die der Indischen Transitpost. Doch etwas Erfreuliches brachte sie noch am letzten Morgen. Man rollte im Eiltempo wie immer dahin, schon abgestumpft von dem zermürbenden Geschrei aller Postillione, man hörte nicht mehr darauf und blickte nur noch fatalistischer in die Ferne, die nahe rückte, um bald wieder zur Ferne zu werden. Da, an diesem Morgen, war plötzlich dem schweifenden Auge ein Ziel gesetzt — ein ungeheueres, ein gewaltiges Ziel, das den Horizont abriegelte wie ein himmelhoher Sperrwall: Himalaya! — das war der Himalaya! Keine Wolkenwand, die sich im Verlauf der Stunden, wie so oft schon, wieder auflichtete und im stahlblauen Äther verlor, das war festes, massives Gebirge. »Dort oben — da hinten irgendwo werden wir zu Hause sein! Wir werden wohnen — nicht mehr hausen und reisen, wohnen werden wir!« Und voll Verwunderung fanden sie eine Bestätigung ihrer sehnsüchtigen Hoffnung auf ein Zuhause im Tagestext der heimatlichen Losung: ›— und sie werden wohnen . . .‹

Umballa war der Wendepunkt. In Umballa hörte die Transitpost auf, und in der Frühe, schon um zehn Uhr, verabschiedete man die rohen Kutscher, die armen Pferde und allle die guten oder miserablen Wagen endgültig. Ein Hühnchen, Brot, Käse und ein Schöpsenbraten wurden sorgfältig im Proviantkorb verpackt, und hell glitzerte das frische Wasser in der Flasche, die ihnen durch halb Indien das unersetzliche Elixier verwahrt hatte. Die Morgenstunden im Bungalow von Umballa waren nichts als ein frohes Zurüsten zur Weiterreise.

Am Mittag kam denn auch die neue Fahrgelegenheit urtümlich dahergerumpelt: auf zwei hohen Rädern ein viereckiger Kasten, den Kohlenwagen der Eisenbahn sehr ähnlich, darüber ein Dach mit herabhängenden Decken, im Vorspann drei gebuckelte Ochsen. Ihre Treiber, der eine dunkelbraun, der andere olivfarben, schafften wortlos sämtliche Reiseeffekten der Memsahibs in den Kasten und bedeuteten ihnen dann, sich selbst obenauf zu setzen, so bequem als möglich. Sie verstauten sich denn auch da oben, froh, diesen Augenblick erreicht zu haben, froh, keine Transitknechte mehr zu hören und zu sehen, und fanden sich damit ab, daß man auf den zwei Rädern der Ochsenpost mehr schwankte als auf den vieren der Pferdepost, daß man langsamer vorankam, aber doch immer noch schnell genug, um — bestimmt — in der Frühe des anderen Morgens den wichtigen Punkt der Weiterreise in den Vorbergen zu erreichen: Kalka.

Doch in der Frühe des anderen Tages war man keineswegs in Kalka, man hockte vielmehr auf offener Straße um ein Lagerfeuer, nahe bei einem Hindudorf. Das Feuer, mit trockenem Kuhmist geschürt, quiemte und rauchte, und übernächtig nahm man einen Trunk heißen Kaffees zu sich. Im besten Fahren waren bei Nacht die Büffel ausgespannt worden, und die schläfrigen Postillione hatten sich verzogen, ohne neues Zugtier zu beschaffen. Die Bräute, hoch auf ihrer Wagenburg, waren zu wach, um zu schlafen. Der helle Mondschein verzauberte das weite Land, kühl wehte es aus der Richtung der Berge und sacht rauschte der Wind in den Mangohaien. Belebt stiegen sie von ihrem Hochsitz herab und machten zu zweit einen Spaziergang unter weit ausladenden, alten Bäumen, vorbei an bizarren Riesenkakteen, der frischen Luft aus Nordost entgegen. Sie sprachen nur wenig, und das wenige betraf Simla und den Brief, den man dort vorzufinden hoffte. Verzaubert hatte das silbrige Licht des Mondes das armselige Hindudorf, aus dessen weißaufleuchtenden Mauern um Mitternacht ein Wächter hervortrat. Der schwarze scharfe Schatten, den die weißgekleidete Gestalt warf, war das Dunkelste in dieser hellen Umgebung. Mit tiefem Salaam verneigte sich vor ihnen der Wächter und kredenzte ihnen einen heißen Tee mit der Geste eines großmütigen Gastgebers, der das weite Himmelszelt als Dach über das Haus seines großen und reichen Vaterlandes gebreitet weiß.

Als die Glut des morgendlichen Lagerfeuers verlosch, hatten die Buckeltiere endlich ausgeschlafen. Geruhsam trotteten sie in einen trübe verhangenen Tag hinein, aus dem alle Pracht und Verwunschenheit der Nacht gewichen war. »Heute ist Sonntag«, sagte Emmy mit tonloser Stimme. »Ich denke immerzu daran!« erwiderte Maria. Das war das einzige, was sie für viele Stunden sprachen, doch beide ertappten sich dabei, wie ihre Gedanken immer wieder rückwärts und nicht voraus gerichtet waren. Sehnsucht und Heimweh bohrten an ihren Herzen, Sehnsucht nach den munteren Stimmen und frohen Gesichtern, die sie zu Hause umgeben hatten, Heimweh nach der sonntäglichen Festlichkeit bei den Stillen im Lande, von der man hier, in der Welt ›der armen Heiden‹, nicht das Geringste verspürte.

In der zehnten Fahrstunde begannen ihre Glieder vom unbequemen Sitzen und Hocken so sehr zu schmerzen, daß sie abstiegen und eine Strecke weit zu Fuß gingen, und jetzt erst bemerkten sie, wie frisch die Luft von den Bergen wehte und wie frei es sich auch unter einem grauen Himmel gehen ließ. Mit einer Verspätung von zwölf Stunden und der Erfahrung, daß man seines Zieles erst sicher ist, wenn man es wirklich erreicht hat, kam man spät am Abend doch noch nach Kalka. Kurz vor dem Ort gaben die Ochsen einen großen Auftritt. Sie weigerten sich, auch nur einen Hufbreit freiwillig voran zu tun, dann aber — mit Gewalt angetrieben — bäumten sie sich stierwütig auf, wobei sie beinahe den Wagen mit Personen und Sachen umwarfen.

Das aber war der letzte dramatische Zwischenfall mit indischem Zugtier, das unter der Knute des Menschen steht. Was jetzt kam, war ein ständiges Schwanken und Schaukeln im Tragsessel, dem ›Dschampan‹, von Hindus getragen, bergan, immer bergan. Die Kulis schienen keine Launen und keine Müdigkeit zu kennen, ein anderer Wille hatte sie untertänig gemacht, und doch waren sie heiter und froh, als wäre ihre Pflicht Gefälligkeit und ihre Arbeit Freundesdienst. Und da der Weg angenehm und das Wetter gut war, wurden auch die Bräute wieder froh nach dem überstürzten Aufbruch aus Kalka: in aller Herrgottsfrühe hatte die Wirtin des Rasthauses — eine Halbeuropäerin — sie auf die Beine gebracht und förmlich aus dem Hause getrieben, »da dieses noch an diesem Tage mit sehr vielen, sehr vornehmen Gästen beehrt werden würde«. Doch die Bräute vergaßen bald die eilfertige Beflissenheit, die nicht ihnen gegolten hatte. Versöhnlich nickten ihnen auf ihrem Wege Indiens Zauberblumen entgegen.

Angreifend war der Übergang aus der heißen Ebene in die kühle Höhe der Berge. Cassauly, Sabatow — letzte englische Militärstationen, und dann, nach vielen Stunden schwankenden Sitzens, der erste Bergbungalow! Sehnlich erwartet die Ruhe, der Schutz gegen Kälte und Nacht, die man darin zu finden hoffte. Doch nichts davon: er war voll bis auf den letzten Platz, eine britische Reisegesellschaft hatte sämtliche Räume belegt. Pagell war ratlos, nicht seinetwegen, aber wegen der drei Damen in seiner Obhut, die sich nicht einmal mehr unter ihren warmen Mantillen warm genug fühlten. Es schien unausweichlich, in kalter Oktobernacht unter freiem Himmel kampieren zu müssen. Fröstelnd und blaß standen die Bräute beieinander und besprachen mit Schaudern ihre Lage. Nichts als Fels und Stein ringsum, schnell sank die Sonne, schnell kam die Nacht. War es vorher kühl, wo wurde es jetzt kalt. Die Kulis begannen bereits die eisernen Bettstellen auszuladen, da hatte der freundliche Wirt einen Einfall. Er deutete auf einige Zelte, nicht weit von seinem Bungalow, und erzählte, daß sie einem britischen Offizier gehörten, der mit anderen in ein weit entferntes Jagdgebiet ausgerückt sei und vor ein bis zwei Wochen unmöglich zurück sein könne. Er habe ihm das Camp mitanvertraut, und da der Sir ganz bestimmt nicht zurückkommen werde, schlüge er vor, daß die beiden einzelnen Damen ruhig das größte und schönste der Zelte beziehen sollten; er übernähme die Verantwortung. Allerlei Einsprüche und beklommenes Zögern seitens der Damen, erneute Aufmunterung seitens des Wirtes: »Der Sir kommt bestimmt noch nicht, ganz unmöglich, daß er kommt!«

Doch er kam. Die Bräute hatten sich nach einem kleinen Imbiß in das Zelt zurückgezogen und es sich dort bei einem flackernden Öldocht auf einer harten Lagerstatt einigermaßen wohnlich gemacht. Noch immer irgendwie beunruhig, doch auch erleichtert, legten sie sich schließlich schlafen. Sie hörten kaum mehr das ungewohnte, noch nie erlebte Rauschen des Windes um das Zelt und meinten wohl auch, es sei der Wind, als das Tuch sich plötzlich stärker bewegte. Doch dann sahen sie bei dem matten Licht am Eingang des Zeltes eine Gestalt. Erschreckt fuhren sie auf, der Besitzer des Zeltes hatte sein Eigentum betreten. Auch er war, besonders zu dieser späten Stunde, nicht gefaßt auf ein solches Begegnen. Unerwartet früh hatte er seine Party abbrechen müssen, hatte einen beachtlichen Tagesmarsch hinter sich gebracht, war müde und abgespannt und keineswegs darauf vorbereitet, sein privates Rasthaus belegt zu finden — belegt von zwei Damen! Ihr Anblick jedoch, ihre Verlegenheit, ihre gestammelten Erklärungen rührten ihn so, daß er keinen Augenblick zögerte, ihnen diese Ruhestätte zu überlassen, während er selbst sich draußen ziemlich dürftig unter freiem Himmel behalf.

Auch die Bräute hatten trotz aller Dankbarkeit nur eine leidliche Nacht, die sie vorzeitig — früher noch als in Kalka — freiwillig beendeten. Schon ehe der Morgen graute, räumten sie flugs das Quartier und verzogen sich in ihre leichten Sänften. Kalt strich der Frühwind aus den Bergen, kalt war die Nacht gewesen. Schweigend saßen sie beieinander. Das ist das ›Im Elend-Sein‹, dachte Maria mit einem leichten Stoßseufzer — ›in allen Landen‹ fremd sein, fremd bleiben, nirgends erwartet, nirgends vermißt, nirgends begrüßt und nirgends geliebt ... Doch laut äußerte sie jetzt ihre langgehegte Hoffnung auf neue verbindende Worte von *ihm* und fand damit ein nachhallendes Echo bei der Freundin: »In Simla haben wir Post! Bestimmt: in Simla wartet schon lange der Brief!« Und so trösteten sie sich gegenseitig über Kälte und Einsamkeit hinweg, bis endlich die Kulis ihre Sänften anhoben.

Steiler wurden die Wege, tiefer führten sie in das Bergland, hoch und höher stiegen die Sänften, bis — siebentausend Fuß hoch über dem Meer — sich der Wald eichenstarker Rhododendronwälder lichtete und auf einem langgestreckten Höhenmassiv freundliche Häuser, überstrahlt von Sonne, zum Verweilen lockten. Entzückt betrachtete Maria die herrlich vor ihr ausgebreitete Stadt. Sie bemerkte gar nicht, daß jemand hinter ihrer Sänfte stand, der das Erstaunen des Mädchens beobachtete. Der Gastgeber aus Simla, ein Deutscher, war seinen Gästen ein Stück weit entgegengekommen, jetzt begrüßte er Maria mit einem schlichten »Willkommen in Simla!« Der Klang der Muttersprache aus unbekanntem Mund hier in der Fremde, die wenigen herzlichen Worte trafen Maria so unvermittelt — so überwältigend waren sie —, daß ihr darüber unwillkürlich Tränen in die Augen schossen. Mit jedem Schritt dieser Stadt entgegen wandelte sich ihre Hoffnung auf einen Brief in Gewißheit. (›Alles Gute wartet in Simla: man hat uns nach dort eingeholt, hat uns begrüßt — nur noch Augenblicke, dann ist das Wort aus seiner Hand in meiner Hand!‹). Und wie ein Beben durchlief es sie, als sich die gastliche Pforte des Europäerhauses öffnete, in dem der Schatz des Briefes auf sie wartete. Sie hatte keine Augen mehr für die wohnlichen Räume, keine Augen für die breite, mit üppigen Blumen umhegte Veranda und Terrasse, hinter denen sich grandios die Schnee- und Eisketten des Himalaya auftürmten, immer nur dachte sie an den Brief. Geduldig überstand sie das Willkommensmahl, doch ungeduldig verfolgte sie bald nur noch jede Geste des Gastgebers. Als sie seine Pflichten endlich erschöpft sah, faßte sie sich ein Herz und bat um ihre Post aus dem Himalaya. Verlegenheit, Bedauern, Mitleid — Briefe? Nein, Briefe sind nicht aus Lho-yul gekommen — nein, bestimmt nicht! Eine niederschmetternde Nachricht.

Kleinlaut begab sich Maria mit Emmy, die gleichfalls leer ausging, in ihre Notunterkunft außerhalb des Hauses, das schon voll von Gästen war. Kleinlaut suchte sie gewohnheitsmäßig den Raum ab nach Ungeziefer und nächtlichen Ruhestörern, ehe sie sich, abgemüdet durch die Enttäuschung, in das Dunkel verkroch. — Schweigend suchten ihre Augen die Finsternis zu durchdringen. Unbegreifbarer Bräutigam! Schon hatte man fünfunddreißig indische Reisetage und -nächte auf dem Wege zu *ihm* zu überwinden gehabt, der halbe Globus war bereits umreist und noch immer nichts als ein kleiner Bogen beschriebenen Papiers während der ganzen nun schon acht Monate währenden Zeit der unerwarteten, unerwünschten Brautschaft. Wilhelms Brief erschien ihr in dieser Nacht wie eine schal gewordene Frucht. Hatte er dieses einzige Bräutigamsdokument — das er sich wohl doch nur sehr schwer abgerungen hatte — inzwischen schon bereut? Wußte er nicht, wie nötig man eine Aufmunterung brauchte zu einer solchen Reise? Warum schrieb er nicht? Warum nicht? — Oder hatte vielleicht in ihrem ersten Brief doch etwas gestanden, was ihn befremdete? Stockend nur waren ihr an jenem Sonntagabend in Kalkutta die Worte aus der Feder geflossen, sie wußte noch jedes Wort, und jetzt, in der Dunkelheit, wiederholte sie sich jede Wendung — bestimmt: sie war zu offen gewesen!

Um Mitternacht erhob sie sich von ihrem Feldbett. Ein ungewisses Hell-Dunkel umwob den Raum, auch draußen hatte sich die Finsternis in jene zwielichtige Helle verwandelt, die der Mond verbreitet, wenn er durch die Wolken scheint. Die Schnee- und Eisketten des Himalaya, auf die sie von ihrem Fenster blickte, wiesen jedes weichere Gefühl von Liebe zurück, und die Sehnsucht nach dem ›Bräutigam‹, der noch weit hinter ihnen und sehr viel höher als Simla zu suchen war, verlor ihre Gestalt. Heroische Kälte stieg abweisend von den trennenden, schneegekrönten Gipfeln, und doch hatte die Freude auf neue Fühlung mit ihm noch nie so heiß in ihr geglüht wie an diesem Tage. ›Zu Hause sein!‹ das war ihr letzter Gedanke, als sie sich wieder zurück auf ihren Eisenrost bettete und die viel zu dünne Reisedecke über sich zog. Zu Hause sein! Wie verwirrend fremd waren doch alle diese behelfsmäßigen Asyle seit dem Aufbruch vor sechs Monaten. Zu Hause sein! — davon träumte sie in den wenigen Stunden eines oberflächlichen Schlafes, nicht mehr weitermüssen, selbst wenn *er* ihr in seinem Inneren kein Zuhause bereitete, selbst wenn ihr gemeinsames Leben durch eine unübersteigbare Wand getrennt sein sollte, zu Hause sein in der Fremde Asien, ehe der große Schnee kam, dessen Vorboten draußen auf den Felsbastionen lagerten.

Als jedoch der Tag wieder voll und heiter über der Erde

stand, war es unmöglich, die schwarzen Gedanken der Nacht weiterzupflegen. Den Blick auf die erhabenen Schneeberge gerichtet, über die sich ein gleißendes Leuchten breitete, ging sie auf der breiten Terrasse hin und her. Von Blüten und Duft eingehüllt, von Sonne überflutet, war das ein unvergleichlicher Ort, die Sorgen zu vergessen — oder doch zu mildern. Seltsam: der Brief, der nicht gekommen war, beschäftigte sie noch immer sehr viel mehr als der Brief, den sie doch wieder zu sich gesteckt hatte. Und noch etwas war erregend neu: alle, die zu dem gastlichen Hause gehörten, kannten den ›unbekannten Bräutigam‹, alle hatten vor einigen Monaten erst mit ihm gesprochen, hatten einen ganzen Winter lang mit ihm — hier in diesen Räumen — gelebt, hatten Anteil genommen an den Erlebnissen seiner Reisen in die nahen und fernen Provinzen auf der Suche nach einer Presse. Doch den bruchstückhaften Erzählungen, die man an sie herantrug, haftete etwas Vages an, sogar von Spionage war die Rede, von üblen Verdächtigungen seiner Person und von zwei geheimnisvollen Tibetern in seiner Begleitung, mit denen er umging wie mit vertrauten Freunden, ganz wie mit seinesgleichen, was durchaus nicht selbstverständlich war im Lande der Kasten und Sahibs. Durch solche und andere Erzählbrocken geschah es, daß ihr die Gestalt des Brätigams oft wie ein Schatten gegenüberstand, der nicht deutlich erkennbar war, über keine Stimme und keine Sinne verfügte, aber gleichwohl da war. Oft versuchte sie mit diesem Schatten zu sprechen, doch immer wieder entzog er sich ihr.

Ihr zweiter Brief an ihn war wie die Beschwörung dieses Schattens. Zusammengekauert auf ihrem Bett, brachte sie ihn in zweien der vier Simla-Nächte schließlich zustande; sie schrieb, weil sie nicht länger schweigen konnte, schrieb, wie es ihr ums Herz war, weil alle Schatteschwere sie erneut zu erdrücken begann: »... bei unserer Ankunft hier sah ich mit großer Sehnsucht einem Gruß von Dir entgegen, doch umsonst. Es ist mir tröstlich, in Emmy eine Leidensgefährtin zu haben. Wir holen oft unsere erste und einzigen Briefe hervor, um sie immer wieder zu lesen. Das Warten ist eine Schule. — Wir schauen oft von der Veranda auf die herrlichen Schneeberge hinaus. Unsere Gedanken aber gehen weiter. Fühlst Du vielleicht wohin? und zu wem?... Am siebzehnten Oktober gedenken wir aufzubrechen und in drei Wochen in Kyelang anzukommen. Ach, wie unbeschreiblich wohl wird es tun, nach dem langen Pilgern und Wandern endlich wieder einmal zu Hause zu sein!«

Am Morgen des siebzehnten Oktobers standen drei einfache Traggelegenheiten für die drei Frauen bereit. Die Sänfte wurde gegen die ›Dondi‹ ausgewechselt, die eigentlich nichts anderes ist als eine robuste Hängematte an zwei langen Bambusstangen, getragen von vier Hindus. Von einem unwahrscheinlichen Glück schien dieser Tag begünstig. Unterwegs, in der Station Theog, überreichte der Cuprassie mit wichtiger Mine Pagell eine Anzahl Briefe. Eine unbeschreibliche Spannung bemächtigte sich Marias, als er Emmy einen Brief reichte, einen Brief ihres Brätigams. Doch damit war es auch geschehen — nichts für Maria. Alle Beherrschung vergessend, öffnete und verschlang Emmy die ersehnte Post. Gute Nachricht für sie, besser als je erwartet: nur noch wenige Meilen, und Heinrich würde vor ihr stehen, er kam, um sie in Kothgur zu empfangen. Vierzehn Tage lang befand er sich auf der Reise zu ihr, in Kothgur sollte die Hochzeit sein, von Kothgur aus würde sie — vereint mit ihm als seine Gattin — in das ferne Berghaus Kyelang reisen. Emmy war glücklich. Alle ihre Leiden würden nun beendet sein, gewendet zu Glück und Freude. solche Tatsachen redeten eine deutlichere Sprache als alle gewundenen Worte in weitschweifigen Briefen. Maria freute sich an dem Glück der Freundin, und beide beschlossen, die frohe Braut solle dem getreuen

Bräutigam ein wenig früher begegnen als der nachfolgende Troß.

Herrlich zog der neue Tag herauf, in jeder Hinsicht der schönste seit Kalkutta. Schwerere Lasten gewohnt, trugen die Hindus die Bambusliegen so leicht wie Federn, und federnd führten sie im gleichmäßigen Paßgang die drei weißen Frauen bergan. Emmys Träger jedoch waren behende wie Läufer: immer größer wurde der Abstand, den sie zwischen sich und die übrige Reisegesellschaft legten. Nur noch ganz entfernt hörte sie das gedämpfte Plaudern von der ihr folgenden Dondi, auf der Friederike saß und neben der Eduard einherschritt.

Der gleichmäßige Paßgang, das einförmige leichte Schwanken und Schaukeln der Dondi, dazu ab und an das leise Geschwätz der Hindus, dessen Sinn dem fremden Ohr so angenehm bedeutungslos war, sich aber gleichwohl, voll und rund tönend, wie musikalische Lautuntermalung gab, versetzten Maria in jenes Wachträumen, in dem es ihr plötzlich wie Schuppen von den Augen fiel. Natürlich hatte er nicht erst noch nach Simla geschrieben oder nach Theog! Ein Bote war ja unterwegs — auch zu ihr — ein ihm ganz vertrauter, ein Kollege, ein ›Bruder‹, sein Freund, ja, sein Freund! Emmy hatte den ›Freund‹ eindeutig bestätigt, denn Freundschaft gilt ohne Einschränkung auch dann, wenn man nicht in allen Punkten ein Herz und eine Seele sein kann. Vielleicht hatte sich inzwischen auch schon manches zwischen den Männern ausgeglichen, was dem vollen Einklang bisher im Wege stand? Wer konnte es wissen? Der Tag war so rein und heiter, daß sich alles unnütze Denken wie von selbst verbot. Überraschend war für Emmy das Kommen Heinrichs — vielleicht erwartete auch sie eine Überraschung in Thandar? Würde er gar selbst ihn begleiten? Sie erschrak über diesem Gedanken, der ihr dann wieder ganz abwegig erschien. Aber einen Brief von ihm würde sie dort vorfinden, eine Antwort auf ihren eigenen, ersten, von ihm unbestätigt gebliebenen Brief! Ein Zeichen, überbracht durch einen Freund! Das schien ihr sicher, weil sie es so nötig hatte wie das Stück gerösteten Gerstenbrotes, das sie, wie die Hindus, morgens und abends als Stärkung zu sich nahm.

Der kleine Bergort Thandar, dreitausend Fuß hoch über dem Satledsch, eine Stunde oberhalb des Bergstädtchens Kothgur — großartig und überraschend war die Welt aus dieser neuen Sicht: ganze Gehänge von wilden Rosen, hohe Myrtenbäume, Zedern wie Kirchtürme, schlingendes Gerank, Jasmin und Orchideen, dazu das laute Gekreisch von Affen und Papageien und der lautlose Flug großer, farbenprächtiger Falter. Die Träger setzten die Dondi Marias schließlich als letzte ab vor einem einladenden Europäergebäude, in dessen Hintergrund sich einige Stallungen zeigten. Das Anwesen, das ganze Dorf war eingebettet wie in einen großen Garten vor einer majestätischen Gebirgswelt. Die Harrers waren die gütigsten Gastgeber, genauso hilfsbereit wie die Somnitzens in Simla und Deutsche wie sie, das erleichterte der vereinsamten Braut Maria manches. Er tauchte nicht hinter den beiden glücklichen Paaren auf — auch eine Antwort gab es nicht, kein Brief, keine Zeile, kein Zeichen.

War es das zärtliche Licht dieses Tages oder der große Einklang der Natur? — Maria faßte sich über der neuen, harten Enttäuschung so schnell, daß ihr niemand etwas anmerken konnte, vor allem nicht der große Sprachen-Jäschke, der Mann, an dessen Erscheinen sie eine so hohe Erwartung geknüpft hatte: alles andere war er als eine Postillon d'amour. Anstelle des ersehnten Briefes reichte er ihr seine feine Gelehrtenhand, die kühl, beinahe teilnahmslos einen Augenblick in der ihren lag; aber das Auge blieb auf sie gerichtet, sein dunkles, scharfes Auge, das sie durch die Brillengläser musterte, als wolle es in alle Tiefen ihres Wesens dringen. Doch sie wich dem abwägenden Blick nicht aus, hielt ihm stand und — erwiderte ihn. Dieser kluge Gelehrtenkopf ordnete sich ganz von selbst in die vorderste Reihe von Geistesarbeitern ein, die nicht nur bei den ›Brüdern‹ Geltung errungen hatten, sondern in der übernationalen Republik von Forschern die Spitze hielt. Genialität verriet sein wacher Blick, seine hohe Stirn; Sensibilität und Energie sein Mund und die Nasenflügel, die leise zu vibrieren schienen im Witterungsvermögen für alles, was — unentdeckt — sich ihm letztlich doch offenbaren würde. Seine Gesten waren gelassen oder auch wie abwesend. Er machte den Eindruck eines tief Beschäftigen, so wenig davon jetzt auch zu sehen und zu hören war. Beunruhigend wirkte die scharfe Falte zwischen den dunklen Brauen, die sich dort als ein Mal eingegraben hatte, das von einem durchdringenden Intellekt, aber auch von einer Unzufriedenheit kündete, die tiefer saß.

An diesem Mal haftete Marias Blick, als sie sich von ihm mit einigen freundlichen Worten abwandte. (›Emmy wird es ihm glätten!‹ dachte sie.) Jäschke aber bezeugte später, daß er erschreckt war über den sicheren und ruhigen Blick dieser jungen Frau, die — er spürte es — ihn sofort erfaßt hatte, und er beschloß, sich weder von der eigenen seelenerfahrenen Braut noch von der eines anderen unnötig in die eigene Verfassung blicken zu lassen. Die dritte der ›Schwestern‹ war viel zu sehr in Anspruch genommen durch ihren Gatten, auch sonst drohte ihm von ihr, hinsichtlich des Erkanntwerdens, keine Gefahr, war sie doch ein echtes Naturkind; wie denn diese drei weiblichen Hausgenossen alle lauteren Sinnes schienen — man konnte zufrieden sein! So dachte er, so vermerkte und zensierte er diese immerhin für die Zukunft wichtige Begegnung, ehe er sie — als abgeschlossenen Zwischenakt beiseite schob.

Auch Emmy erlebte eine schwere Enttäuschung. Ihre Hochzeit fand nicht, wie geplant, unter den Myrtenbäumen von Thandar statt: Reverend Kuhne, der sie hatte trauen sollen, war verreist, und Reverend Jäschke fand keinen, der die Trauhandlung an dessen Stelle hätte vornehmen können; denn von Reverend Pagell begehrte er nicht eingesegnet zu werden. Heinrich gestand Emmy außerdem, daß er nicht nur aus Bräutigamssehnsucht den beschwerlichen Vierzehntagemarsch aus der Höhe herab nach Thandar gemacht habe; es seien noch etliche wichtige Besprechungen mit einem Orientalisten in Kothgur abzuhalten, drängende Fragen müsse er mit ihm erörtern, auch habe er noch einige Korrespondenzen mit gewissen Gelehrten in Kalkutta und London von hier aus zu erledigen, und der deutsche Forscher Lepsius erwarte neuen Bescheid über seine letzten, aufschlußreichen tibetischen Forschungen; alles dieses müsse schnell noch abgemacht werden, ehe man zurück in den Himalayawinter gehe, der sie alle auf viele Monate von der Außenwelt abriegele. Emmy blies ihm bei diesen Eröffnungen einige Stäubchen von seinem Rock, was er mit leichter Ungeduld, aber doch lächelnd ertrug, und dann eilte er hinab nach Kothgur.

Fast an jedem dieser kurzen Rasttage verschwand er in seinem ›Schlagintweit‹ — wie er seinen grau-grünen Rock nannte — hinter den Wäldern von Thandar. Unzertrennlich schien er von diesem hoch in Ehren gehaltenen Kleidungsstück, das ihm aus der Hinterlassenschaft des deutschen Himalaya-Forschers Adolf Schlagintweit zugefallen war, nachdem dieser — ermordet im Karakorum — nicht mehr in das Berghaus der Brüder nach Kyelang zurückkehren konnte, um die dort sichergestellten Ausrüstungsgegenstände seiner Expedition abzuholen. Was dann alles — außer den wissenschaftlichen Instrumenten — von den Brüdern des Ermordeten, Emil und Robert, den drei ›Brüdern‹ Pagell-Jäschke-Heyde übermacht worden war, aus Dank für unmittelbare Hilfe wie auch für wichtige Auskünfte über Land und Volk des hohen Himalaya — einem Teil des verschlossenen Reiches Tibet, dessen Sprache im

Berghaus Kyelang an Ort und Stelle genauestens erforscht wurde. Jetzt, in Kothgur, offenbarte der große Sprachenmann Jäschke seinem Forscher-Freund seine atemberaubenden, völlig neuen Einsichten in das tibetanische Klang- und Lautsystem, die er nun schon während zweier Himalayasommer und -winter im engsten Umgang mit gelehrten Tibetern gewonnen hatte. (Er förderte Ergebnisse ans Licht der Öffentlichkeit, die vor ihm noch kein Europäer gewonnen hatte, weder Csoma de Körös, der Ungar, noch viel weniger die reisenden Ordensbrüder früherer Jahrhunderte.) Angeregt kehrte er immer zurück nach Thanda, manchmal aber auch noch versponnener als er am Morgen ausgezogen war, so daß es geschehen konnte, daß er Emmy nicht schonungsvoll auf deutsch, sondern tibetisch anredete, worauf sie ihm freundlich auf englisch antwortete, daß sie aus Deutschland komme und nicht aus Lhasa.

Klaglos nahm sie es in verzichtgeübter Heiterkeit zur Kenntnis, als Heinrich ihr kurz vor dem Aufbruch auseinandersetzte, daß er nicht beabsichtige, die Rückreise im Troß mitzumachen; er werde noch einige Tage nach dem Aufbruch desselben hier verweilen, dann die Gesellschaft irgendwo, wahrscheinlich in Bajura oder Maglour, einholen, um dann — so schnell als ihn seine Füße trügen — zurück an seinen Arbeitstisch im Berghause zu gelangen. Emmy tröstete und stärkte sich an der Ruhe Marias, die es sich noch immer nicht anmerken ließ, wie sehr sie daran würgte, daß keine Zeile oder auch nur eine mündliche Mitteilung, geschweige denn ein Gruß oder Unterpfand von dem unbekannten Bräutigam an sie ergangen war; wenn jemand Grund hatte, niedergedrückt, verzagt und unsicher zu werden, so war sie es.

Doch Harrers Haus und Hof, vor allem der Kuhstall, waren nicht der Ort für Grübeleien. Die rührig-gütige Gastgeberin unterrichtete die — ach, so unerfahrene — jüngste Braut in allerlei häuslichen Geschäften, was diese überaus dankbar empfand, denn der Ort ihrer eigenen Hausfrauen-taten rückte nah und näher. Unter dem schwellenden Euter einer großen bengalischen Milchkuh, der sie wirklich einigen kostbaren Seim abrang, gewann sie neuen Mut, es auch mit einer tibetischen Yak-Kuh auf sich zu nehmen, falls das von ihr verlangt werden würde; denn, so hieß es zu ihrer Bestürzung, das Berghaus habe seit neuestem auch Milchvieh. Indes beschloß sie, jetzt keinesfalls mehr an das Übermorgen zu denken und sich darum zu sorgen, wo doch das Morgen sich noch so bergesgewaltig vor ihnen allen auftürmte.

Mehrere weiße Zelte, Koch- und Eßgeschirr, Proviant-kisten mit Reis, Früchten, rohem und gekochtem Schöpsen-fleisch, Brot, Tee und Kaffee standen, genau nach dem ge-setzmäßig festgelegten Gewicht gepackt, mit dem Ausklang des Oktober für die letzte Expedition bereit, die auch die schwerste werden würde: keine Gasthäuser, keine Hotels, nicht einmal mehr Bungalows bis auf einen, der, völlig unbewirtschaftet und nahe dem Verfall, ihnen noch einmal Unterkunft gewähren würde, wenn man nicht lieber seiner offenen Türen und klaffenden Ritzen halber auch darauf verzichtete und das eigene Zelt als Einkehrhaus vorzöge. Seltsame Dinge standen bevor. Und schwer fiel ob aller zu erwartenden Absonderlichkeiten den Bräuten der Abschied vom Harrer-Hause, in dem sie sich fünf Tage lang so wohl-gefühlt hatten wie in einem Stück echter Heimat.

BRÜCKE AUS RUTEN DER WEIDE

Die Nacht war noch kälter als die sechzehn vorangegan-genen Himalayanächte seit dem Satledsch, sie war entsetz-lich kalt. Das Zelt der Bräute stand auf einer nicht ganz so abschüssigen Schutt- und Geröllhalde jenseits des 4000 Meter hohen Rotangpasses, den die drei Frauen unter Führung Pagells tags zuvor zitternd und bebend hinter sich gebracht hatten. Todmüde sanken sie trotz Frost und Unbehagen auf ihre harten eisernen Feldbetten, von denen sie immer wieder abzurollen drohten. Maria war froh, daß Emmy auch in dieser Nacht noch das Brautzelt mit ihr teilte, obgleich sie ihr den Schutz und Beistand gegönnt hätte, an dem Friederike sichtbaren Halt fand. Das Zelt des jungen Paares stand ein wenig abseits von dem ihren und dem der Kulis. Bei den eisigen Böen, die durch die dünnen Wände strichen, konnte Emmy ein leises Seufzen nicht unterdrücken und gestand, wie schmerzlich es ihr sei, daß Heinrich sie nach der kurzen Begrüßung in Kothgur so schnell wieder verlassen habe. Maria tröstete sie; doch der stärkerwerdende Nachtwind preßte ihnen bald die Lippen zu, aber an Schlafen war nicht zu denken.

Je tiefer die Dunkelheit, desto wacher wurden die Sinne Marias, die — sie konnte es nicht hindern — immer um ihn, den unbekannten Bräutigam, kreisten. (›Ist er blond und stattlich wie sein Kollege Pagell oder dunkel und bebrillt wie der große Sprachen-Jäschke, oder ist er seinen beiden Mitarbeitern ganz unähnlich?‹) Sie wünschte sich, daß seine Erscheinung angenehm und sein Gesicht wohlgeformt sei, doch als sie kurz eindämmerte, da stand eine derbe Gestalt vor ihr: auf kurzem Hals ein runder Schädel, aschblonde Haare, die sich wie eine Bürste sträubten, blaue hervorquellende Augen, die sie lange, schweigend, abschätzend betrachteten, während sich ihr eine fleischige Hand entgegenstreckte: »Ich freue mich, Miß Hartmann, Sie als meine Braut begrüßen zu dürfen!« Sie wußte, daß sie sich gegen den weichen Druck dieser Hand nicht wehren durfte, daß sie das vertrauliche Lächeln des plumpen Mundes ertragen mußte und daß bei aller Häßlichkeit dieses Menschen die Gottesfurcht das Leitmotiv seines Lebens gewesen war, und doch: noch im Traume schreckte sie zurück vor dieser Gestalt, die ihr Bräutigam war.

Sie fuhr auf und riß an dem seidenen Halstuch, das sie zu strangulieren begann — nur nicht mehr einschlafen, nur nicht noch zu allem ein quälerisches Phantasiegebilde! Sie fühlte nach seinem Brief. Ja, es standen Worte von Liebe in dieser einzigen Bestätigung ihrer Brautschaft durch ihn selbst, nie wiederholt oder erneuert während endloser Tage. Kein Zweifel, es waren nur Höflichkeitsfloskeln, die sie in ihrer Befangenheit und eigenen Bereitschaft zur Liebe inniger gedeutet hatte, als sie gemeint sein konnten. Und es knisterte dieses Schreiben in ihren Händen wie ein versiegeltes Urteil, das abgründige Selbstüberwindung oder — im allerbesten Falle — eine wenn auch nicht glückliche, so doch erträgliche Verbindung verhieß, erträglich durch Abstand. Sie entsetzte sich vor sich selbst, daß so jegliches Vertrauen in das Wagnis ihres Lebens zu schwinden begann.

Gegen Mitternacht stand ihr Entschluß endgültig und unwiderruflich fest, das letzte Stück des Weges vor dem Ziel allein zu machen: ganz allein ihm zum ersten Male gegenüberstehen, ohne Zeugen, ohne Begleiter — einerlei, was daraus würde, gleichgültig, wen sie fände. Sie überlegte noch einmal den Weg, den sie sich hatte beschreiben lassen. Doch auf kurze Zeit verschlug der Sturm jedes Grübeln und Sinnieren. Erschreckt horchte sie auf sein verstärktes Geheul. Dann folgte ein Stoß, der beinahe das ganze Zelt umwarf und es in jeder Faser vibrieren ließ. Eine Zeltwand, die sich gelockert hatte, klatschte wie das Flügelschlagen wilder schwarzer Geier in der lichtlosen Nacht.

Eine kaum begreifbare Forderung, die mit dem kleinen papiernen Ja-Los verbunden war: nichts hatte darin gestanden von der Weite ungeheurer Schneefelder, von dem Weg über schwindelnde Engpässe, über klaftertiefen Moränenschutt, hinweg über rasende Ströme ohne Brücken auf luftgefüllten Ochsenbälgen. Der Marsch über den Rotang lag ihr noch erschauernd in den Gliedern; im Schwinden der Körperkräfte hatte er ihr immer mehr die Vorstellung

von einem Stürzen und Fallen in unmittelbare Gefahr ver-
ursacht, und die Nacht konnte sie nicht bannen.

Die Sterne waren noch nicht ganz verblichen, da machte
sie sich eine Stunde vor Aufbruch der übrigen Reisegesellschaft allein auf den Weg nach Norden, nach Kyelang. Es
war der zehnte November. Glasklar war der Tag und schnei-
dend die Luft. Noch völlig durchkältet von der Nacht, suchte sie im Gehen Wärme. Dabei machte sie im ständig sich
steigenden Gefühl innerer Erregung größere und schnelle-
re Schritte, als die gewaltige Höhe eigentlich zuließ. Oft
mußte sie stehen bleiben und nach Luft ringen, denn die
Atmosphäre war so dünn, daß die Lungenkraft nicht stand-
hielt. Sie vermißte die Bambussänfte und ihre verläßlichen
Träger, die ihr dreizehn Tage lang die Mühe des Steigens
und Wanderns, bis auf die steilsten Stellen, abgenommen
hatten; sie vermißte sie um so mehr, als die Mode Europas, der sie auf allen Phasen der Reise als einem selbstverständlichen Gebot der Schicklichkeit unterworfen blieb,
jetzt im Gehen, einen besonders harten Zwang auf sie aus-
übte: das enggeschnürte Mieder preßte ihr oft die letzte
Luft ab, die langen wogenden Röcke, die sich im Schotter
der Felsengerölle verfingen, waren hinderlich, und die leichten, dünnsohligen Schuhe auf die Dauer eine Marter. Ohne
Ende schien der Weg, und hart waren die Steine unter
den Füßen, die zu brennen begannen.

Unwillkürlich suchte ihr Auge, wie um sich abzulenken,
immer wieder nach jenem seidigen, ungetrübten Himmelsblau der tieferen Bergregionen, einem Blau, das sich wie
ein zärtlicher Baldachin jeden Himalaya-Tag über ihre Dondi gespannt hatte, bald durch uralte Zedern lugte, bald über
Myrrhe, Aloe und Olenader stand, bald die zauberhafte
Blüte riesiger letzter Kakteen oder das Filigran der hohen
Rohre des Bergbambus beschirmte, bald hinter goldschim-
mernden Reisfeldern leuchtete, bald verlassene Ruinen und
Bergschlösser, bald ärmliche Dorfschaften verklärte, wäh-

rend es die weißen Hörner und Felszacken der höchsten Schneeketten in unerreichbare Fernen hob.

Vergebens irrte jetzt ihr Auge umher auf der Suche nach dem Zauberdunkel jenes tropengrünen Bergeilandes, aus dem große fremde Blumen leuchteten und die unstillbare Geschwätzigkeit von Affen und Papageien ertönte, die sich durch hohe Luftwurzeln oder über Lianenschaukeln tummelten — versunken dieses Paradies, wie abgeschnitten diese Welt, seit gestern der Rotang überstiegen worden war: das seidige Himmelsblau stand jetzt über ihr — verwandelt zu metallischer Härte.

Die Klarheit des Himmels duldete nichts Liebliches mehr unter sich: keine Blume, keinen Vogel, keinen Baum und keinen Strauch. Es war, als sei man ausgewandert aus einem Reich für Poeten in das klare, kahle Land für Denker oder Gespenster. Keine Stimme, kein Klang, kein Laut — nur das Brausen des Sturmes der Höhen, der über kahle Geröllfelder, über Felsenstürze und Schroffen hinwegfuhr. Unablässig strich er dahin über Stein und Eis in erregender Beharrlichkeit, wenn auch — gegenüber der Nacht — gezähmt, gemildert. Ein unerbittliches, ein herrisches Antlitz, alt, alt und tief zerfurcht, was sie da anstarrte: Gigant Himalaya! Erst jetzt offenbarte er ihr seine wahre, seine unverhüllte Wesenheit. Jetzt erst begriff sie es ganz: ihm — ja auch ihm! — hatte sie sich mit ihrem Ja-Wort auf Gedeih und Verderb ausgeliefert, und zum ersten Male stand sie ihm allein gegenüber — ganz allein. Abgefallen wie Masken waren alle seine früheren Erscheinungsformen, abgetan die romantisch-liebliche, die gefährlich-prächtige, und wie Schwärmerei dünkte es sie jetzt, was sie auf der Gartenterrasse in Simla gefühlt und vor der noch bewaldeten Höhe des Jalori-Passes empfunden hatte. Bestürzend, erschreckend seine Nacktheit und Größe, bedrängend aus so unmittelbarer Nähe. Diese hohen Felsennadeln mit kristallenem Firn, jener mächtige Gebirgsstock, blau-schwarz und schroff, mit gletschergekrönten Flanken, darauf die sieben bläulich-weißen Eiskuppen und -spitzen, einer siebenfach gezahnten Säge gleich — sie begrenzten und verschlossen das Tal, in dem sie jetzt wanderte, ohne eine Möglichkeit des Zurück — als Zeugen würden sie stehen über ihrem Hochzeitsaltar.

Langsamer, mühsamer wurden ihre Schritte, eine unsagbare Mattigkeit befiel sie. Mit allen Mitteln suchte sie sich gegen sie zu wehren. Mietje! Zu ihrem Erstaunen wurde plötzlich der längst vergessene Kindername in ihr wach, Mietje!—lange überholt durch strengere Namen, verstummt und überholt auch diese — Mietje! plötzlich und immer wieder stand dieser zärtliche Name da wie eine Aufmunterung, wie ein Anruf aus der Vergangenheit, eine Mahnung, eine Warnung aus väterlicher oder mütterlicher Besorgtheit. Nichts Respektierliches mehr war an ihr, nichts als ein vom Wind zerzaustes, völlig bedeutungsloses Stück Europa, verweht nach Hoch-Asien, das um die Erfüllung seines Schicksals bangt, das seine kleinen Kräfte schwinden sieht vor den großen Mächten dieses neuen Lebens und dieser wilden Welt. Mietje! — so ging es schon besser. Im mechanischen Voran suchten die Augen immer nur den nächsten Schritt: da kam eine vereiste Stelle! — nicht gleiten! da eine abschüssige — paß auf! jetzt fortkollerndes Geröll — standfest bleiben! ein Abgrund hier — nicht in die Tiefe blicken, nur nicht erschrecken. So ging es besser, so ging es gut, so, sich selbst beim Schopfe nehmend. Sie wurde wieder mutig und zuversichtlich und gewann dieser rauhen Stein-Einöde einen neuen, sonderbaren Reiz ab. Erhaben war die große, unnennbare Stille, über die der Wind fuhr. In der Kargheit kehrte man bei sich ein, nichts lenkte einen mehr ab — es war, als wandere man in der Stille des eigenen Herzens.

Eine Strecke weit schrumpfte denn auch alles Bangen,

alle Beunruhigung zusammen zu einem kleinlichen Sorgen-
bündel. Sie mußte an die ersten tibetischen Lastenträger
denken, die gestern auf der Paßhöhe des Rotang drei steinerne Male errichteten zum Andenken daran, daß sie die
ersten weißen Frauen in ihr Land hineingetragen hatten.
›Drei weiße Königinnen! Drei Male!‹ Auch sie ließen sich
nicht davon abbringen, die drei Frauen für Königinnen zu
halten, genauso wie alle Bewohner dieser großen, selten
besuchten Höhen, die noch nie eine europäische Frau zu
Gesicht bekommen hatten. Männer, Weiber und Kinder
staunten und starrten sie überall an wie Wunderwesen aus
einer nicht menschlichen Welt, deren absonderliche Geräte und Kleider denn auch, wenn nur irgend möglich, be-
fühlt, betastet und untersucht werden mußten. Walnüsse
und Blumen, Fasanen und Felshühner brachten sie an ihre
Sänften, und Maria bedauerte im stillen, nicht wirklich eine
Wunderfrau zu sein, die diesen einfältigen, gutartigen Menschen ihre große Armut — und ihren Schmutz — ein wenig
hätte vergolden können. Gemessen an ihrer Dürftigkeit
mußte ihnen alles, was sie mit sich führten, ›königlich‹ vor-
kommen, und königlich kam den Bräuten in dieser unge-
ordneten Steinwildnis schließlich selbst alles vor, was sie
noch besaßen, vor allem aber, was sie besessen und verlassen hatten; doch alles das lag längst zurück, tief, tief unter ihr und weit dahinten. Nur der Singsang der Tibeter,
die seit zwei Tagen die Hindukulis abgelöst hatten, klang
noch in ihr nach als eine lebendige Gegenwart und nahe
Zukunft, auch wenn er jetzt schwieg wie das steinerne
Meer ringsum.

Doch — alle Gedanken, alle Bilder der Erinnerung waren
plötzlich wie ausgelöscht, als sie vor einer Felskrümmung
stand, die jäh zur Tiefe abstürzte, in der Tiefe aber ein
Fluß: donnernd, schäumend; eine rasende grüne Flut warf
sich ihr unter stäubendem Gischt entgegen. Der Strom durch-
stach ihren Pfad, brach ihn ab: ›... auf dem anderen Ufer

geht die Straße in die neue Heimat, und der Weg dahin?
— diese Brücke da!‹

Wie Hohngelächter war das Dröhnen, und die Brücke?
— ein mageres Geflecht aus Ruten der gelben Weide, einen
halben Meter breit und wohl zehn oder fünfzehn Meter
lang. Sie schwang sich wie die Sichel des jungen, zuneh-
menden Mondes von Ufer zu Ufer. Hie und da hatten sich
bereits einige Rutenbündel aus dem Geflecht gelöst und
pendelten in der Luft. Frei schwebend, wie ein Seiltänzer-
pfad, ohne Sicherung mußte sie überschritten werden; was
war schon die Fahrt auf aufgeblasenen Büffelbälgen über
den noch brückenlosen, reißenden Bias gegen dieses hier!
Allein war sie! ganz allein vor diesem Wildwasser, das ihr
den Weg verlegte und brüllend durch die Felsen stob. Jeder
Hilferuf würde in dem Getöse untergehen, wäre in dieser
Einsamkeit ungehört verhallt.

Sie wollte sich nicht von vornherein ergeben — vor diesem Fluß, vor dieser Brücke! — und so wagte sie denn den
ersten Schritt auf dem luftigen Gespinst, das der beständi-
ge Wind in leichter Schwankung erhielt. (Selbst Lebensmü-
de würden entsetzt davor zurückweichen und sich auf den
Wert des einmaligen, kostbaren Daseins besinnen.) Lähmende Angst kroch ihr durch alle Glieder, dumpf fühlte sie,
wie sie von einer gefährlichen Täuschung gepackt wurde:
die Brücke schien zu fließen, der Strom aber, der Strom
stand! gerade noch fand sie die Kraft zu dem zweiten
Schritt, dem Schritt zurück, denn sie taumelte. Das Herz
jagte, der Puls hämmerte, und vor den Augen begann sich
alles zu drehen; mühsam schleppte sie sich auf einen Stein-
haufen.

Um das unheimliche Gurgeln, Zischen, Kollern und Poltern des rasenden Wildwassers nicht mehr so laut zu hören, drückte sie den Kopf fest in das Dunkel des Schoßes.
Grenzenlose Müdigkeit bemächtigte sich ihrer, Verlassenheit der Seele, Versagen des Körpers, Mutlosigkeit des Her-

zens. Mit einem Schleier feinster Wassertropfen war sie wie eingesprüht, doch sie hätte sich nicht mehr fortbewegen können: ihre Glieder waren bleischwer. Eine Ewigkeit, die Stunde der Schwäche, durch die wie ein Schattengespenst Verzweiflung huschte — elend zum Sterben war ihr. Da spürte sie, wie sich eine Hand sacht auf ihre Schulter legte. Sie erschrak bis ins Innerste — ein Fühlen, ein Wissen: *er* ist es — *er*! Sie hörte ihren Namen über sich, doch sie fand nicht die Kraft aufzustehen. Als sie die Lider öffnete und den Kopf hob, erblickte sie vor dem durchlichteten Wasserflor eine hohe, sehnige Männergestalt: Wilhelm! Ein Blick des Erkennens. Wortlos reichte er ihr seine Hände und führte sie zurück zur Brücke und an den Strom.

Eine atemberaubende Spanne langsamen, schwebenden Hinübergleitens, bei dem er Schritt vor Schritt die Führung übernahm, während sie sich blindlings jeder seiner vorsichtigen Bewegungen anpaßte. Doch mitten auf dem Strom geschah es, daß sie vor dem übergewaltigen Tosen des Höllenschlundes entsetzt die Augen aufriß: die Brücke unter ihr nur noch ein fadenschmaler, glitschiger Pfad, über den schleiernde Wasserfahnen wehten — tanzende Lichter, Schwindel, Taumel. Doch blitzschnell der eisenstarke Griff seiner Rechten, er riß sie zurück vor dem tödlichen Sturz — nicht weniger fest der unnachgiebige Druck der Linken, der sie sacht, mit lautloser, allmählich umstrickender Gewalt aus der Gefahr befreite und sie behutsam zu sich heraufhob — eine zerbrechliche, totumdrohte Gestalt, um die er schützend seine Arme breitete. Mehr tastend als sehend hielt er unbeirrt auf das andere Ufer zu, schweigend trug er sie voran, Zoll um Zoll den nassen Ruten der Brücke abgewinnend. Die Augen abgewandt von der Tiefe ruhte sie — ja, ruhte sie fest an seiner Brust. Nichts fühlend, nichts denkend überließ sie sich seiner Stärke, die zwischen Himmel und Wasser in traumwandlerischer Sicherheit balancierte; alles Leben schien aus ihr gewichen. Erst als er den

Schritt von dem schütteren, elastischen Gespinst hinüber auf den festen Boden tat, fühlte sie, daß die Gefahr gebannt, überwunden war, und erst jetzt, als sie selbst wieder die Erde unter den Füßen spürte, sahen sie sich wirklich Auge in Auge, und sie verharrten überwältigt von der Macht dieses Geschehens.

Anders klang jetzt das Mahlen des Stromes, nur noch dumpf rumorte es jetzt, nachdem das neue Ufer glücklich erreicht war. Dort wartete sie, die große, unbegreifbare Ruhe, die alle Verworrenheit der Nacht und vieler Nächte, Tage, Wochen und Monate mühelos beiseite schob. Jetzt endlich war ihnen die Binde von den Augen genommen, die taube Welt des Innern begann zu klingen, die blinde Welt trüber Vorstellungen bekam ihr wahres Licht, alle stumme Klage und Anklage einsamer Selbstgespräche erhielt Antwort: es zerbrachen alle Spiegel und Krücken wie von selbst. Ein unbegreifbarer Einklang ihrer Natur verband sie mit dem Augenblick dieses Begegnens.

Maria lehnte sich ausruhend an eine Felswand; vor ihr stand das ›Du‹, unendlich vertraut, als sei es ihr immer nahe gewesen — Wilhelm stand vor ihr in seiner ganzen bezwingenden Erscheinung. Seine Augen — tiefdunkel — ruhten auf ihr, und sie erschrak vor seinem forschenden, eindringlichen Blick, doch er wandte ihn bald wieder ab, als suche er nach Gefahr aus den Wolken, wobei ihm eigensinnig eine seiner weichen, glänzend-schwarzen Haarlocken auf die hohe Stirn fiel. Aufrecht stand er da, in freier, ungezwungener Haltung, nichts merkte man ihm an von der gerade bewältigten Anstrengung. Braungebeizt von Sonne und reiner Höhenluft sein hageres, überaus wohlgeformtes Gesicht. Die scharfe Adlernase, schmalrückig, doch kräftig, ja kühn gebogen, triumphierte wie in leichter Ungeduld über dem klar gezeichneten Mund, der anfänglich noch etwas Herrisch-Gebieterisches hatte. Schweigend verharrte er. Schweigend verharrte sie. Alle Furcht, alles Grauen, das endlose Monate lang als heimliche, unerlaubte Angst an ihr gefressen hatte, fiel von ihr ab wie die Fessel einer Gefangenen, die — verurteilt zu harter Fron — nun zu lebenslänglicher Liebe begnadigt ist.

Das erste Wort aus ihrem Munde war sein Name. Er stutzte, horchte auf, denn er traf ihn ganz neu. Seit Ewigkeiten meinte er diesen Namen nicht mehr gehört zu haben. Er war wie ein Weckruf aus der endlosfernen Heimat und aus jener alten Zeit, in der er noch ›Wilhelm‹ oder ›Lim‹ sein konnte und nicht nur ein ›Sahib‹, ein ›Reverend‹ oder ein ›Weißer Lama‹. Doch dieser Weckruf war zugleich eine Vergewisserung seines und ihres Gegenwärtigseins. »Wilhelm!« Maria erschrak vor ihrer eigenen Stimme, vor diesem Wort der Anrede, der ersten wirklichen Anrede, auf die eine Antwort kommen konnte und nicht mehr wie vorher ein Nichts und die Leere. Doch es kam keine Antwort. Zu übermächtig war der Augenblick, in dem auch für ihn etwas zusammenbrach, etwas Düsteres, was sich ungewollt hinter aller Gefaßtheit aufgestaut hatte, seit er — vor sechs Monaten — von der Behörde die trockene Mitteilung erhalten hatte, daß er nun ›Bräutigam‹ sei, der Bräutigam eines ihm völlig unbekannten Frauenwesens, nachdem das Schicksal die freie Wahl verhinderte. So gelassen er auch das teils Ersehnte, teils Befürchtete hinzunehmen sich bemühte, so geschah es doch mit jedem Tage mehr, daß sich etwas in ihm breit machte wie eine starke Barrikade, hinter der er sich mit seinem persönlichsten Leben verschanzte, um so bewehrt Kraft zu behalten für ein achtbares Begegnen — um Höflichkeit, Freundlichkeit, ja Herzlichkeit dort entgegenbringen zu können, wo unmittelbare Zuneigung und, naturgemäß, mehr noch als diese hätten stehen müssen. ›Ein achtungsvolles Begegnen!‹ das konnte er verbürgen, denn Achtung, die hatte schon die Tatsache ihres Kommens nachdrücklich von ihm gefordert; aber das, was sich da nun vor ihm zeigte, war sehr viel mehr, bestürzend viel mehr.

Die ursprüngliche Kraft einer plötzlich aufflammenden Liebe erschütterte die starre Barriere, ließ sie in sich selbst zusammenstürzen, und ein einziger Flammenstoß ungestüm aufbrechender Freude verwandelte die eichenstarke Schanze in einen Scheiterhaufen, der alle Zweifel, alle Zwiespältigkeit wie dürres Gestrüpp verbrannte. Lichterloh erhellte es sein Dunkel, ehe der unbedeutende Aschenrest mit dem scharfen Höhenwinde in alle Himmelsrichtungen stob. Er selbst trat hinter diesem Feuer als ein Befreiter und Gereinigter hervor, als ein ›Freier‹, der nun auch freiwillig und ohne eine Spur von ›Opfer‹ seine Hand anbot, die bereits in schicksalhaftem Zwang von ihm gefordert und gegeben worden war. Jetzt erst begriff er die Fügung ganz, der er sich schließlich auf Gedeih und Verderb im Glauben überlassen hatte. Die unbekannte Braut Maria Elisabeth war ihm vorbehalten als seine natürliche Ergänzung, als sein anderes Ich, das ihm aus der Heimat über die Straße der Gefahr blind nachgefolgt war bis hierher unter die höchsten Gipfel der Welt. Und es ruhte auf ihr das erstaunte Auge des reifen Mannes, der sich auf das Unscheinbare, wenig Ansprechende, ja Häßliche gefaßt gemacht hatte, und der nun Jugend, Reinheit und Schönheit vor sich sah.

Es erschütterte ihn die Gestalt des Mädchens, das vertrauensvoll zu ihm in die Einsamkeit seines nun schon so lange Jahre währenden Exils gekommen war, um ihm zu helfen und um sein Leben hier in der Fremde zu teilen. Doch es war nicht nur ihre Jugend, die ihn ergriff, nicht nur das liebreizende Wesen, das da mutlos vor der Weidenbrücke gesessen hatte und sich dann in seinem Arm geborgen fühlte; ihr Wesen war es, das unmittelbar etwas in ihm anrührte, nach dem er sich immer gesehnt, das er aber nie erfahren und erlebt hatte, und dessen Vorhandensein er schließlich in den Bereich der Wünsche verwies, weil die Wirklichkeit für ihn immer anders ausgesehen hatte als jeder Traum von ihr. Doch heute — an diesem zehnten November — schien es, als solle ihm beides eines werden: Traum und Wirklichkeit.

»Wir wollen nach Hause gehen!« sagte er. Betroffen hörte Maria zum ersten Mal den warmen, tiefen Klang seiner Stimme. ›Nach Hause gehen!‹ Welch ein Wort. Ein Lächeln spielte dabei über sein ernstes, verschlossenes Gesicht, das erste Lächeln, das sie ebenso neu beglückte wie das ›wir‹ und das ›nach Hause‹.

DER WEG NACH HAUSE

Ungezählte Male schon hatte Wilhelm diesen schmalen, steilen Pfad hoch über dem Strom genommen, auf Erkundungsmärschen und -ritten, als Verantwortlicher für gewichtige und notwendige Güter, ohne die ihr Leben hier oben verloren gewesen wäre, oder auch als Führer kleinerer oder größerer Karawanen mit Saumtieren und Trägern. Doch noch nie war sein Gang durch das Felsental von Lahoul so frei, so gehoben gewesen wie heute. Seine aufrechte Gestalt, die nie gebeugt ging, schien sich noch zu straffen, denn ungewohnt war es, plötzlich so ledig aller Beschwer und Sorge zu sein; von der Schulter war ihm etwas geschoben, was dort gelegen hatte wie eine schwere Last, die er lebenslänglich zu tragen bereit gewesen war, und die nun unversehens ausgewechselt schien gegen ein schwereloses Geschenk. Er spürte die zarte Gestalt neben sich als etwas, das ihm nie zu schwer werden würde.

Öfter war es notwendig, stehenzubleiben, um Maria Zeit zum ruhigen Atemschöpfen zu lassen. Eine sonderbare Scheu nur hinderte ihn, dieses Gesicht immer wieder zu betrachten, dessen Augen dunkelbraun und leuchtend, dessen Mund herb und frisch, dessen Stirn hoch und rein war; in klarer, sicherer Linie zeichnete sich das Profil über die leicht gebogene Nase bis zu dem festen Kinn. Nicht müde wurde er, es zu betrachten. Anmutig-schön, großlinig und zugleich doch innig das ganze liebevolle Antlitz, überspielt von dem Zauber der Frühe, dem Morgen des Menschentages. Es hatte denselben Schmelz, der heute vor Sonnenaufgang noch auf den weißen Gipfeln ringsum gelegen hatte, als der Schnee allmählich zu blühen begann: rosenrot und muschelzart. Es rührte ihn tief die Unschuld ihrer Gebärden, sie lachte mehr mit den Augen als mit dem Munde, der wie ein verläßliches Siegel die Gedanken ihres Herzens bewahrte.

In stummem Gleichschritt wanderten sie nebeneinander her. Der ›lange Leib‹ und der ›lange Hals‹, den man an Maria als Kind manchmal tadelte, waren gerade lang genug, daß sie im Gehen seine Schulter erreichte. Seine Schritte waren gegen die ihren fest und sicher, längst gewohnt an weite Märsche durch das Schneeland Himalaya; federnd und leicht ging er dahin. Es war, als lerne sie erst an seiner Seite das Begehen des Gebirges. Neue Kraft gewann sie aus der seinen, die aus einem reichen Speicher zu kommen schien. Bald schwand ihre Müdigkeit ganz, und sie wäre auch mit ihm gegangen, wenn da kein Haus in der Wildnis gestanden hätte; sie vermochte Schritt zu halten, wenn der seine neben ihr erklang. Doch er verlangsamte ihn dann und wann und blieb stehen, um ihr Zeit zu lassen zum Atmen, und zeigte ihr diese oder jene besondere Felsbildung der neuen Heimat. Dann geschah es immer wieder, daß er plötzlich in seinen Worten innehielt und sie ansah, als müsse er sich einer Sache von Wichtigkeit erneut vergewissern. Erstaunt, als ob es nicht zu fassen wäre, wanderten sie dann weiter, fast wie im Traume, aus dem man fürchtet, ernüchtert zu erwachen.

Jetzt erst, wo er sie deutlich sah und ihr Wesen und Sein um sich spürte, jetzt erst war es ihm möglich, auch die

Worte ihrer Briefe aus Indien voll und ganz zu verstehen; Briefe, die er aus Scheu vor der Wahrhaftigkeit seiner eigenen Gefühle nicht zu erwidern vermocht hatte. Briefe, die sich so unbeschreiblich schlicht und einfach gegeben hatten, daß ihn so viel blindes Vertrauen beschämte und beinahe verlegen gemacht hatte — Ausdruck waren sie ihres geraden Wesens, das sich ihm jetzt ebenso schlicht und offen und ganz unverstellt gab. Die wenigen Worte, die sie miteinander wechselten, bestätigten nur den stummen Einklang, in dem sie sich befanden. Eigentlich war alles unbedeutend, was sie miteinander redeten: von dem ersten Proviant, den er der Reisegesellschaft vor Tagen entgegengesandt hatte, von den Menschen und der rauhen Luft dieser großen Höhen; dann stellten sie erstaunt fest, daß sie heute zur gleichen Stunde — nach einer Nacht ohne Schlaf — aufgebrochen waren mit dem Wunsche, sich allein zu begegnen, auf alle Fälle zum ersten Male sich allein gegenüberzustehen!

Entzückt horchte er auf Marias Stimme, die einen glockenhellen Klang hatte, vermischt mit dunkleren, beinahe ›samtenen‹ Tönen. Sie redete deutsch mit ihm! Auch das kam ihm beinahe überraschend, da er seit langer Zeit im Umgang nur noch die Sprache Tibets sprach. Wenn es aber nicht hoch- oder dialekt-tibetisch war, so durfte es doch nur englisch oder hindustanisch sein — selbst unter den Kollegen —, ja gerade sie dachten erst aus konsequenter Übung und nun schon aus Gewöhnung nur noch in diesen fremden Sprachen. Die Muttersprache aus ihrem Munde ergriff ihn in einem Maße, wie nur der von ihr ergriffen werden kann, der sie lange entbehrte. Nahe rückte sie ihm allein durch ihre Worte die Heimat, die Tausende von Meilen hinter den hohen Gipfeln liegende Heimat, nach der er sich so oft gesehnt hatte mit einem Heimweh ohnegleichen. Ferne und Nähe, Heimat und Fremde — plötzlich vereinigten sie sich ihm an ihrer Seite wie die beiden reißenden Flüsse Chandra und Bhaga, die das schroffe, in drei Täler geteilte Ralsum-Lahoul durchströmten. Die Wärme ihrer Gegenwart, das Leben in ihren Augen, die Worte aus ihrem Munde — hier war seine Heimat, hier war er zu Haus. Eine alte halbvergessene Weise der Jünglingsjahre beschwingte seine Schritte, beschwingte seine Seele, machte sie leicht und froh ›. . . als flöge sie nach Haus‹.

Die Sonne stieg hoch und höher. Allmählich erwärmte sie das karge ›Lhoyul‹, das Südland der alten westtibetischen Großkönige, dessen wilde Schönheit mit dem steigenden Tage noch wuchs. Das Licht dieser großen Höhen öffnete in durchscheinender Klarheit ungeahnte Räume, es stand über ihnen in einer unbeschreiblichen Glorie. Himmel und Erde begegneten sich in hochzeitlichem Prunk. Die metallisch schillernde Sphäre rührte an die mit ewigem Schnee gekrönten Zinnen und Grate, an deren Flanken das Sonnenlicht herabflutete wie flüssiges Silber und mattschimmerndes Gold. Das harte Blauschwarz der senkrechten nackten Felsenstürze im Norden, die viel zu steil sind, als daß Schnee darauf liegen bleiben könnte, war überspielt von dämpfendem Violett, das ihre erschreckende Schroffheit und Schwärze mit veilchenfarbenem Schmelz überhauchte. Mehr, immer mehr Berge drängten sich sechssiebentausend Meter hoch zum Licht, während in tiefausgenagter Felsenrinne der Bhaga-Strom seinen rasenden Lauf talab nahm — bald nah, bald fern sein Rollen und Grollen wie eine gigantische Begleitmusik zu ihrem Gang.

Die seltsamen Schriftzeichen, die hie und da wie Runen oder Hieroglyphen in die Felsen am Wege geritzt waren, verrieten, daß man längst die Lande hinduistischer Frömmigkeit hinter sich hatte und eingetreten war in den Bannbereich des Gott-Königs von Lhasa, dessen weites Land mit entlegenen Klosterburgen und außerordentlichen Heiligkeitsorten bewehrt ist — ein Reich, in dem noch die entferntesten Räume die Spur eines beunruhigten Gewissens tragen oder Symbole einer Sehnsucht, die auf Erlösung in einem unsichtbaren ›Paradies des Westens‹ hofft oder auf eine Befreiung aus endlosen Wiedergeburten in der endlichen Auflösung im Nichts. Sie standen hier, sie standen da, diese Male; doch sprach Wilhelm nicht darüber, denn bald würde sie genug davon sehen, hören und erfahren, dann würde er sie dringend nötig haben als enge Mitarbeiterin an einem Werk der Erforschung, das ihn seit fast einem Jahrzehnt im Bann hielt, und dem er besonders in den letzten fünf Jahren seine arbeitsgesättigten Tage weitgehend gewidmet hatte. Doch jeder Gedanke, auch an Arbeit, mußte heute ruhen, nachdem alles getan, was zu tun gewesen war. Schweigend führte er die stille Gestalt neben sich vorbei an allen solchen geheimen Markierungen, nur für Wissende erkennbare Symbole, die nicht so leichthin besprochen und abgetan werden konnten aus Verantwortung vor der Wahrheit, der Schwere ihrer Bedeutung, der Tiefe ihrer Sinngebung. Auch mit der Düsternis von Dämonenglauben und schwarzer Magie, die zeitenweise das ganze »In-Drei-Gerissene« Lahoul in eine Hochburg dunkler Kulte verwandelte, wollte er sie nicht im voraus bedrängen. Überirdisch schön war dieses Kommen, überirdisch rein und herrlich zeigte sich das alte westtibetische Gletscherreich. Es war, als hätte der Allmächtige selbst, der über allen Kulten und Dogmen, allen Rassen und Klassen als einzig weltenbewegender Regent steht, alle störenden Unterschiede, Mißklänge und Zwischentöne zum Schweigen gebracht, als hätte er zwei arme kleine Menschenkinder, die sich — trotz Zweifel und Bangigkeit — ihm in blindem Glauben ausgeliefert hatten, nun selbst mit starkem Arm nach Hause geleitet.

Das Licht auf den Schneefeldern, das Gleißen und Flimmern war so stark, daß Maria die Augen immer wieder abwenden mußte. Den Kopf zu Boden gesenkt, wanderte sie neben Wilhelm und überließ sich dem Wunder der verwandelnden Liebe, ›die mehr ist als die zu Vater und Mutter, zu Bruder, Schwester und Freunden‹. Doch Wilhelms Augen waren dem Licht gewachsen: spähend hielt er sie in jahrelanger Gewöhnung voraus gerichtet, immer wie in Erwartung von Gefahr aus den Bergen und Schluchten oder von Tücken plötzlich hereinbrechender Wetter. Er hatte den scharf beobachtenden Blick, der die Ferne zu sich heranzuziehen scheint und dem die Nähe kaum eine Besonderheit vorenthält; sein Gehör — geschult auf den einsamen Pirschgängen des Pioniers, der das Fremde witternd erprobt — war immer angespannt und wach, besonders unter freiem Himmel. Seit geraumer Zeit verfolgte er zwei winzige Punkte unter den Gletschern im Osten, nah und näher kamen sie, und bald schossen sie aus dem Äther herab: zwei gewaltige Lämmergeier mit großen, kupferbraun schimmernden Schwingen. In niederem Fluge glitten sie dicht über ihren Häuptern hinweg, einer entfernten Talschlucht zu. Ihr Flügelrauschen weckte Maria aus dem gleichmäßig-schweigsamen Voran, erstaunt sah sie auf, blickte den Vögeln nach, die sie wie die geflügelten Boten eines mythischen Reiches begrüßt hatten. Erste Lebewesen dieses ungeheuren Stückes Erde, das sie wie Könige und Herren durchstreichen — sie ließen sich plötzlich zur Tiefe fallen, um bald darauf wieder zu ihrem Hochsitz unter den Gletschern aufzusteigen. Wilhelm kannte dieses Vogelpaar, das seinen Horst nicht weit von seinem Zelt hatte, das er allsommerlich auf mehrere Monate dort oben unter die Gletscher stellte, um den Wasserlauf für die Felder zu bauen. Er liebte die ›Goldenen Vögel‹, besonders diese zwei, die sich so unversehens zu diesem Gang nach Hause eingefunden hatten, als wären sie Freunde und Schützer der Liebenden, die aus Not und Gefahr endlich doch den Weg zueinander gefunden haben.

Nach zwei Stunden des Wanderns deutete Wilhelm auf einen Felsvorsprung, auf dem ein jahrtausendealtes Gemäuer stand. Kaum hob es sich ab von dem grauen Gestein seines Felssockels. Nur das Flattern eines Wimpels machte auch das ungeschulte Auge darauf aufmerksam. »Dort! — dreitausend Fuß tief unter dem Schaschur-Kloster, dort — hinter dieser letzten Wegbiegung, dort sind wir zu Haus!« Näher kam man der Stelle und deutlich hörte man wieder das Brausen des Bhaga. Auf einer Terrassenablagerung über dem Strom, versteckt hinter einer Gruppe von Pappeln und Weiden ein Haus — ein erstaunlicher Anblick — das erste Europäerhaus seit drei Wochen, das einzige weit und breit, das einzige, so hoch und so tief im Himalaya, umgeben von einer grandiosen Gletscherwelt, eine Fliehburg, eine Zuflucht zwischen Stein und Eis. Spitz und hell ragte der Gipfel des zweistöckigen stattlichen Baues und der in einigem Abstand flügelartig daran postierten vier Nebengebäude aus dem herbstfarbenen Laub von Pappeln und Weiden. Es blitzte und funkelte die Vielzahl hoher, verglaster Fenster an der südlichen Front, und aus einem der beiden Kamine kräuselte sich bläulicher Rauch.

»Kyelang!« sagte Wilhelm, »das ›Menschen-Nest‹! — Gehöft und Dorf Kyelang, zu dem auch wir gehören!« Unscheinbar an den Hang gestaffelt sah Maria über den weißen Mauern des Gehöftes die flachen Lehmhäuser der Tibeter liegen. Ein schriller, durchdringender Laut wie der Schrei eines Geiers: dann wurde der Hang lebendig. Gestalten erschienen auf den flachen Erddächern der Hütten, verständigten sich durch Zuruf von Terrasse zu Terrasse, und als die beiden den großen Wacholderbaum vor dem Dorfe erreicht hatten, wogte es grau und braun und rot und gelb, fellbehangen und zottig talab. Dichte Polster von kurzen Kräutern breiteten sich teppichgleich vor Maria, ein Rasen, auf dem ein Yak — finster gehörnt und grimmig — weidete. Mit funkelnden Augen ging er auf die Menge zu, die das Paar plötzlich, wie ein Bienenschwarm summend, umkreiste. Männer und Frauen, Kinder, Lamas und Laien drängten sich dicht heran. Ausrufe des Erstaunens, greifende Hände, lachende Gesichter, flach, breitknochig, fett-glänzend und tiefdunkelbraun; blitzende Augen, die, neu-gierig und wach, alles und jedes an der weißen Frau be-staunten, bewunderten und, wenn sie nur konnten, beta-steten. Sie hatten es nicht glauben wollen, daß es weiße Frauen gibt: doch jetzt stand wirklich eine vor ihnen, die ihnen gleichwohl wie eine Erscheinung vorkam. Wie ein Wogenbrecher war Wilhelm. Beschwichtigend redete er in einer verwirrend fremden Sprache auf ›die Nachbarn‹ ein; mit sanfter Gewalt schob er alles beiseite, was ihr allzu dicht, allzu bedrängend nahe kommen wollte. Unbeirrt streb-te er dem Burgfrieden des Hauses zu, das er vor drei Som-mern zusammen mit Pagell geplant und zu bauen begon-nen hatte; und er führte sie über die Schwelle wie einen lange erwarteten Freund.

Die sieben Tage der Bräutlichen Einkehr

DER TIEFE SCHLAF

oder

Feuerdrache und Feuerschlange

Mit dem Dröhnen ihrer großen Tuben und Klangteller riefen die Lamas des Schaschurklosters die unsichtbaren Dämonengottheiten des Schneelandes von Gipfeln und Tälern herbei, um ihnen in der grauen Frühe — hoch über Kyelang, dem ›Nest der Menschen‹ — das Opfer der Speisen, der Düfte und der Klänge zu reichen. Das dumpfe Tubengetön, das ferne Rasseln der Becken, das der Frühwind hinab ins Tal führte, weckte Maria in wieder und wieder andrängenden Intervallen. Es riß sie aus Träumen der Angst und der Befreiung aus Angst. Wie erstarrt lag sie lange Zeit hindurch noch ganz im Banne dieser Träume, denn immer wieder kam — und das war kein Traum — dieses urweltenhafte Getön zu ihr, das sie erschauern ließ. Wie in eine tönende Wolke hüllte es das kleine abseitige Haus, in dem sie vorläufig untergebracht war; bald stärker, bald schwächer, bald sphärenhaft leise erfüllte es die Totenstille, die noch über dem Gehöft, über dem ganzen Tal lagerte.

Mit einem Sprung in den Morgen wollte sie sich aus der seltenen Umstrickung dieser unerklärbaren außerweltlichen Klänge befreien, doch spürte sie plötzlich einen stechenden Schmerz über den Augen und den Druck, der ihr seit gestern, wie schon an manchem der letzten vierzehn Reisetage, von der Stirn über die Schläfen ziehend, allmählich den ganzen Kopf wie in eine Zange preßte, so daß sie sich gern wieder auf das harte Roßhaarkissen ihres alten Eisenbettes zurücklegte, das sie schlecht und recht nun schon monatelang zur Nacht beherbergte. Deutlich hörte sie neben sich das vertraute Ticken ihrer kleinen europäischen Taschenuhr, die ihr ›drüben‹ immer so verläßlich die Zeit gewiesen hatte. Sie tickte ruhig und gleichmäßig, so, als hätte sich gar nichts ereignet. Ihre Feder spannte und entspannte sich korrekt mit dem absonderlichen Lauf dieser veränderten Zeit, unempfindlich war sie gegen die dünne Höhenluft, die Maria jetzt hier soviel zu schaffen machte.

Bei einem der letzten rollenden Schläge dieser geheimnisvoll-unheimlichen Musik aus der Höhe, der wie das Getön einer mächtigen Kesselpauke klang, fuhr sie aus ihrem Frühdämmern auf: jetzt war sie wach, hellwach. Das Licht des steigenden Tages erhellte mehr und mehr ihre Kammer, von der aus sie in den Hauptraum des kleinen Hauses blickte, das, abgesondert von den übrigen Gebäuden des Gehöftes, die Druckerei beherbergte. Seit gestern zum ›Haus der Bräute‹ ernannt, wurde es von allen, die sonst hier tagtäglich aus- und eingingen, dem Gebot gemäß gemieden. Übermüdet und übervoll von allen Ereignissen, die auf sie noch am gestrigen Tage eingestürmt waren, hatte sich Maria, ohne viel umzuschauen, nur zu gern in den Alkoven ihrer Kammer zurückgezogen; doch jetzt erblickte sie durch die offenstehende Tür zu ihrem nicht geringen Erstaunen an den Wänden des Hauptraumes Ballen von Papier, Druckbogen in Stößen auf einem Tisch und nicht weit vom Fenster die große lithographische Presse mit ihren drei schweren, massiven Steinen. Sie stand da so still, so selbstverständlich, als wäre sie immer hiergewesen, genauso wie die Berge, die Täler und die Tibeter. Fertige und halbfertige Bücher und Büchlein, frisch den Steinen entwachsen, lagen in gesonderten Stapeln zugerichtet auf einem Pult, auf dessen oberer Platte einer jener rauchig-schwärzlichen Folianten mit zwei hölzernen Deckeln lag, umschnürt mit einem breiten Ledergurt, wie sie gestern schon einen in der Bibliothek des Haupthauses gesehen hatte: ein Teil des einhundertachtundzwanzigbändigen Kanons der ›Gelben Kirche‹, des *Kandschur*. Es roch nach scharfen Harzen, nach Farbe, Tinten und Tinkturen und nach Arbeit, die — plötzlich unterbrochen — hier bald wieder aufgenommen werden würde.

Still war es jetzt hier, still, wie auf einer entlegenen Insel, still nun auch draußen. Es war, als hielten sich Traum und Wirklichkeit im Gleichgewicht der Waagschale, und jetzt erst begriff sie völlig dieses ›Gestern‹ — welch ein Gestern! Es war, als höre sie auch wieder Wilhelms nahe, klare Stimme und das Wort, mit dem er sie am vorigen Abend verabschiedet: »Sieben Tage noch, dann ist die Hochzeit!« Während sie so dalag mit weit offenen Augen und Vergangenheit und Gegenwart in Einklang zu bringen suchte, fiel ihr Blick auf ein maskenhaftes Gebilde am Fenster. Die Sonnenreflexe eines sich gegenüber öffnenden Fensters huschten darüber hin, die Maske lächelte wie im Schlaf, ein Buddha. Schritte erklangen — Wilhelms Schritte? Stimmen wurden laut — seine Stimme? Fern und leise wurden sie wieder, doch das Brauthaus blieb unberührt von Schritten und Stimmen. Eine abgrundtiefe Müdigkeit bemächtigte sich ihrer von neuem. Zu Hause sein! Ihr letzter Gedanke — nicht mehr weiter müssen! Darüber schlief sie wieder ein.

Im hellen Lichte des Morgens blickten die Berge zum Fenster herein. In blendendes Licht gehüllt standen sie da: Bastionen von Fels und Eis, von Stein und Schnee, sie reckten sich über den ruhigen Mauern des Gehöftes auf wie gewaltige Wächter, wie Beschützer und Freunde: sie hatten sie eingelassen in ihre Zwingburg, hatten sie aufgenommen, willig und ohne Vorbehalt. Das Getümmel der Welt schlossen sie ab durch vier Hochpässe nach Süden und ungezählte nach Norden, Osten und Westen. Bald würde der Winter das Fallreep hochziehen und das Tal auf Monate hinaus durch Fluten von Schnee abriegeln von den ›Kontinenten‹ der Tiefe. — Monsunwolken segelten jetzt darüber hin, lautlos, schwerelos, Winde strichen darüber hin, unablässig, beharrlich wie der gleichmäßige Atemzug eines Giganten, der hier im Bereiche der ›Sieben Buddhas‹ einen vieltausendjährigen Schlaf hält, ohne daß ihn noch jeder Wechsel der Zeiten daraus befreit hätte; Winde, kaum hörbar leise, dann wieder lauter wie Meeresrauschen — sie brandeten um das Haus und spielten mit den langen Ästen der Weide, die wie mit schützenden Armen das abseitige, einsame Brauthaus umgriff. Manchmal peitschten die Zweige heftig gegen die Mauern, als wollten sie die Bräute wekken, die dort — getrennt voneinander und unbehelligt von der übrigen sonst strengen Hausordnung — ganz für sich wohnen würden, sieben Tage lang. Tage der Ruhe, der Besinnung, des Sich-Findens und der Absonderung — sieben Tage noch bis zur Hochzeit.

Im Haupthause blendete Licht auf. Nacht war es geworden. Ein Schatten ging hinter den Fenstern auf und ab, ein Mensch in Gedanken: Wilhelm. Ruhig ging er hin und her. Manchmal schickte er seinen Blick in die Dunkelheit, als suche er nach einer Gestalt in dem kleinen Hause unter der Weide, doch es antwortete kein Licht dem Schein seiner Kerze. Bis in den Morgen hinein war sein Zimmer erleuchtet, und fast jede Nacht hielt er jetzt Wacht bei der Lampe oder dem matten Kerzenschein; manchmal verlosch er auf kurze Dauer, doch nur, um immer wieder neu zu erglimmen. Eine erfüllte Stille breitete sich ihm über diese sieben Novembertage, überschaubar wurde ihm in diesen ungestörten dunklen Nächten, was ihm die Jahre an Unklarheiten und Fragwürdigem zugetragen hatten, begreifbar wurder ihm, was er mit der Schärfe des Verstandes bisher nicht zu durchdringen vermocht hatte, er kehrte in der Ruhe dieser Nächte ein zu seinem eigenen Ich, aus dem alles Schattenhafte floh wie das Dunkel vor dem Licht.

Langsam oder eilig überflog er noch einmal, was er immer dann niedergeschrieben hatte, wenn er sich Klarheit und Freiheit seines Innern neu erobern mußte, um den manchmal bedrohten Frieden zu retten oder sich Rechenschaft abzulegen, nicht nur vor sich selbst. Manches, was abgetan werden konnte, verkohlte im Ofen, manches schnürte und bündelte er fest ein; es knisterte, wenn er etwas zerriß oder zusammenballte, aber oft geschah es auch, daß seine sichtenden Augen noch zuvor daran hängenblieben wie an lang überholten Wegkreuzen oder an alten Mahnmalen.

BERUHIGTE NACHT

Mitternacht war vergangen, der Wind war stärker geworden. Er pfiff um die Ecken und ließ die Tür in ihrem Schloß unruhig hin und her rattern, aber ruhig blickte Maria auf — über ihr die Balkendecke und ringsum die weißgekalkten Wände —, anders hörte sich das Winseln und Stöhnen an vom sicheren Port des Hauses, anders als gestern noch im Zelt unter freiem Himmel. Ganz ohne Angst horchte sie jetzt auf die Tonfolgen des Sturmes hinter den Mauern, die er erdacht, die er erbaut. Wenige Spannen nur zwischen Haus und Haus trennten sie voneinander, und eine wache Ungeduld bemächtigte sich ihrer, ihm — den sie nun schon so lange nicht mehr gesehen hatte, bald wieder wirklich und im Lichte des Tages gegenüberzustehen. Noch kein Schimmer des Morgens, nur Dunkelheit, dazu das Brausen des Windes durch die Nacht, und tiefer hüllte sie sich in die wollene Decke, wenn die Weidenzweige gegen die Mauern peitschten.

Zur gleichen Zeit stand Wilhelm am Fenster des Haupthauses. Er hatte das Licht gelöscht und blickte in die Nacht. Die kurze Pfeife aus Wacholderholz glühte dann und wann auf. Sterne standen am Himmel, und auf den höchsten Schneefeldern lag es wie irrlichternder Glanz — ein Sprühen, ein Funkeln — gespenstisch, gigantisch. Zerstreut ging er vom Fenster zum Pult und wölkte die Pfeife, während ein breiter Mondstrahl über die Hänge brach und das Brauthaus mit silbrigem Licht umwob. Man sollte schlafen, dachte er, da doch alles schläft. Aber das glimmende Kraut im Pfeifenkopf und die seltsame Nacht da draußen machten ihn wach und wacher. An die sonderbare Geschichte seiner Brautwerbung dachte er, an sein Erschrecken, daß seine Werbung um Maximiliane Adolfine Elisabeth Rosenberg beide Male als eine Farce über den Ozean gegangen war. Der Lampendocht spendete ein mattes Licht, und leise sprang das Schloß der kleinen Wacholdertruhe auf, der er das versiegelte Päckchen entnahm, das die sechzehn Briefe an ›seine‹ ferne Freundin und Braut enthielt, die er aus Furcht vor Mißverständnissen nicht abgesandt hatte, mit denen er sich aber — fast wie im Gespräch — aus der namenlosen Einsamkeit dieses Winters in die Wärme und Nähe eines verstehenden Menschen gerettet hatte. Ein Lächelm umspielte jetzt seinen Mund, als er daran dachte, wie sehr doch diese Liebe das Kind seiner eigenen Vorstellungen und Wünsche gewesen war, und lächelnd nur überflog er jetzt noch einmal den ersten Brief an sie, als er sich an der Wende des Jahres Kraft von ihrer — imaginären — Nähe holte. ›Maximiliane‹ — las er, doch er sah sie nicht mehr … ›Maximiliane‹ — las er, und es war, als dächte er an eine Verstorbene, deren Gedenken er noch einmal zu ehren hatte. . .

Kyelang, Westhimalaya, den 1. Januar 1858

Maximiliane!

Das alte Jahr ist vergangen. Vor mir liegt knospenzart und unversehrt das neue, vor mir liegt auch Dein Brief —

vielmehr dessen zerfetzte Teile, die mir der Herbst wie verwelkte Blätter zuwehte. Mit allem, was Dich betraf, hatte ich abgeschlossen bis zu dem Augenblick, wo mir diese unleserlichen Bruchstücke zu Händen kamen; seither suchte ich oft, sie zu deuten gleich einem Forscher, der einen kostbaren Fund gemacht hat — doch vergebens, die Schrift blieb verloschen, verwischt. Jetzt aber will ich keine Zwielichtigkeiten, keine verwelkten Blätter; die vergangene Nacht — eine Nacht der Wandlung — hat sie mir neu geschenkt, ich deute mir das Unentzifferbare als Zeichen verheißungsvollen Glückes. Und so möchte ich, daß Du mir in den ersten Stunden dieses neuen Jahres gegenübersitzest als die einzig Vertraute meiner Tage, sogar auf die Gefahr hin, daß Du es eigentlich nicht hattest sein wollen... es ist gleichgültig: hoch liegt der Schnee und tief sind die Täler und unermeßlich die Meere, die uns trennen!

Nicht über große Dinge, nicht über schwere Fragen will ich mit Dir sprechen, nur ein klein wenig plaudern, wie man eben mit einem lieben — sehr lieben — Menschen plaudert. Es verlangt mich danach. Die blauen Schatten der Dämmerung huschen über den weißen Schnee, die leuchtenden Gefilde unter den ›Sieben Buddhas‹ hüllen sich in Nacht, in Purpur getaucht ist der Himmel, der den ganzen Tag hindurch in tiefem, schwerem Azur erstrahlte, ein Blau, das nur der Himalaya kennt. Von den fernen Bergen — aus der Talschlucht von *Schakka Lhunpo* — erklingt das langgezogene Geheul eines Wolfes. Sonst ist es still draußen. Die Tibeter halten ihre Schweigetage nach lärmvollen Festwochen, kein einziger zeigt sich mehr auf der Terrasse seines Hauses oder auf dem flachen Dach seiner Hütte, denn jeder fürchtet die Dämonen, die nach Ablauf des Festes im Tale umgehen. Auch die Ladaker, die mit uns das Gehöft bewohnen, wagen es nicht, sich unter freiem Himmel zu zeigen. Aber unsere Gebäude sind weitläufig und sicher, so daß sie im Hause furchtlos umhergehen. Das Dach und die

Mauern eines Hauses sind eben doch ein guter Schutz für die ängstliche Menschenseele — wo auch immer.

Eben brachte mir Jorsam, unsere tibetische Magd, ein kleines Kohlebecken auf das Zimmer. Einige Stückchen Holzkohle glimmen darauf, an denen ich von Zeit zu Zeit meine erstarrenden Hände wärme. Das Thermometer steht auf fünf Grad unter Null: das ist zwar keine absonderliche Kälte, vor allem dann nicht, wenn man auf eine sibirische gefaßt ist, aber wenn man sitzt und schreibt, friert es einen doch, besonders sobald der Wind geht. Unsere sechs eisernen Öfen — ein kostbares Geschenk von Captain Hay — erweisen sich im Augenblick als zu verschwenderisch im Gebrauch.

Besser aber noch als die Holzkohlen, die mir wie rote Augen aus dem Dunkel entgegenglimmen, durchwärmt mich eine Schale heißen Tees. Dir würde er bestimmt nicht schmekken, vielleicht würde Dir sogar übel davon, denn es ist echter tibetischer Buttertee, den Jorsam gebraut hat und mir in einer silbergetriebenen, dickbauchigen Teekanne mit einem Schälchen getrockneter Aprikosen — im Industal gewachsen — hierher stellte. Gewiß: es würde Dich schütteln, wenn Du mit dem ersten Schluck gleich eine Partie Yak- oder Ziegenhaare im Halse spürtest — ich hätte ihn Dir aber auch nicht ungefiltert zugemutet... Du meinst, er schmecke etwa wie die Brühe einer aufgekochten Schuhsohle? Weil ich das wissen möchte, füge ich diesem Brief einen Teeziegel bei — zehn Zentimeter lang, drei Zentimeter dick — wie man ihn hier erhandelt. Irgendwo im Reiche der Mitte wuchs einst dieses Kraut, wurde dort grob mit Stumpf und Stiel gepreßt, ehe es auf endlosen Karawanenwegen auf dem Rücken eines Yaks — via Lhasa — bis hierher kam. In einigen Monaten, wenn der Schnee schmilzt, wird er von hier aus weiterreisen: über Simla, Bombay oder Kalkutta um Afrika, damit er Dich schließlich in einem kleinen Winkel von Deutschland erfreue. Erfreue? das eben bleibt die Frage. Die Tibeter jedenfalls wollen keinen anderen Tee als diesen. Vielleicht entwickelst Du aber wider Erwarten auch tibetische Geschmacksnerven — wer weiß?

Darum sollst Du ihn brauen, wie ich es Dir jetzt sage. Also: beschaffe Dir ein schmales, hohes Fäßchen mit einem hölzernen Stampfer, nimm einen tüchtigen Brocken von Deinem Teeziegel, wirf ihn in Wasser — es kann auch Schneewasser sein — und koche alles viele Stunden lang. Wenn es Dir darüber recht heiß geworden ist, dann gieße den Sud in Dein Holzfäßchen, nimm ein Stück Butter — die älteste, ranzigste ist die beste! (Leider kann ich Dir kein Stück der beliebten fünfzig- bis hunderjährigen Ziegen- oder Yakbutter mitschicken!) Wirf also die Butter ins Faß, nimm, zusammen mit Nartron, eine kräftige Prise Salz (nein, keinen Zucker!), wirf beides in die Teebutter-Brühe, und nun rühre den hölzernen Stampfer, als wärest Du die erste Magd, die buttert. Viele Strophen singen hilft Dir über die Eintönigkeit dieses Geschäftes hinweg — ein langes, langes Lied aber muß es schon sein.

Wenn Du die Strophen ausgesungen hast, wirst Du erst einmal erschöpft ruhen müssen, dann aber raffe Dich auf, gieße das Schaumgebräu in einen Kupferkessel, koche noch einmal alles wallend auf und jetzt rufe Deine Freundinnen herbei, damit Du ihnen ein Liebesmahl reichst, wie sie noch keines bekamen. Die Aprikosen aus dem zweiten Säckchen lege auf die Teller als Konfekt, das werden sie gewiß nicht verschmähen: so köstliche Früchte wachsen nur zwischen Karakorum und Himalaya. Aber den Tee?! Ich fürchte, Ihr werdet ihn doch einer Männergesellschaft abtreten, deren gebeizte Kehlen den Geschmack besser zu würdigen wissen als die feinen Gaumen Deiner Freundinnen, die nur die blumigen Aufgußtees aus Indien kennen. Ach, könntest Du nur einmal sehen, mit welchem Behagen Jorsam ihren Teenapf leert, sie schnalzt dazu mit der Zunge, und ihre roten Lippen glänzen von dem heißen Fett, genießerisch stöhnt sie: »Fett! Gabe der Reichen!«

Bis vor wenigen Wochen bekochte sie uns ausschließlich, jetzt ist eine wichtige Änderung eingetreten: unser Senior hat das schwere Amt am Herde übernommen, da auch er herausfand, daß die ladakische Kost sich nachteilig auf den Organismus auswirkte. Doch unter unserer Aufsicht hält sie wenigstens das Haus rein. Das war und ist kein leichtes Stück Arbeit, diese urwüchsige Tibeterin zu europäischen Gebräuchen und Sauberkeitsbegriffen zu erziehen. Jetzt weiß sie schon, daß Zunge und Hände keine Wischtücher sind, und wir können uns darauf verlassen, daß ihre Wollröcke nicht auch einmal zum Trocknen benutzt werden. Aber glaubst Du, sie würde sich einmal aufraffen und ihres Mannes Rock flicken, aus dem sein Ellenbogen nackt herausragt? Seit ich den Lobsang Chospel kenne, kein Gedanke! Eines Tages wird er an seinem Leibe verfallen, wie es eben das Schicksal von Kleidern ist, am Leibe zu verfallen. Nähen und flicken? Bei den Drei Kostbaren! Das wäre vertane Zeit. Und so schiebt sich denn unsere schöne Jorsam wie ein korallen- und türkisenbehangener prächtiger *Tschorten* feierlich durch die Pflichten des Tages, daß es mir ungeduldigem Europäer schon manchmal — ich gestehe es reuig ein — wie eine gesunde Belebung erschien, wenn Lhasgyab, ihr Stiefsohn, sie ab und an durch einen Jungenstreich aus der Ruhe der ›Urmutter‹ aufscheuchte. Dabei erschrak ich auch wieder, welch bebender Leidenschaft diese Frau fähig ist; wie ein ruhender Panther erwacht sie dann aus ihrer dumpfen asiatischen Schwere. Solche Verfinsterungen ihres eigentlich heiteren Gemütes brechen so schnell und plötzlich über sie herein wie ein Himalaya-Unwetter, auch genauso heftig. Gewiß ist daran die oft unverständliche Duldsamkeit ihres Gatten Chospel schuld, der jetzt schon seinen Sohn (aus einer anderen Verbindung) als einen hochzuverehrenden Heiligen sehen möchte. Gewiß hätte es Jorsam lieber, wenn Chospel sie mit dem zarten Kosenamen *Mig-bras*, Augapfel, bedenken würde, aber Chospel tut ihr den Gefallen nicht, sein ›Augapfel‹ ist eben der schmutzige kleine Lhasgyab mit dem zottigen Ziegenpelz und dem trotzigen Blick. Ihre kleinen Familienfehden enden jedoch immer bald wieder mit Vergeben und Vergessen, und schon manchmal heftete der schweigsame Chospel zur Versöhnung einen neuen Türkisen an den breiten Perag seiner Eheliebsten, die er genauso eifersüchtig bewacht wie unser Hab und Gut. Den lahoulischen Frauen gegenüber verhält sie sich beinahe abweisend. Einer Nachbarin, die sich brüstete, ein tausendmal wertvolleres Silberkrönchen auf dem Scheitel zu tragen (vierzig bis fünfzig Rupien habe es gekostet), begegnete sie zuerst mit verächtlichem Schweigen, denn Jorsam dünkt sich durch das Schlangensymbol auf Kopf und Rücken schön wie eine Nixe aus dem Zwischenreich; sie hat es nicht nötig, sich gegenüber einer Lahoulerin zu verteidigen, selbst wenn die Kronen dieser Frauen — der Neid muß es ihnen lassen — sehr schön sind. Als die Nachbarin aber weiter stichelte, zog Jorsam ihre scharfgezeichneten Augenbrauen in die Höhe, legte den Kopf mit den Gehängen würdevoll zurück und senkte die Lider: »Von einer Krähe läßt Jorsam sich ihr Frühstück nicht rauben«, sagte sie von oben herab und ließ die Nachbarin stehen. »Schlange aus dem Industal!« zischte diese und verschwand. Jorsam ist sich des Wertes bewußt, das einzige weibliche Wesen im Gehöft zu sein. Uns drei — Jäschke, Pagell und mich — nennt sie, den frattogamistischen Ehebräuchen Tibets zufolge, den ›großen‹, den ›mittleren‹ und den ›kleinen Vater‹ — heiratet hier der älteste Sohn, so ist dessen Gattin zugleich auch aller anderen Brüder Frau, der Vater solcher Kinder ist ›incertus‹, und so hilft man sich hier mit der Bezeichnung der feststehenden Alters-Abstufungen. Wir lassen uns Jorsams vertrauensvolles ›Vater‹ nicht ungern gefallen; wenn sie den ›Drei Vätern‹ nur irgend etwas Gutes erweisen kann, so tut sie es. Auch ist Pagell sehr erbaut über Jorsams vorzügliche klare Aussprache. Sie und Lobsang Chospel sind sozusagen seine erste Gemeinde. Er erprobt an beider Aufnahmefähigkeit den Grad seiner rednerischen Gewandtheit und seines wachsenden Ausdrucksvermögens. Oft sitzen sie ihm — ganz buchstäblich — zu Füßen und lauschen seinen Worten, dabei schlägt Jorsam wohl ihre Armreifen aus Muscheln zusammen als Zeichen ihres Beifalles zu den Taten unseres Herrn. Du darfst hieraus jedoch keine falschen Schlüsse ziehen: beide sind fromme und eifrige Buddhisten, und wir denken gar nicht daran, unsere tibetischen Hausgenossen mit unseren Lehren zu bedrängen, sie ihnen aufzunötigen oder sie durch die natürliche Abhängigkeit, in der sie jetzt zu uns stehen, zu etwas zu übertölpeln, was sie nicht in seiner ganzen Tiefe erfaßt haben. Wenn Keime guter Samen aufgehen... das soll uns freuen. Die Chospel-Familie ist sehr davon angetan, daß mit ihnen unter einem Dach ein ehemaliger Mönch des berühmten Hemistklosters als ihr — und unser — Hausgenosse lebt.

An ihn wenden sie sich als einen Heiligen, ihm erweisen sie auch den Lamagruß: *Tschag tsallo*, ich bete dich an. Joldan, sein Sohn, ist von seiner Seite nicht fortzudenken. — Genug für heute von Jorsam und Sodnam, genug auch vom Tee. Ich schließe den silbernen Deckel meiner kleinen Porzellanschale, die auf silbernem Lotosfuß steht, ich schließe auch dieses kleine seltsame Liebesmahl mit Dir, Maximiliane, und wundere mich, daß der Tee — der aus Osten kam — doch immer eine Rolle spielt, sobald zwei sich zum Gespräch zusammensetzen. Nur noch eine Kohle leuchtet rot aus dem Dunkel des kahlen Zimmers. Jetzt werde ich mir eine Laterne anzünden und die Nachtrunde durch das ganze, tiefverschneite Gehöft machen. Bleibe mir noch ein wenig nahe, meine Freundin! Bei Euch drüben scheint jetzt wohl die Sonne, hier geistert ein kühler, fremder Mond über die Schneefelder...   Dein Wilhelm

Plötzlich stand er auf, ergriff die Blätter, und eine starke Flamme rauschte auf im Rohr. Die Worte, die Gedanken der Vergangenheit erstarben in Glut und Asche. Nie und zu keiner Zeit war Maximiliane die Vertraute seines Herzens gewesen, nie hatte sie ihm den Brief geschrieben — oder schreiben können —, auf den er so sehr wartete. Adolfine Elisabeth Weiz, längst lebte sie verheiratet auf einem entlegenen Fleck Erde zwischen Hudson Bay und Atlantischem Ozean und ahnte nicht, daß ein Einsiedler vom Himalaya herab um sie angehalten hatte.

Seine Gedanken aber gingen zu ihr, die zu ihm gekommen war in dem blinden Glauben, den er selbst der unbekannten Braut nicht mehr entgegenzubringen gewagt hatte. Versunken und abgetan war das Alte, ein Neues begann.

Die Sonne stand hoch am Himmel, da erst wurde Maria wach. Der Tiefschlaf der Erschöpfung, der sie mit kurzen Unterbrechungen zwei Tage und zwei Nächte lang gefangen gehalten hatte, fiel von ihr ab wie die spröde, trockene Hülle um junges Buchenlaub.

DIE STUNDE DES VERTRAUENS

Zum ersten Mal, daß Maria den Fuß über die Schwelle ihrer Wohnung setzte. Aus einer gewissen Scheu und Schonung heraus hatte Wilhelm sie an dem Tage ihres Kommens, an dem so viel auf sie eingestürmt war, nur daran vorbeigeführt. Jetzt öffnete er ihr selbst das gemeinsame Reich, das sie in wenigen Tagen für immer mit ihm teilen würde.

Betroffen blieb sie unter dem Rahmen der Tür stehen, die sich hinter ihnen geschlossen hatte. Beinahe leer der große Raum wie die meisten — eigentlich alle die zwölf großen und kleinen Zimmer und Gelasse vom Keller bis zum Dachgeschoß. Von mönchischer Einfachheit Wilhelms Arbeitsklause: ein Stehpult am Fenster, ein Tisch in der Mitte, ein Stuhl davor, ein Hocker daneben, an der Wand ein rohgezimmertes Bücherregal. Doch der Raum war von so wohltuenden Maßen, daß die Leere eine gewisse Noblesse ungewollt und sehr angenehm unterstrich. Die Kargheit dieses peinlich-sauberen Zimmers aber hielt dem Blick stand, der sich überwältigend vor dem Fenster bot. Ein großes hohes Fenster nach Süden! Weit stand es offen und ließ das Sonnenlicht einströmen, das über die gewaltige siebengezahnte Felszackenlinie im Südosten herabflutete.

Da standen sie alle, die Berge, in den einfachen Rahmen des Fensters gefügt — abgegrenzt durch die dunklen Holzkanten noch bedeutend klarer als draußen, wo sich das Auge von den vielfältigen Eindrücken und Ausblicken immer wieder ablenken ließ: jetzt hatte man sie in einem einzigen, zusammengefaßten Blick vor sich, der ergriff, ja erschütterte. »Heilige Berge —!« sagte Wilhelm, »wohin man blickt.« Und er führte sie in die sonnige Helle ans Fenster. Dann deutete er auf die Gruppe mit den sieben Zacken und nannte sie ›Sanggyas rabs dem‹, er wies auf die vielen, meist namenlosen Berge mit ihren silbernen Spitzen, Kämmen und Kronen, bis er den schönsten und größten, der sich ganz von selbst heraushob, ihr wieder mit Namen vorstellte: *Dril-bu-ri*, der Glockenberg! Sein gewaltiges, schimmerndes Felsenhorn glänzte hell in der Sonne, und schroff fiel er zum Tale ab, wie fast alle Gipfel dieses Gebirgszuges — er stand da wie ein Monarch unter ebenbürtigen Fürsten.

Wilhelm erzählte, daß diesen Berg eine besondere Legende umwehe, die ihn in den Augen von Lamas und Laien heiliger mache als alle Berge weit und breit; er sei das Ziel der Wallfahrer. Und er erzählte von Pilgern, die den Paß alljährlich in einer Höhe von 6000 Metern übersteigen und den weglosen Berg zu Fuß bezwingen, um dann zur Pagode des Dreiweltenherrn im dritten der Drei Täler von Ralsum zu pilgern. Er erzählte von den Hirten von Barangbal — einem selten besuchten, völlig abgeschlossenen Hochtal —, die auf dem gleichen Pilgerpfad ihre Herden von zahllosen Schafen und Ziegen über halsbrecherische Klüfte auf die höchsten Triften des Lahoultales führen, wo sie gegen ein geringes Entgelt den ganzen Sommer hindurch das kurze, kräftige Gras bis zur Schneegrenze hinauf abweiden. Mehr als er wollte, sprach er von Hirten und Heiligen, von sechsarmigen Göttern und giftigen Schlangen, von Dämonen alter Legenden, von mythischen Milchseen und dämmrigen Felsengrotten, die, lamaistischen Gottheiten geweiht, noch jedem Pilger ein Schauern abnötigen, besonders die der *Dorje Phagmo*, was ›Donnerkeil-Sau‹ bedeute.

Von dem hochaufstrebenden Berg im Osten aber sprach er wie von einem Freund, der ihm selbst nahe gekommen war: *Nyima Pet*! Und er wies ihr ungefähr die Stelle in der Höhe, an der er jeden Sommer sein Zelt für einige Monate aufgeschlagen hatte und es auch in Zukunft tun würde, um den Wasserlauf für die Felder des Gehöftes von den Gletschern herabzuleiten. Er sprach von blutigen Tieropfern, von Lämmergeiern, von Orchideen und Lilienfeldern. Mehr als er wollte, sprach er von allem, und Maria gewann neue Vorstellungen von den öden Bezirken, aus denen ihr bisher nur Schnee, Eis und nacktes Gestein entgegenstarrte. Trotzdem geschah es immer wieder, daß ihr Blick von der Höhe herab in das Tal glitt, ins Tal zu den Menschen, die hier ihre bescheidenen, kleinen dürftigen Hütten wie Nester unter den Schutz der Berge gestellt hatten. Immer wieder suchte sie auch die wenigen Bäume, unter denen der Wacholder, stattlich und breitästig, den Eingang zum Dorfe ›Menschennest‹ flankierte wie ein alter, ehrwürdiger Wachturm.

Die Krone des Wacholderbaumes bog sich im scharfen Höhenwinde hin und her. Auch Wilhelm verfolgte das Spiel des Windes mit dem Geäst, und er dachte daran, daß die Bauern von Kyelang dem Dämon, der in dem Baume wohnt, willig noch bis vor wenigen Jahren Menschenopfer darbrachten und das es jetzt noch Männer und Frauen gab, die von jenen Zeiten redeten als von der guten alten Ordnung, die über kurz oder lang doch wiederkommen müßte.

Während sie so still den eigenen Gedanken nachhängend nebeneinander standen, erklang plötzlich ein leises Scharren an der Tür, wie wenn ein Hund Tatze und Fell daran scheuert. Unwillkürlich schrak Maria zusammen, denn hinter diesen Wänden und Türen lauerten Geheimnisse die Fülle, die einem Uneingeweihten wohl den Atem stocken lassen konnten. Doch Wilhelm schickte nur ein paar unverständliche Silben in die Luft, und schon öffnete sich langsam die Tür, ohne daß sich jedoch jemand zeigte. Beruhigend erklärte er: »Kein Tibeter wird an unsere Türen klopfen, sie kratzen nur leise an den Holzpfosten und treten erst ein, wenn man sie ruft — Jorsam steht draußen: wir werden sie hereinholen.«

Eine barbarische Schönheit trat aus dem Dunkel des Ganges auf Maria zu: schwarze funkelnde Augen schossen aus schmal geschlitzten Lidern Blicke wie kleine Blitze: wache Neugier, scheue Verschämtheit und zupackendes Besitzergreifen — alles miteinander war darin. Schweigend stand sie da, schweigend und lachend, die Tochter aus dem fernen Industal, dann setzte sie zu einer Höflichkeitsrede an, die sich auf Maria bezog — gurrende Laute wie das Geturtel einer Taube, und mehr verstand Maria auch nicht. Wilhelm belobigte die Aufmerksamkeit, mit der sie ihnen aufwartete, denn Jorsams Hände waren nicht leer: in der Rechten hielt sie eine dickbauchige Silberkanne mit heißem Tee, in der Linken eine Kupferschale mit getrockneten Aprikosen. Beides setzte sie geschäftig auf ein niederes Tischchen, buntgelackt, das sie zusammen mit zwei Kissen hereintrug. Zwei henkellose Tassen brachte Wilhelm, die er auf einen silbergetriebenen Fuß setzte und dann einen ebenso zierlich gearbeiteten Silberdeckel darauf legte. »Das Mahl wäre da!« sagte er zu Maria, die immer noch in den Anblick der schönen Tibeterin versunken war: in dunkelroter Wolle, mit Fellen behangen, eine wuchtige, schwere Gestalt, darüber ein bronzebraunes, fettgesalbtes Gesicht mit breitem lachendem Mund, der eigens gemacht schien, die weiße Zahnperlenreihe zu rahmen. Wie zwei riesige Halbmonde standen die mit Otterfell verbrämten Ohrenklappen um den Kopf, silberne Ohrenreife lugten daraus hervor, während die Stirn ein ledernes, fast bis auf die Nasenwurzel stoßendes spitzes Dreieck zierte. Als breites Band lief es weiter über Kopf und Rücken und endete in einem Wollzopf mit einer dicken Troddel, die bis zum Boden reichte. Türkise und Korallen reihten sich dicht auf dem ledernen Schlangensymbol, mit dem jede Ladakerin schön zu sein begehrt wie eine Schlange aus dem Reiche der Wasserwesen. Aber auch ohne diesen Prunk wäre Jorsam schön gewesen — auf ihre Art. Sekundenlang währte dieses gegenseitige In-sich-Aufnehmen: Jorsams Blicke saugten sich förmlich fest an der weißen Frau aus dem fremden Land, deren Menschsein von allen hier angezweifelt wurde: »Wesenheiten sind sie, nicht Weiber und Mädchen wie wir...«, so tuschelte es überall in den Hütten, und Jorsam war geneigt, den Lahoulerinnen mehr zu glauben als den weißen Männern, den Sahibs. Haar, Hände, Gesicht berühren — das zuckte ihr in den Fingern und der Sahib erriet es. Ein freundlich-bestimmtes Gurren seinerseits, und Jorsam zog sich grüßend zurück, wobei sie die Hände erhob und die Korallen- und Muschelgehänge an den Gelenken klirrend zusammenschlug: »Dscho-Dscho!« sagte sie und es war eine Ergebenheitsbezeigung für die Wesenheit der ›Herrin‹.

Mit einer einladenden Handbewegung forderte Wilhelm

Maria auf, das althergebrachte Liebesmahl der Moraven, auf tibetisch abgewandelt und ohne Gesang oder Wort, mit ihm zu begehen. Er holte ein kleines Kohlenbecken herbei, damit sie ihre erstarrenden Hände wärmen konnte, dann legte er seine Pfeife beiseite und fragte sie unvermittelt: »Woran denkst du?« Noch jedesmal erschrak sie, wenn seine dunklen Augen voll und ernst und sehr eindringlich sie suchten oder auf ihr ruhten. Sie waren eigenartig, diese Augen. Etwas Überzeugendes, Verhalten-Feuriges ging von ihnen aus und teilte sich sogleich jedem mit. Maria vermochte nicht sofort zu antworten, denn alles Sorgen und Bangen der vergangenen Monate kam ihr wieder, wobei sie auch eine plötzliche Beschämung ergriff — immer näher sah sie den Augenblick kommen, in dem sie klarlegen mußte, was sie ihm am liebsten verschwiegen hätte: das Eingeständnis ihrer Schwäche.

»Ich denke daran«, begann sie zögernd, »daß ich mich gefürchtet habe — ganz besonders vor dir, deinem Äußeren, deinem Wesen, aber auch vor aller Unbequemlichkeit und Beschwer dieses neuen Lebens . . .« und sie legte ihr freiwillig-unfreiwilliges Geständnis ab als etwas, das sie unumgänglich zur Sprache bringen mußte, ehe sie eines wurden.

Wilhelm hörte ihr zu, ohne sie zu unterbrechen, ohne sie anzusehen. Er blieb stumm, als sie ihn fragte, ob nicht auch er sich vor ihr gefürchtet habe, da er sie ja noch nie gesehen, noch gar nichts von ihr wissen konnte außer dem, was man ihm — vielleicht — offiziell von ihr berichtet hatte. Gern hätte sie auch nach ›jener‹ gefragt, die er doch eigentlich hier erwartete, doch sie wollte ihm nicht vorgreifen oder ihn bedrängen — irgendwie bangte sie auch darum, das Glück zu stören, das sie seit dem ersten Begegnen noch immer erfüllte. Wilhelms Schweigen verwirrte sie — vielleicht empfand sie allein diese Beglückung? Zweifelnd sah sie ihn an. Doch er hatte seine Pfeife beiseite gelegt — und schwieg. In dieses Schweigen hinein hätte sie ihm am liebsten ein Schwefelholz gereicht und ihm die Pfeife wieder zugeschoben, damit wenigstens ein Rauchschleier ihre offenen Worte einhüllen könnte. Doch es gab kein Schwefelholz und keine Verstecke; was blieb, war die unentrinnbare Klarheit, und so hörte sie wieder nur ihre eigene Stimme in dieser großen Stille: ».. . oft war ich erschrocken über mich selbst, daß so gar nichts Großes und Heroisches an mir ist, sondern daß ich nichts bin als ein zagendes, zweiflerisches Ding. Und so befragte ich das Los — aus Schwachheit und Angst befragte ich das Los, und es sagte ›Ja‹, bevor ich selbst Ja sagte.«

Sie hielt die Augen geradeaus gerichtet und blickte zum Fenster hinaus. Tapfer hatte sie gesagt, was sie um der Ehrlichkeit willen sagen mußte; so war ihr entgangen, daß Wilhelm ihr eine Porzellanschale mit Tee zugereicht hielt. Der Dampf stieg wie eine kleine, heitere Wolke auf, und dahinter erblickte sie nicht — wie sie erwartet — die streng fordernde Miene dessen, der von sich viel und deshalb von anderen nicht wenig erwartet. Nachdenklich und gütig umfing er sie mit seinen Augen, ein unaussprechliches Lächeln lag in ihnen. Wenn es möglich wäre zu sagen, daß Blicke streicheln können, dachte sie, so tun es die seinen, und das empfand sie als tröstlich. Dennoch hätte sie gewünscht, daß nun er von sich zu reden beginne, damit sie nicht so allein, so frei und offen sich vor ihm ausgebreitet sehe. Doch er sagte nichts. Nichts von schweren Anfängen, nichts von langen Wanderungen ohne Obdach, nichts von vergeblichen Anstrengungen, geschweige denn von Enttäuschungen seines Herzens — versunken schien alles in dem Ozean, der, tief, tief unter ihnen, im Süden und Osten die asiatische Küste umbrandet. Er lächelte und ließ seine Augen nicht von ihr ab, so daß sie verwirrt einen hastigen Schluck aus der Tasse nahm. Erstaunt und verwundert hörte sie dann seine Stimme mit einem ganz neuen Klang auf sich zukommen: »Meine Schwester!« sagte er leise, »meine kleine Schwester!« Und es grub sich ihr dieses Wort aus seinem Munde ins Herz mit einer noch nie verspürten Kraft. Schwester! Tausende von Malen und immerfort in der Gemeine der Brüder und Schwestern gebraucht, eine höfliche, ehrerbietige allgemeine Anrede, eine Verbindlichkeit — doch dieses ›Schwester‹ hatte damit nichts zu tun. Es rührte etwas zutiefst Verwandtes in ihr an.

In ihr Sinnen hinein drang Wilhelms Stimme jetzt ganz deutlich und sicher und ohne jenen schwingenden Unterton, der sie eben so unerwartet getroffen hatte. Gedämpft, aber klar hörte sie — voll Erstaunen — diese Worte: »Ich möchte dir gern etwas sein. Ich möchte immer in heiteren und trüben Stunden mit treuer, starker Liebe dir innig zur Seite stehen...!« Das waren Worte aus ihrem ersten Brief an ihn — ihre eigenen Worte aus seinem Munde! Dann deutete er auf den kärglich ausgestatteten Raum, und wieder kamen ihre eigenen Worte von seinen Lippen: »...es ist wohl wahr, daß meine frühere Lage — was das Äußere anbelangt — manche Bequemlichkeit und manchen Genuß bot, die ich nun nicht mehr haben werde. Aber du kannst ganz ruhig sein: ich bin nicht verwöhnt, habe mich auch schon in allerlei fügen müssen und will es immer mehr lernen. Die Äußerlichkeiten sind ja nur Nebensache, und das wahre Glück ist ganz gewiß davon nicht abhängig!«

Genauso — ganz wörtlich — hatte sie geschrieben, und so wiederholte er ihr Satz für Satz. Auch er hatte ihren ersten Brief an ihn wieder und wieder gelesen, bis er ihn auswendig wußte, wie sie den seinen. Das machte sie glücklicher, als wenn er ihr eine volltönende Liebeserklärung vorgetragen hätte, und so sprach sie dann selbst noch den Schluß, mit dem sie sich in Kalkutta so lange abgemüht hatte: »...wenn du mein Herz kenntest mit seinen ängstlichen, zweifelnden, oft widerstrebenden Gedanken, du würdest erschrecken, aber dieses Herz sollst du nun ganz kennenlernen... warum soll ich gleich am Anfang anders vor dir erscheinen wollen, als ich wirklich bin?« — Und dann sagte sie ihm ohne Zwang und ganz freiwillig — und es war wie ein Dammbruch — alles, was sie noch niemand gestanden hatte, seit sie die Eltern in Guayana verlassen mußte, sie sagte ihm ihre Nöte mit sich selbst, mit der Welt, mit den Menschen, die ihr darin begegneten und die darin fehlten, und keiner war Zeuge als die Berge, die noch jetzt mit dem sinkenden Licht der Sonne einen Glanz in das Fenster schickten.

Die letzte Holzkohle war am Verglühen, da hörte sie Wilhelm sagen: »Daß ich dich finden würde als etwas längst Vertrautes, als etwas, auf das man insgeheim in Stunden der Sehnsucht gewartet hat, das ist mehr, als ich wünschen konnte: das wird alles einfach, leicht und erträglich machen — alles! Laß das Sorgen sein.« Und plötzlich, wie wenn eine frische Brise aufspringt, war das Fragen, das Sagen und Klagen wie fortgeweht. Dann ging er und öffnete die Tür zu dem zweiten Raum ihres gemeinsamen Wohnbereiches: »... er wird in erster Linie dir, in zweiter uns beiden gehören.«

Es duftete auch hier nach Sauberkeit, die sich mit dem frischen Ruch von Wacholder- und Kiefernholz verband, der den ungebeizten, einfachen, selbst angefertigten Möbeln entstieg. Der Tisch war zu einem Schreibtisch hergerichtet, ein Wasserglas stand darauf mit einer gelben Rosenknospe, neben dem Glase lag ein auf eine Metallplatte in Öl gemaltes Frauenbildnis. Wilhelm deutete darauf und sage: »Ich möchte, daß du meine Mutter wenigstens auf diese Weise kennenlernst!« Seltsam genug — meinte Maria, daß man dazu so weit fort reisen mußte. Die zart gekerbelte Haube mit dem blauen Bande unter dem Kinn, das weiße Spitzentuch über dem schwarzen Seidenkleid, alles das kam ihr heimatlich vertraut und doch auch wieder unerreichbar fern vor. Fast wehmütig dachte sie daran —

wie fern! Als sie den Kopf mit den dunklen Augen, den klaren Linien und dem offenen Ausdruck betrachtete, bestätigte sie, daß sie den Namen ›Eleonore‹ zu recht führe. »Den Vater«, sagte Wilhelm, »kann ich dir weder auf Holz noch auf Metall gemalt zeigen — ein wenig hast du ihn auch vor dir.«

Während er sich an einer Schublade zu schaffen machte, ging Maria in *ihrem* Zimmer umher, wahrhaft überwältigend auch hier der Blick aus dem Fenster. Wandte sie sich dann wieder dem Inneren zu, so vermißte sie weder gewundene oder geschnörkelte Stuhl- und Tischbeine noch kostbar gelackte Holzflächen aus Mahagoni oder anderen Edelhölzern. Das sagte sie Wilhelm, worauf dieser ihr erklärte, daß Schugpa-Holz durchaus ein edles Holz sei. »Der Wacholder ist der ›heilige Baum‹ der Tibeter, die ihn Schugpa nennen. Er hat — wenn du ihn im Freien siehst, einige Ähnlichkeit mit der Kiefer und auch mit dem Lebensbaum. Sein Laub — denn Nadeln hat er nicht — sowie seine Beeren werden von den Lamas als Weihrauch bei ihren täglichen Opfern gebraucht; das Mehl, das der Holzwurm liefert, wird zusammen mit Beeren und Laub — als kultische Ware — von hier bis in das ferne osttibetische Reich ausgeführt!«

Alles erwies sich beim näheren Betrachten aus ›Schugpa‹-Holz: der Tisch, die beiden Stühle und eine einfache, lange und breite Eckbank, die zugleich eine zweigeteilte Bettstatt war. Jetzt sah sie aus, als solle sie ein Kanapee ersetzen, allerdings ohne schwellende Kissen und weiche Pfühle, ein spartanisches Kanapee, überdeckt mit einer prächtigen braun-weiß karierten Wolldecke, gewoben aus dem seidenweichen Vlies tibetischer Schafe, Ziegen und Yaks, geschmückt mit einer breiten, kirschroten Kante. Es war, als ob alle die einfachen Gegenstände aus Holz noch die klare Gebirgsluft ausströmten, als wäre noch ein Stück Sonne in ihnen, die sie hatte wachsen und gedeihen lassen. Noch niemand hatte zwischen diesen duftenden Planken geatmet, geseufzt, geweint oder geträumt — alles Menschsein: jeder Schmerz und jedes Lachen würde sich ihnen zum erstenmal mitteilen, ja, auch die wohl unausbleiblichen Schmerzen.

Ein kalter Luftzug, der durch das angelehnte Fenster drang, verscheuchte Wilhelms Gedanken und ließ Maria erschauern. Er schloß das Fenster und holte hinter dem buntbedruckten Kattunvorhang eines Holzgestelles, das den *Schrank* darstellte, einen Umhang aus braunem Bärenpelz hervor. Er legte ihn ihr um die Schulter und meinte, daß er gut sei — auch gegen die innere Kälte. Groß war ihre Freude, als sie unter einem Stück roher Seide ihre alte Kindertruhe aus Surinam wiederentdeckte, schon war sie hier eingezogen. Die bejahrte Begleiterin hatte vor ihr das Ziel erreicht und den ihr gebührenden Ehrenplatz unter dem Fenstersims eingenommen — sie winkte sie förmlich herbei, diese alte Vertraute der Kindheit, das Einzige, von dem sie sich noch nie hatte trennen müssen, seit sie die Eltern verließ. Unwillkürlich streichelte sie das Holz, das unter der Patina der Jahre nur noch einen schwachen Duft des einstigen Urwaldbaumes ausströmte; und doch hatte es lange so stark geatmet. Dunkel und tiefbraun sah es aus, wie die von der Sonne gegerbte Haut eines alten Waldläufers. Mit leisem Knarren sprang der Deckel auf und hervor kam der stelzbeinige Eskimo und Miss Affi, die Negerin; farbenstarke Urwaldketten schimmerten in ihren Händen. Die Brustfedern eines gelben Spottvogels, der einst mit seiner lustigen Sippe die Stimmen von Hühnern und Fröschen, von Affen und Aras täuschend ähnlich nachzuahmen verstand, riefen ihr einen tiefen, rollenden Ton ins Gedächtnis und unmittelbar auch auf die Lippen, so daß Wilhelm erstaunt und belustigt unwillkürlich hellauf lachen mußte. Sie war verdutzt, sah ihn an — zum ersten Male, daß sie den verschlossenen und ernsten Sahib lachen sah — und dann gab es noch vieles, über das sie gemeinsam lachten und sich freuten, bis sich wieder ein Schatten über sein Gesicht legte, als er von so manch brennendem, unerfüllt gebliebenem Wunsch zu reden begann.

Das Gespräch hat eine zeitaufhebende Kraft. Für eine Stunde war es, als wenn sie noch einmal zusammen durch das Reich seiner Kindheit wanderten. Als die letzten nachglühenden Strahlen der Sonne das Felsenhorn im Osten anleuchteten, als lodere dort oben eine Feuersbrunst, um dann langsam im Blau der Nacht zu verglimmen, da verlosch auch für die beiden im dämmrigen Zimmer noch einmal die Flamme, die Wilhelm vorzeitig aus Heimat und Elternhaus vertrieben hatte.

Und dann bekamen die Berge draußen einen schwarzblauen Schatten, und deutlicher hörte man das Rauschen und Brausen des wilden Bhaga-Stromes, der nicht weit vom Hause einen Wasserfall bildete, und darüber wurde ihnen beiden das Rollen und Holpern des großen Planwagens gegenwärtig, den ein schweres Pferdegespann über die schlesischen Straßen zog, ganz oben auf den hochgetürmten Ballen ›Lim‹, der Knabe, der den Abschiedsschmerz hinunterwürgte mit trotzig-verschlossener Miene. Und plötzlich erkannte Maria in ihrem so sicheren, überlegenen Gegenüber den kleinen schwarzgelockten Auswanderer von damals, der — wie ein fahrender Zigeuner — den fieberhaften Wunsch nach einer Geige mit sich herumtrug, an deren Stelle ihm das Schicksal dann eine eiserne Klempnerschere in die noch unfertigen Kinderhände legte. (»Das war ...«, rechnete sie nach, »in dem gleichen Jahre, als ich in Surinam geboren wurde.«)

Aufmerksamer betrachtete sie von diesem Augenblick an das Wechselspiel der feinnervigen, sehnigen Hände, die dann noch andere Dinge als schwere Blechscheren gehalten hatten: Bücher, vor allem Bücher, dann ärztliche Instrumente, Pinsel und Federn aller Feinheitsgrade, jetzt aber, seit mehr als zwei Jahren, alles und jedes Instrument und

Handwerkszeug, das man benötigt, in dieser Weltentlegenheit ein Haus zu erstellen. Wasserwaage und Senkblei für den Bau der Gletscherleitung vom Nyima Pet herab bis auf die Felder, die sich wie erstaunliche Pflanzengärten 2000 Fuß hoch über dem Gehöft erhoben, das waren wohl die letzten Werkzeuge, die seine Hände not-wendend für ein Leben hier im regenarmen Lande ergriffen hatten. Je mehr sie jetzt und in diesen Tagen von den so vielfältigen Werken dieser Hände zu sehen bekam, desto mehr wuchs ihre Achtung vor ihnen — glückliche Hände, unter denen alles heil wurde. Einer solchen Hand konnte man sich wohl anvertrauen.

Nur eines begann sie zu beunruhigen: seine Stärke. »Bist du nie schwach gewesen? Hast du nie gezweifelt?« Ihre Worte klangen traurig und kleinlaut, besonders im Gedenken an ihre eigene Verzagtheit. (»Lüge wäre es, wenn ich nicht zugäbe: ich hatte Angst!«) Doch anstelle von Worten reichte ihr Wilhelm ein fest gebündeltes Päckchen aus seiner Lade. Dann nahm er die Rosenknospe aus dem Wasserglase: »Nimm sie als ein Zeichen des Vertrauens, wenn du vielleicht — früher oder später — in den Blättern lesen wirst, die ich dir ›um der Ehrlichkeit willen‹ geben muß; nimm die Knospe als Sinnbild, unter dem Menschen manchmal zueinander sprechen: sub rosa.«

Für die beiden war die Zeit stehengeblieben. Nur die langsam herabbrennende Kerze, die das Dämmer erhellte, erinnerte sie schließlich an das Verrinnen des Augenblicks. Als Maria ihm ihre Hand zum Abschied gab, erschrak er auf Sekundendauer über die feingliedrige, schmale Frauenhand ohne Arbeitsschwiele, ohne Riß und ohne Rötung. (Wie wird sie bestehen!) Doch das Licht aus ihren Augen verscheuchte wieder Bedenken und Befürchtungen. Und er steckte an diese Hand einen schmalen Goldring mit sechzehn kleinen Türkisen. »Jeder Stein«, sagte er leise, »be deutet ein Wort, die Worte aber lauten: Setze mich wie ein Siegel auf dein Herz, denn die Liebe ist stark wie der Tod.«

SONNENLOSER TAG

Ein beklemmender Tag. Schwermütige schwarze Wolken zogen schleppend nach Norden, blieben an den Felsenzakken hängen wie verirrte Weidetiere, die sich allmählich wieder zu einer Herde versammeln. Sie überzogen schließlich das Tal mit einer grauen Schicht, aus der hin und wieder die Schneeberge herausragten — Türme oder Masten mit weißen Segeln, die auf bewegtem Meer treiben, ehe das Unwetter losbricht.

Im Hause der Bräute war es still und dunkel. Eine lähmende Leere. Wilhelm war zu einem Kranken gerufen worden in einem Nachbardorf, fern in den Bergen. — Noch keine Pferde! Alle die beschwerlichen Wege mußten zu Fuß gemacht werden. Unmöglich, daß er vor Einbruch der Nacht zurück sein konnte! — Maria stand am Fenster und blickte in die veränderte Welt. Diese unheilschwangere Bedrohung, dieses falbe Licht von den Gletschern! Bräche er nur bald los, der Sturm, der dort oben lauerte. (› — ich werde das Haus nicht verlassen. Wenn das Unwetter tobt, dann werde ich meinen Kopf nicht in das Kissen ducken, sondern hier stehen — ich hätte ihn begleiten sollen und müssen. Und ich begleite ihn, auch wenn meine Füße diesen Raum nicht verlassen!‹)

Das dämmernde Licht wich gegen Mittag. Da löste Maria das Band von Wilhelms Päckchen, und ihr fiel eine Handvoll loser Blätter in den Schoß, beschrieben mit der ihr nun wohlbekannten, zierlichen Männerhandschrift. Und während sich draußen der Wind aufmachte, wurde sie in Bann geschlagen von seinen Worten aus einer Zeit, in der sie für ihn noch mit keinem Gedanken existierte.

10. Januar 1858

Uns sind die Lieder hier buchstäblich vergangen. Von Tag zu Tag rosten unsere Stimmen mehr ein, will mir scheinen, und so recht aus vollem Herzen haben wir schon lange nicht mehr — wie wir es sonst gern taten — gesungen, und nicht nur, weil die dünne Höhenluft das Atmen zu Zeiten schwer macht. Unsere Seele ist beschwert, das ist es.

Eine Frau, mit Pelzen wild behangen, fiel heute vor mir nieder, sie umfaßte meine Knie und schrie: Hilf mir, Sahib, Hilf! Weinend und wimmernd hielt sie sich an mir fest, als wäre ich der einzige Mensch, der ihrem haltlosen Dasein Stütze bieten könnte. Ich nahm sie mitsamt dem starrenden Dreck ins Haus und wies sie in den Raum, in dem schon einer mit einer Brandwunde, ein anderer mit geschwollener Backe, ein dritter mit einem vor Schmerz gekrümmten Rücken am Boden wartend hockte, daß ihm geholfen würde. Seit Ende des vorigen Sommers haben sie erfahren, daß wir helfen und heilen können, daß wir nicht die bösen Kräfte fördern, sondern — in ihrer Sprache ausgedrückt — wenn schon mit Geistern, so doch mit guten im Bunde stehen. Das wissen sie seit der großen Ruhr, und ihr Zutrauen hat sich seither, was das anbelangt, noch verstärkt. Die Lama-Ärzte beobachten mit wachsendem Argwohn die Behandlung ihrer ›Gabenspender‹ hier im Gehöft, die ausschließlich mir als Arbeitsgebiet übertragen wurde. Sie nennen mich daher auch ›Lhardsche‹, Arzt und Wundermann. Die Zauber-Lamas von ganz ›Lho-youl‹ sind beunruhigt, daß meine europäischen Mittel und Heilmethoden besser anschlagen als magische Sprüche und Zauberformeln oder die Verabfolgung so absonderlicher Mittel wie ihre Pillen, die papierene Schreckworte enthalten. Sie mißtrauen meinen Instrumenten, wenngleich niemand leugnen kann, daß ein schneller, geschickter Eingriff zu besseren Zielen führt als Bannung und finstere Machenschaften. Zahnarzt war hier und in allen tibetischen Himalayaländern bisher nur der verachtete *Garra*, der Schmied; er ist der einzige, der über ein stumpfes, zangenähnliches Werkzeug verfügt, mit dem er dem vom Zahnschmerz Geplagten eine barbarische Hilfe angedeihen läßt. Manchmal erwischt er den richtigen Zahn, öfter nimmt er auch großzügig an Stelle des schmerzenden einen oder einige gesunde Nachbarn, manchmal kracht dabei der Kiefer des am Boden Stöhnenden, der furchtbare Qualen leidet und immer von mehreren Männern festgehalten werden muß. Das Schröpfen und Brennen mit heißen Eisen ist grausam und martervoll, besonders wenn hochempfindliche Körperteile, wie etwa das Augenlid damit behandelt werden. Doch ich denke nicht daran, mich über sie zu erheben oder gar lustig zu machen. Sicher bewahren die Lama-Ärzte uralte Erfahrungen der Menschheit, die uns vielleicht nicht mehr zugänglich sind; vermischt mit dem dunklen Kult des Lamaismus jedoch ist das Gute unter dem Abträglichen nur schwer zu erkennen. Und was die Absonderlichkeit von Heilmitteln angeht, so habe ich auch nicht vergessen, daß vor noch nicht allzulanger Zeit im chritslichen Abendland Arzneien vertrieben wurden wie Schlangenhaut und Krebsaugen, Bärenschmalz und Storchenfett, Regenwürmer und Pülverchen aus menschlicher Hirnschale — besonders begehrt, wenn sie von Verbrechern oder Ketzern stammten. Bedenkt man, daß der Scharfrichter einst ein gesuchter Mann war, dem man das Blut von Hingerichteten als wirksamstes Mittel gegen Fallsucht und ähnliches ablistete, dann wird man vorsichtiger mit dem Naserümpfen über die hier noch geübten Praktiken der Lama-Ärzte, die ganz ähnliche Mittel verwenden: Hundeleber — gut gegen Aussatz, Hundehirn — gut gegen Starblindheit. Ich wollte, ich hätte ein Augenbesteck nach Jüngken, um den Blinden, die man so häufig in Ladak trifft, zu helfen. Die Ladaker hatten früher selbst geschickte Staroperateure, doch haben sie ihre Kunst nicht vererbt, und so starren diese armen Kranken in die ewige Nacht ihrer Blindheit. Bei aller Vorsicht in meinem Urteil über die Heilkunde der Lamas, die ihre Künste in Lhasa erlernen (zwar sind nicht alle Lamas, die als Ärzte auftreten, auch wirkliche ›Lhardsches‹, denn eine Krankheit ist hier ja zuvörderst der Beweis, daß ein Dämon am Werke ist, den man durch Bannung, Zauber und radikale Gegenmittel der Finsternis vertreiben muß, was jeder Lama kann); bei aller Zurückhaltung beharre ich aber strikt bei meinem unerschütterlichen Vorsatz: wer vom Lama-Arzt behandelt sein will, soll zu ihm gehen, wer von mir geheilt sein will, soll zu mir kommen, beides zu gleicher Zeit geht nicht. Das wollen sie nicht begreifen, und so kam es schon zu harter Zurückweisung: sie müssen aber von vornherein wissen, daß es mir ernstlich um ihre Heilung zu tun ist, daß ich sie nicht durch abergläubische Manipulationen oder auch nur durch eine Doppelbehandlung zunichte machen lasse; hier wäre ›christliche Duldung‹ fehl am Platze, hier gibt es nur ein Entweder-Oder, alles andere ist Quacksalberei.

Aber sie kommen gern ins Gehöft mit ihren Knochenbrüchen und Fleischwunden (Verletzungen aus dem Umgang mit Yak, Rind oder raufendem Nachbar), sie kommen mit entzündeten Augen und eiternden Geschwüren, verborgenen ernsthafteren Gebrechen und offenen harmlosen Leiden, sie lassen sich Zähne flicken und ziehen und die häufigen Brandwunden auf der Brust heilen, die von den kleinen Öfchen herrühren, die sie jetzt immer bei sich tragen; sehr oft schieben sie diese noch viel zu heiß an ihren Platz auf die Brust. Venerische Krankheiten, die in Ladak zum Entsetzen verbreitet sind, haben auch hier Eingang gefunden. Erkältungskrankheiten hingegen kommen in diesen Höhen selten vor, höchstens Erfrierungen; auch Zivilisationskrankheiten, Schwindsucht oder Lungenseuche und Blutarmut fehlen hier völlig. So gleicht denn meine Praxis alles in allem etwa der eines europäischen Landarztes, der sich unversehens unter Tibeter versetzt sieht. Daß sie mich nach der Behandlung meist noch um eine Gabe Tabak oder Lebensmittel angehen — als Dank dafür, daß sie die Freundlichkeit hatten, dem Sahib ihre kostbare Zeit zur Verfügung zu stellen —, entspricht ganz der eigenen Wertschätzung und den buddhistisch-lamaistischen Vorstellungen, daß empfangenes Wohl die notwendige Folge von guten Taten aus früheren Daseinsstufen sei. Besonders gern kommen sie auch, weil ihnen der Sahib selbstverständlich kein Geld für die Behandlung abfordert, wie es der Lama tut; er gönnt ihm denn auch gern das Krüglein Milch, das Quentlein Fett, die Unze Mehl aus seiner Vorratskammer — »bei den Drei Kostbaren: der weiße Mann ist eine ganz nützliche Sache!« Jetzt kommen sie besonders unbekümmert ins Haus, da sich gerade auf mehrere Monate hinaus die Roten Mönche — wie alle Lamas des Tales — auf ihre Felsenburgen der Beschau zu Gebet und Beschwörung zurückgezogen haben. Erst später finden sie wieder aus ihren Höhen herab ins Tal, in die engen Hütten zu ihren Familien.

Oft habe ich mir schon eine helfende Hand neben mich ins Krankenzimmer gewünscht, eine behutsame Frauenhand und ein unerschrockenes Herz, das vor Dreck, Ungeziefer und Gestank nicht zurückschreckt, aber das ist gewiß zuviel ersehnt. Der Umgang mit kranken Frauen bleibt ein Sonderkapitel. So war denn auch der Kummer der Lagsom, die ich mit mir ins Haus nahm, mehr seelischer als körperlicher Art, sie jammerte entsetzlich, weil ihr Mann, der Tsering, nur noch Augen habe für eine junge Nachbarin, der sie es nicht mehr gleichtun könne; dabei blickte sie kummervoll auf ihre welken Hände mit den korallenen Armspangen. Sie starrten vor Schmutz, und die Falten in ihrem alternden Gesicht waren erdfarbene Runsen, die das Weh nur noch tiefer grub. Als sie sich ausgesprochen hatte, fuhr sie plötzlich in ihrem urwüchsigen Naturell auf mein Medizinschränkchen zu und flüsterte mit hexenhaft funkelnden Augen: »Schönheitsbalsam, Sahib, Schönheitsbalsam!« Ich schüttelte verneinend den Kopf, gab ihr nur ein Stück Seife, selbstgesiedete, kostbare Seife und demonstrierte ihr an ihren eigenen Händen den Gebrauch. Sie begann dabei ein derartiges Lach- und Kichermanöver, daß es unmöglich war, sie ernsthaft zu belehren. Ich ließ es denn auch bald sein: Wasser und Seife werden nie Freunde der Bodpas werden. Aber Lagsom hatte sich schon durch ihr Lachen und ihren wiedergewonnenen Übermut verschönt und ging getröstet von dannen.

Bei dem sehr nahen Umgang mit den Tibetern meiner Krankenstube machte ich bereits manche sonderbare Entdeckung, nämlich daß die Wohlhabenden tatsächlich so etwas wie ein Hemd auf dem Leibe tragen. »Du hast ja ein Untergewand?« fragte ich den ›König‹ von Gondola erstaunt. Der warf den Kopf stolz zurück: »Nicht umsonst nennt man mich ja auch einen ›Gnädigen Herrn‹!« So trägt also schätzungsweise jeder vornehme Tibeter seinen ›Drilen‹, das heißt ›Schmutz- und Geruchfänger‹ auf der Haut, er ist denn auch — trotz aller Vornehmheit — danach. Viel Seltsames gibt es hier, Anziehendes und Abstoßendes, Unerforschtes und Rätselhaftes, das in die sublimen Gefilde des Metaphysischen hinüberzielt oder auch im derb Volkstümlichen jenseits aller mystischen Wege und Irrwege sich uns zeigt.

Der Paljor hatte sich beim Sturz vom Dache seines Hauses einen Rippenbruch zugezogen; als ich heute bei der Untersuchung an das Allerheiligste seines Körpers vorstoßen mußte, geriet ich unter seinem Überrock wieder an jenen dicken Strick, den ich schon bei anderen Männern gefunden hatte, ohne ihm besondere Bedeutung beizumessen. »Ja, habt ihr denn alle einen Strick um eueren Leib?« frag-

te ich. Der Mann nickte . . . »Wozu braucht ihr ihn?« »Das
weißt du nicht? Hast du denn keinen Strick um deinen Leib?
Wenn du keinen hast, beschaff dir so schnell als du kannst
einen . . .« Er kam mir nun ganz nahe und blickte mir dicht
in die Augen ». . . damit du die Toten binden kannst, die
dir am Wege begegnen, die Toten an der Straße, die Toten,
die in den Hütten sterben: fest binden mußt du sie, damit
sie es sich ja nicht einfallen lassen, uns und unser Dorf zu
schrecken — sie kommen wieder, die Toten, wenn wir sie
nicht binden, gewiß: die Toten kommen wieder!«

28. Januar 1858

Die Nacht war voller Sturm, voller Arbeit und voller
Grübeleien, die es unmöglich machten zu schlafen. Ich schloß
eine tibetische Spracharbeit ab (Vergleich zwischen Bunan
und Hochtibetisch), dann studierte ich an der ›Wunder-
baren Entstehungsgeschichte der Pagode von Triloknath‹,
sie steht in mystischem Zusammenhang mit dem Dalai Lama in Lhasa, der uns besonders angeht, weil wir mit unserem Haus hier unmittelbar im Heiligkeitsbereich des
›Herrn von Triloknath‹ leben, den alle Welt tibetischer
Zunge als den ›Drei-Weltenherrn‹ kennt, und, sofern es
geht, oft von weither zu ihm pilgert. Die uralte Hymne
des Lamas Urgyan Padma hat Jäschke bereits ins Deutsche
übersetzt. Ich studierte an der Mythe vom Milchsee und
dem Erscheinen der ›Sechs Buddhas der Vorzeit‹. — Als ich
dann immer noch nicht Schlaf finden konnte, hämmerte ich
an einem Stück Gold, aus dem unversehens ein Ring wurde, ein zierlicher Ring mit sechzehn kleinen Türkisen, die
mir einst ein Händler aus Innertibet verkaufte. Sie um-
laufen den goldenen Reif wie ein Spruchband ohne Worte. Die sieben letzten dieser gedachten Worte lauten: . . . die
Liebe ist stark wie der Tod.

2. Februar 1858

Der glasklare Januar ist vorüber, er war alles in allem milder als wir annahmen: die niedrigste Temperatur zehn Grad Minus, doch der eisige Wind läßt einen oft bis ins Mark erschauern. — Dschanggi, der Wolf, ist zum Entsetzen der Bauern in der vergangenen Nacht in einen der Schafställe von Oberkyelang eingebrochen: alle Schafe hat er erwürgt, der Würger aber entkam, ohne daß ihn auch nur ein Dreschflegel behelligte. Voll Bangen warten nun die Dörfler mit ihren primitiven Waffen darauf, daß er wiederkommen wird, er oder der gefleckte Luchs oder der weiße Schneeleopard. Jeder ist besorgt um sein Rind, seine Ziege, sein Lamm. Auch ich schlafe sozusagen nur noch mit einem Ohr und einem Auge, fest verrammele ich unsere Stallungen. Der gemeine rotgelbe Fuchs stiehlt schlau und dreist, was er erwischen kann, und Lobsang Chospel erzählt langsam und schwerfällig manch abenteuerliche Fuchsgeschichte; danach wäre Meister Reineke auch in unseren Höhen gerissener und listiger als alles andere Raubzeug.

Jeden Abend gegen zehn Uhr mache ich die Runde durch das Gehöft. Meist kehre ich bei meinem Wachtgang noch bei Sodnam Stobkjes, unserem klugen Hemismönch, und seinem Sohne Joldan im Ladakerhaus ein. Doch gestern war die Nacht so stürmisch, daß ich ihm nur durch das Fenster zurief: »He, Sodnam! Der Sturm ist toll, lösche das Licht und geh schlafen!« Tob trat an das Fenster, öffnete es ein wenig, blickte in die Höhe und sagte: »Eine Nacht, in der die Schwarzmagier die Toten auf die Gräberfelder zitieren, eine Nacht, in der die Knochenflöten den stärksten Ton von sich geben. In diesem Buche aber steht« — er hielt unser englisches Testament in Händen, das er schon ein wenig kennt — »in diesem Buche steht: Fürchtet euch nicht vor den Mächten der Finsternis.« Dann ging er zu seinem niederen Tischchen zurück und ließ die Gebetskette durch die Finger gleiten »*om mani padme hum — om mani padme hum*«. Bald wurde es dunkel. Das Bild Sodnams vor Augen, stapfte ich durch die Nacht. Es wurde mir klar, wie sehr ich diesem stillen, klugen Manne zugetan bin, der auch nach den Pflichten des Tages nicht müde wird zu suchen und zu studieren. Meist finde ich ihn, über Papiere und heilige Schriften Tibets gebeugt, auf einem kleinen Teppich am Boden hockend; ein buttergespeistes Lämpchen erhellt nur schwach den kahlen Raum, übermäßig groß wirft es den Schatten Sodnams an die gekalkte weiße Wand. Die feierliche Stille dieses Raumes ist ganz erfüllt von seinem Bewohner, der trotz aller Ruhe seines äußeren Gehabens von einer verzehrenden Unruhe des Geistes ist, immer auf der Suche nach Erleuchtung, die ihm weder seine Klosterzelle noch seine einsamen Wanderjahre im Himalaya brachten; er hat einen scharfen, auf die Tiefe der Dinge zielenden Verstand. Er und Joldan lernen von uns — sehr emsig, beinahe besessen — das Englische, doch stellt Sodnam Sprache und Schrift seines Volkes hoch über jede andere; Joldan ist kindlicher, er nimmt das Neue auf ohne Urteil oder Vorurteil. Über seinem Lager am Boden hängt ein altes Rollbild aus chinesischer Seide, das *Manschuschri*, den Gott der Weissagung, darstellt. Das stand mir auf meinem Nachtgang deutlich vor Augen, und so merkte ich erst gar nicht, wie mir eine zwergenhafte Gestalt vor die Füße huschte, so stark war das Schneetreiben, so dicht die Dunkelheit. Erst als das kleine Wesen wimmernde Töne von sich gab und meinen Rock berührte, horchte ich auf: »Wer bist du denn?« Schluchzen und Schweigen. »Wer bist du?« Ich bückte mich nieder und erkannte nun im ungewissen Dämmer dicht vor mir Chonsom, die kleine Tochter der Bäuerin Drolma und des Bauern Tsang Rintchen. Drolma war im Herbst ihrem Manne mit einem Händler aus Nubra davongelaufen, doch ihr Eheherr hatte ihr nicht lange nachgetrauert und sich anderweitig unter den Töchtern des Tales schadlos gehalten.

Chonsom hatte schon manchmal eine Aprikose im Gehöft erhalten, war zutraulich und munter, jetzt aber wollte ich sie keinesfalls über Nacht im Gehöft behalten, um nicht von irgendeiner Seite — wir müssen unbedingt vor bösen Zungen auf der Hut bleiben — verdächtigt zu werden, und so nahm ich sie denn bei der Hand und stapfte mit ihr durch den Schnee heimwärts bergan. Erst wollte sie nicht: »Grüne und rote Hände sind überall, die greifen nach mir und halten mich fest, sie wollen mich fressen, die Geister — om — a — hum!« Ich ging stracks voran, sobald wir aber vor einem Gebüsch, einer Hecke oder einem Baum standen, fuhr sie zurück. »Hände —!« rief sie, »Hände!« — »Ich sehe keine Hände! Das alles sind nur dürre Äste, die der Wind wieder vom Schnee frei gefegt hat.« (Die Äste schienen allerdings eine Art Phosphorschimmer von sich zu geben). Um ihre Angst zu zerstören, brach ich einen Zweig knakkend in meiner Hand, sie zuckte zusammen, als wenn ich einen Knochen ihrer Hand zerbrochen hätte. »Rote Hände!« wimmerte sie. Ich reichte ihr das Stück Holz: »Da sieh doch, das ist ein Ästchen, wie du tagsüber viele sammelst, damit euer Herd nicht ausgeht, in der Nacht sagst du, es ist eine Hand oder ein Finger.« Doch Chonsom war nicht zu trösten. Als das Wollenstück, das sie als Kleid auf dem Leibe trägt, sich an einem Gestrüpp der Burtse verfing, zitterte sie am ganzen Körper: »Hum — hum — hum!« schrie sie auf und spie in das Dunkel. Da nahm ich sie wie ein krankes Vöglein auf meinen Arm, bettete ihren Kopf an meine Schulter. Doch noch immer mußte sie die Augen angstvoll aufgerissen haben: jeder Klotz am Wege, jeder Stein verwandelte sich ihr in dieser erregten Nacht unversehens zu einer Gestalt des Grauens. Die glühenden Pupillen einer Katze erkannte sie als das Rubinauge des Großen Einäugigen, der nachts über die Felder streicht. Während wir steil und steiler bergan stiegen, erklang das Heulen des Wolfes aus der Ferne, auch Chonsom hatte den langgezogenen Ruf

vernommen: »—aber hörst du nicht, wie der Dämon heult?«
Ihr Atem ging schnell. »Das ist Dschanggi, der Wolf«, sagte ich, »er hat einen langen Weg hinter sich, von Sanskar ist er herübergekommen, aber er wird dich nicht fressen.«
Dann erzählte ich ihr eine kleine, dumme Geschichte von Dschanggi, dem Wolf, der mit Frau und Kind aus dem steinigen Sanskar kommt und auf den Höhen über dem Menschennest heult, weil nirgends der Mond so hell scheint wie hier. Dschanggi, der Wolf! Sein langgedehnter Ruf machte die Erddach-Hütten, die in stummer Erstarrung dagelegen hatten, lebendig. Hier und dort trat ein Mann auf das Dach seines Hauses — halb schlaftrunken, halb rauschselig — wie die Gestalten von Giganten hoben sie sich ab von dem weißen Schnee. ›Dschanggi, der Wolf!‹ rief einer dem anderen von Dach zu Dach zu und jedem stockte das Blut. Abgerissen erklang das Geheul über der öden Schneelandschaft. Die Männer holten ihre Dreschflegel hervor und verkrochen sich damit wehrhaft hinter ihre Ställe.

Tsang Rintschen aber hatte nichts gehört, vom Sturm nicht und nicht von Wölfen. In seinem Hause war alles unter dem Narkotikum des schwelenden Herdfeuers aus verglimmendem Yakdung eingedämmt. Als ich mit Chonsom die Stiege hinaufkletterte, gaben die Tiere im Erdgeschoß dumpfe Laute von sich. Belebt von der Wärme, die sie ausströmten, schoß Chonsom — von einem Alpdruck befreit — in die geräumige Wohnküche mir voran, hielt ihre Hände über das trübe, buttergespeiste Flämmchen vor dem schweinsköpfigen Herdgott, der über einen Klumpen schlafender Menschen am Boden hinwegstarrte. »Tsang Rintschen!« rief ich laut. Niemand antwortete. »Tsang Rintschen! Wach auf, der Wolf ist da! Leg einen Dreschflegel neben dein Lager!« Ich rüttelte einem am Arm, doch der drehte sich nur gähnend auf die andere Seite, Tsang Rintschen war es nicht; ich stolperte über Felle und Röcke, schließlich fand ich ihn, schüttelte ihn so, daß er sich stracks in die

Höhe aufrichtete und mit knarrender Stimme lallte: »Was willst du hier, Kyelang Sahib?« — »Ich habe dir deine Chonsom gebracht, sie hatte sich verirrt.« In seinem Rausch hatte er gar nicht gemerkt, daß Chonsom aus dem Nest gefallen war. »Hol mich das Kloster!« rief er jetzt und zog Chonsom zu sich herab »— wo warst du, meine Perle?« Dann rollte er sie zwischen seinen Pelz und die weiten Röcke einer Frau. »Die Geister . . .«, murmelte Chonsom, »— die Geister! Der Sahib sagt, es gibt keine Geister, aber er hat doch mit seiner Hand eine Hand zerbrochen, die nach mir griff.« Ich holte Chonsom einen Holznapf voll Buttertee vom Herd. »Da trink!« Sie schlürfte durstig, während Tsang Rintschen, angeregt durch das zufriedene Schnalzen ihrer Zunge, nach dem bauchigen Krug an seinem Kopfende langte, aus dem es säuerlich nach Tschang roch. Er hob ihn auf und setzte zu tiefem Zuge an: »Ha . . .!« stöhnte er selig und drehte sich auf die andere Seite. »Dschanggi, der Wolf, hast du gesagt? Bei den Drei Kostbaren — der Wolf ist nicht gut!« Und er schnarchte sich zurück in seinen unbekümmerten Schlaf. (Alle seine Schafe hat ihm in dieser Nacht der Wolf gerissen . . .)

Jetzt beginnt die Stunde des Schweines, die letzte Tagesstunde ist vorüber. Aus Jäschkes Zimmer fällt noch Licht, auch Pagells Arbeitsbereich ist matt erleuchtet: die beiden einzigen Lichter über dem Bhagatal, sie leuchten mir auf voll Zuversicht und Wärme, und doch weiß ich auch unter ihrem Schein unruhige Herzen, bewegt und heftig wie der Sturm der Höhen, der sich jetzt wieder aufmacht. Wann endlich wird er sich legen?

4. Februar 1858

Unser Junggesellen-Alltag ist voller Schroffen und Klippen. Wirklich! ein rauhes Konzert führen wir hier oben miteinander auf — nein, keine stimmungsvolle Kammermusik — wir drei bewältigen zeitweilig den Stoff für ein vollbesetztes Orchester, wir beherrschen sämtliche Klangwerkzeuge, und öfter haben die Pauken, Becken und Hörner, die Trompeten und Tuben die Führung vor den sanften Geigen, den zarten Zimbeln und Harfen. Aber schließlich wäre ja unser Konzert sonst nur ein Spiel ohne Saft und Kraft; auch alle Tonarten und Töne beherrschen wir bis auf die asiatischen Viertel- und Halbtöne in ihrem verschleierten schrillen Diskant — die liegen uns nicht. Immer sind es volle, wuchtige Akkorde, die in aufwühlende Dissonanzen führen, bis sie wieder — oft nach einer langen Fermate — in eine erlösende Harmonie hinübergleiten. Ich bin froh, und meine Brüder sind es gewiß auch, daß uns bei unserem Spiel keine Zuhörer aufwarten, denn jeder ist ja auf das ernsthafteste bemüht, seine Passagen und Läufe so taktvoll und sauber zu setzen, daß er einst bei der großen Generalprobe im himmlischen Saal, wenn auch vielleicht als schlechter oder mittelmäßiger, so doch als treuer Musikante bestehen kann, der es im Zusammenspiel nicht weit brachte, dafür aber das eigene Stück beherrscht. Gott sei ihnen gnädig, den drei armen Wandermusikanten mit den wilden dichten Vollbärten, mit den wilden ungestümen Herzen, an denen manchmal ein Heimweh ohnegleichen zerrt. Gerne weile ich in diesen Wintertagen in unserer Bibliothek: dorthin dringt nie ein Laut unserer leidenschaftlichen Hausmusik, dort — bei den Reihen tibetischer Bücher — ist es still wie in einer Kirche. Teils sind es geborgte oder von uns kopierte, teils von uns schon erworbene Schriften, die sich höchst geheimnisvoll neben unseren europäischen Bücherschätzen ausnehmen; sie warten darauf, von Jäschke erforscht zu werden.

»Ein großer Lama!« würde unser alter tibetischer Freund Lama Lobsang sagen, wenn er unseren Jäschke über den Werken der lamaistischen Religion bis tief in die Nächte hinein gebeugt sähe, »— ein großer Lama und ein Kleinod an Tugend!« Und darin irrte er nicht, denn Jäschkes

Härte gegen sich selbst und seine Genügsamkeit erreichen den Gipfel strenger Kasteiung. Ich bin froh, ihn als einen so gründlichen und äußerst genauen Philologen in ständiger Nähe zu haben; unsere Forschungsarbeit ist über alle Unvollkommenheit des täglichen Zusammenlebens erhaben und sehr fruchtbar. Wenn wir fünf Männer — oft mitsamt den zwei Knaben — uns zu gemeinsamer Sprachenarbeit im großen Saal vereinigen, dann könnte ein Außenstehender der Ansicht sein, es habe sich da so etwas wie eine asiatisch-europäische Akademie zusammengefunden. Freilich, so hochtrabend braucht man das nicht zu benennen, aber gearbeitet und gekämpft wird um den spröden Stoff gewiß nicht minder als in fernen westlichen Räumen, in denen man akademische Grade erwirbt. Das, was wir beide — Pagell und ich — von unserem frommen Lama Lobsang Anno 54/55 an Sprachkenntnissen erwarben, reichen wir weiter an Jäschke, der wie ein geflügelter Zentaur mit Windeseile große, gewaltige Geistesräume durchmißt und sie sich untertänig macht. Hinter uns drei Europäern stehen die Tibeter Sodnam Stobkjes, der Mönch aus Ladak, und Lama Tsultrim aus Sanskar (der wahrscheinlich nur diesen Winter bei uns ist), beide, besonders aber unser ständiger Hausgenosse Sodnam, horchen, prüfen, lauschen, stimmen zu oder lehnen ab, und so filtern wir schließlich die Worte, die Begriffe, bis ihr Sinn im Tibetischen sowohl als im Deutschen und Englischen eindeutig ist. Wir können uns glücklich preisen, an einen so lauteren Charakter wie Sodnam Stobkjes geraten zu sein, denn es gibt eine Gruppe lamaistischer Gelehrter hier, die, aus einer gewissen geistigen Eifersucht, absichtlich den Sinn eines Wortes oder Gedankens zu verfälschen oder zu entstellen suchen. Auch darin haben wir schon einige Erfahrungen hinter uns. So erweist es sich nun doch als richtig, daß wir von Anfang an nicht auf Dolmetscher hofften, sondern uns die Sprache anzueignen strebten — jetzt werden uns kaum mehr absichtliche oder zufällige Sprachtrübungen oder -entgleisungen entgehen, je tiefer wir eindringen desto weniger.

Gestern hatten wir drei eine stundenlange Erörterung darüber, ob Jäschkes geplante Übersetzung der Heiligen Schrift in das klassische Tibetisch oder in eine der Volkssprachen erfolgen soll. Jetzt neigen wir endgültig dazu, die Hochsprache Tibets, die in allen Klöstern des Ostens und des Westens gleichviel gelehrt und gebraucht wird, als Sprachform zu wählen, in der das Heilige Wort des Alten und Neuen Testamentes in das Schneeland eingehen soll. Die Sprache der Klöster ist das einigende Band in den sprachlich so verschiedenen Landesteilen des Riesenreiches Tibet. Die etwaige Übersetzung aus der Hochsprache in einen der Dialekte, die sich oft von Tal zu Tal schon grundsätzlich wandeln, muß als die leichtere Arbeit späteren Zeiten vorbehalten bleiben. Jäschke tut den ersten, den schwersten und entscheidenden Schritt, wenn er — zunächst die Evangelien — in das klassische Tibetisch überträgt. Er steht vor derselben Schwierigkeit, vor der die indischen Mönche standen, die vor Jahrhunderten aus den Sanskritschriften des Buddhismus den Kanon der Gelben Kirche Tibets schufen, er wird Worte prägen müssen für Begriffe, die der Buddhismus nicht aufweist, um buddhistischen Tibetern christliches Fühlen und Denken sinnfällig zu machen. Aus Ehrfurcht vor der Überlieferung wird er seiner tibetischen Bibelübersetzung nicht einen deutschen Text zugrunde legen, sondern die griechischen und hebräischen Urtexte. Eine enorme Arbeit, über der manches Jahr und vielleicht manches Jahrzehnt vergehen wird. Profunde Kenntnis des Volkes, der Sprache Tibets ist unerläßlich, vor allem aber eine nie abreißende Verbindung zu Männern wie Sodnam: sie sind die Brücke, über die wir den Schritt wagen können; ohne sie wäre alles Bücherstudium nichts als Stückwerk und blasse Theorie. Die beiden Knaben Joldan und Lhasgyab ziehen wir oft zu unserer Männerversammlung hinzu,

Joldan — der sowieso nicht von der Seite seines Vaters Sodnam fortzudenken ist — wird eines Tages das Englische vorzüglich beherrschen, er ist ganz erpicht auf diese Sprache. Das veranlaßte Jäschke, schon jetzt den Grundstock zu einer englischen Grammatik und Sprachlehre für Tibeter zu legen. Lhasgyab ist weniger begabt, wenngleich er in unsere nüchternen Erörterungen oft seine *Manes* hineintönt als Beweis, daß auch er einst ein großer Lama sein wird. Er ist in allem kindlich, flüchtig und ungenau, im Grunde seines Herzens aber treu und willig zu lernen. Wir werden ihn besser für äußere Arbeiten wie Farbereiben, Schneeschaufeln und dergleichen verwenden. Jetzt lese ich manchmal Joldan eine von Äsops Fabeln vor, die ich für ihn ins Englische und Tibetische übertrug. Er hat eine ungeheure Freude daran, sie befruchten die angeborene Neigung der Asiaten, Fabeln zu erdichten, die er auch — wenn ich sie als wohlgeraten begutachtet habe — in wunderschöner Schrift niederschreibt.

14. Februar 1858

Alle meine hochfliegenden Ideen von Menschenerziehung sind heute gedämpft und gedemütigt worden: ich hätte mich für einen besseren Dompteur kleiner Jungen gehalten. Heute morgen erschienen (ich traute meinen Augen kaum) zehn Männer mit zehn Knaben aus dem Ober- und Unterdorf! Als sie so geschlossen anrückten, glaubte ich, daß sie alle möglichen Verwicklungen von uns gelöst haben wollten — Krankheit, Streit oder Bettelei; doch nichts dergleichen. Keiner lahmte, keiner zankte, keiner bettelte. »Du hast gesagt, du willst sie was Rechtes lehren!« erklärte schließlich der Sprecher der zehn Alten, »— da sind unsere Söhne!« Ich war sprachlos vor Staunen: wie oft schon hatte ich die Leute von Kyelang aufgefordert, mir ihre Jungen in das längst fertige Schulhaus zum Unterricht zu schicken, doch unbenützt und leer stand es da, und alle meine Bemühungen um die Schule blieben ohne Erfolg. Und nun, wo ich nicht mehr daran zu glauben wagte, daß sie kommen würden, tauchten sie auf: zehn kleine Bauernbuben, wilde Knaben, die im Sommer die Ziegen bis in höchste Regionen führen; schlau und überlegen guckten sie sich um. Ich dankte den Vätern in einer kleinen Rede für ihr Vertrauen und wiederholte, daß ich mein Wort halten werde, auch wenn die Zahl der Schüler sich verdoppeln sollte. Sie nickten beifällig mit dem Kopf, wobei sich die hohen Pelzkappen wie Zuckerhüte auf- und abbewegten, klopften beifällig mit ihren Strohschuhen auf den festgestampften Schnee, ehe sie verschwanden. Keiner der Jungen machte den Versuch, ihnen zu folgen oder mir zu entfliehen, sie standen da — ein finsterer Trupp — stumm, mit verschlossenen Mienen, als wenn sie sagen wollten: Nun zeige, was du kannst! Die Tür knarrte laut in den Angeln, als ich mit meinem Schweigeklub den Hauptraum betrat. Da die Schüler ohnehin asiatisch bequem am Boden Platz nehmen, enthält er nicht viel mehr als einen Stuhl für den europäischen Lehrer, einen Tisch, ein schrankähnliches Gebilde. Um so mehr war ich frappiert, wieviel staunenswerte Dinge uns trotzdem noch umgaben. Der Ofen vor allem mit seinem langen Rohr, eine Karte von Asien, ein Globus, den ich an den langen Dezemberabenden aus einem Stück Blech formte (sogar mein alter Klempnermeister hätte mit dieser Kugelgestalt zufrieden sein können) — meine Schüler waren mehr als zufrieden. Plötzlich gaben sie alle anfangs zur Schau gestellte Abwehr auf, belagerten Tisch und Stuhl, krochen auf dem Bauche, um die Ansicht der unbekannten Gegenstände auch von unten zu genießen, beklopften das Ofenrohr und den kalten Eisenklotz, den ich mit bereitgelegten Spänen anzufeuern begann, dann rieben sie ihre Nasen an den Fensterscheiben (Haha! — jetzt saßen sie selbst hinter einer gläsernen Wand wie die Sahibs!), eine anderer erklomm mit affenartiger Gewandtheit den Schrank und betrachtete sich von seiner Warte belustigt die neue Welt. Schließlich versuchten ihre flinken Hände locker zu machen, was ich mit vielen Mühen zusammengefügt und befestigt hatte. Fast war es, als hätten die zehn Väter ihre zehn Söhne in den engen Wohnstuben einmal loswerden wollen, denn der Bewegungs- und Kletterdrang meiner Zöglinge ließ nicht etwa nach, er wuchs; ihre Zehnzahl schien sich mir zu verdoppeln, zu verdreifachen: bald saß der vom Ofen auf dem Pult, der vom Schrank auf der Fensterbank, schlimm wurde es, als sie die Funktion der Türangeln entdeckten, nachdem Sodnam Stobkjes — der mir etwas überbrachte — den Raum verlassen hatte; die Klinke war sofort die erste Stufe zum obersten Aussichtspunkt, jeder wollte daraufsteigen, während sich zwei damit vergnügten, die Angeln hin und her quietschen zu lassen. »Halt!« rief ich mit Stentorstimme, doch das war nur, als wenn eine Drohne in einen Bienenschwarm fliegt. Schließlich schritt ich zur Tat und befreite die ächzende Tür von der Last der Buben, die sich aber nun wie Kletten an mich hängten. Seit zwei Jahren kennen sie mich, und es sieht aus, als fürchteten sie mich nicht sonderlich; das ist entschieden ein Nachteil, denn Furcht schafft erwünschten Abstand. Jetzt nutzten sie die Gelegenheit einmal — buchstäblich und handgreiflich —, in Tuchfühlung mit mir zu kommen; sie entdeckten so viel Sonderbares an mir, dessen ich mir wirklich nicht bewußt war. Die Uhr natürlich, die Kette dazu, den kleinen Schlüssel, den Ring mit einem Schlüsselbund, meinen Fingerring und dann die Knöpfe — vor allem die zwölf runden Hornknöpfe, die mein Wams bis oben hin schließen. Ich mußte ihnen mit aller Gewalt wehren, daß nicht jeder sich eines Knopfes bemächtigte, um ihn als Amulett oder Wurfgeschoß in seinem Leibgurt verschwinden zu lassen. Schließlich war es mir möglich, eine Hand freizubekommen und sie abzulenken durch eine Ladung gedörrter Aprikosen, die ich mir noch durch Sodnam hatte schicken lassen. Sofort purzelten sie in einem wirren Haufen auf dem Boden und rauften sich um die süßen Früchte, auch einige Nüsse ließ ich nachkollern, um mir mit Muße den balgenden Haufen näher zu betrachten. Ich lauschte auf ihr Geplapper: alle waren Bunanknaben, die das Schrift-Tibetisch erst lernen müssen. Hier in Lahoul spricht man in der Hauptsache des ›Bunan‹, eine sehr alte Sprache, älter als das klassische Tibetisch; zwar ist sie von tibetischen Worten durchsetzt, hat aber dennoch einen völlig eigenen Charakter. Ich bin — seit wir hier sind — sehr bemüht, diese Sprache zu erforschen, meine Tabelle für das Verbum wächst und weitet sich ständig. Ein sehr abgelegenes, vielfältiges Sprachgebiet, in dem wir uns hier befinden, aber äußerst interessant: schon im Nachbartal wird wieder eine andere Sprache gesprochen, das ›Mon‹, von dem es weder etwas Gedrucktes noch Geschriebenes gibt. So ist es denn ein großes Glück, daß trotz dieser örtlichen Eigenheiten das klassische Tibetisch durch das ganze weite Land — also auch hier — verstanden und in den Klöstern gelehrt wird, wenngleich es vom Volke erst bis zu einem gewissen Grade gelernt werden will.

Meine zehn Bauernjungen ließ ich nun toben, ich horchte auf ihr Geschrei wie auf eine Offenbarung bei aller babylonischen Verwirrung. Was sich da vor mir auf dem Boden balgte, verhieß eine Arbeit auf Jahre: Bücher müssen für die schmutzigen Kerlchen geschrieben werden, Bücher mit Wahrheiten aus dem Westen, mit Erkenntnissen westlicher Forschung, die für jeden Tibeter weltbewegend sein werden, Bücher, die das ganze mythische System lamaistischer Glaubens- und Weltvorstellung zu erschüttern vermögen: die Erde eine Kugel, die sich dreht — nicht eine Scheibe, kein Baum mit Eiern —, das Sonnenjahr, der Kalender; Geographie im allgemeinen, Chronologie und Weltgeschichte, für die kein Bodpa Sinn hat, der Wandel der Gestirne, die Geschichte unseres kleinen Erdensternes, auf dem außer den Tibetern und Asiaten auch noch andere Menschen leben. Unsere noch nicht vorhandene Presse muß Drucke liefern, kleine, leichtfaßliche Darstellungen über Astronomie, allgemeine Weltgeschichte, Geographie, Physik, verschiedene Rechenbücher, alles nach europäischen Gesichtspunkten. ›Ketzereien, anrüchige Irrlehren‹ — werden die Lamagelehrten sagen, sie mit feinen oder unfeinen Mitteln entkräften oder aber — was erfahrungsgemäß wahrscheinlicher ist — sie aus der turmhohen Überlegenheit eigener Vollkommenheit mit einer kleinen Handbeweggung kurzweg abtun. Doch wie auch immer: wir werden das verhangene Weltbild des Tibeters aufzuhellen suchen mit Erkenntnissen, die der ganzen Welt gehören.

Zehn kleine Bauernbuben, die des Sommers in den höchsten Höhen Schafe und Ziegen hüten — zehn Säulen der Zukunft? — werden sie überhaupt wiederkommen, morgen, übermorgen, wie sie versprochen haben? Tausend Gedanken schossen mir blitzartig beim Anblick der schmatzenden, flachgesichtigen kleinen Rüpel durch den Kopf, überschwenglich hoffende, kleinlich zagende, nüchtern abwägende. Doch der Augenblick forderte seine Rechte. Ich holte von den im Schrank aufgestapelten Holztafeln zehn Stück — seit vielen Wochen warteten sie auf den wichtigen Tag. »Das habe ich für euch gemacht!« rief ich in den Haufen; sie beguckten sich die Sache ruhig und nahmen meine Gabe recht selbstverständlich entgegen. Der eine schlug sich seine Platte erst einmal auf den Schädel, um ihre Festigkeit zu erproben, die anderen aber begannen sofort, sie nach eigener Eingebung zu bearbeiten. Da es hier keinen Schiefer gibt, mußte ich zu diesen Holztafeln greifen — gehobelt und geschnitten waren sie bald, dann überzog ich sie mit Talg, der sich schnell mit einer darüber gestreuten besonderen Ascheart verband. Jedem drückte ich einen Griffel aus Wacholderholz in die Hand und ließ sie mit dem Stäbchen darauf herumfahren. Es ging — in Bausch und Bogen besehen — auch besser, als ich dachte, der Ausweg mit diesen Tafeln ist gar nicht so schlecht.

Jetzt ist es still um mich, doch in meinem Innern hallt es noch nach: zehn kleine Bauernbuben, die im Sommer die Schleuder handhaben wie die besten Schützen die Armbrust, die ihre Herden gegen Adler und Lämmergeier wie Männer zu verteidigen wissen — zehn kleine Bauernbuben: zehn Säulen eines neuen Geistes? Aufwühlende Stunden für mich, für sie — denke ich — eine angenehme Abwechslung in dem öden winterlichen Einerlei ihrer rauchgeschwärzten Hütten. Beklemmend und niederdrückend der Gedanke, wie sehr wir hier noch mit allem im Anfang stehen, welche Verantwortung und — welchen Tiefgang muß das Schiff haben, das in die Tiefen Tibets eindringen will, um sich dort zu verankern oder zu behaupten. Soviel ist mir längst klar geworden: wer hier mit schnellen Erfolgen rechnet, soll lieber gleich wieder einpacken und nach Deutschland zurückkehren.

16. Februar 1858

Es wird mir immer klarer: Gott hat den Mann geschaffen und die Frau! Die liebende Frau macht ihm alles erträglicher, die Frau, die Gehilfin ... Ach, was sind wir doch oft für täppische Gesellen! Zumal wenn's ans Nähen, Flikken und Stopfen geht, ist es, als hätten wir lauter linke Hände. Jorsam während der vielen Lücken ihres langen Tages einspannen — schließlich ist ja auch sie eine Frau —, das bohrte wieder einmal in mir, als ich vor den bedrohlich sich türmenden Haufen ausbesserungsbedürftiger Stükke in unserer Wäsche- und Kleiderkammer stand; je weiter der Winter fortschreitet, desto unübersehbarer wird es dort. So entschloß ich mich denn heute, einen neuen, energischen Vorstoß zu unternehmen, die allzu brachliegende Naturkraft Jorsams nutzbar zu machen.

»Das ist ein Strumpf mit einem Loch!« sagte ich streng, »— das Loch mußt du zumachen!« — »Warum?« — »Weil ich es wünsche!« Gut. Sie nickte bereitwillig — ein Erfolg.

»Da hast du Nadel und Faden, die Nadel hat ein Öhr —
von dem Faden schneide dir mit dieser Schere ein Stück ab
und ziehe das Ende durch das Öhr.« Vor Lachen über das
Eisengebiß von Schere fand sie das Öhr nicht, so daß ich
mich zu ihr setzte und ihr den Vorgang zeigte. Das gefiel
ihr besser. »So, nun. . .«, ich erklärte ihr genau was jetzt
weiter zu geschehen habe, und sie probierte, das Loch mit
Gitterstäben aus Wollfäden zu überziehen. Zwei-, dreimal
stach sie viel zu hoch in das Gewirk und verfitzte die Sache.
Da nahm ich sie ihr aus der Hand. »Du mußt genau auf-
passen: so macht man das!« Ich reichte ihr alles zurück, doch
sie nahm es nicht, vielmehr vergnügte sie sich damit, mich
einmal ganz aus der Nähe zu betrachten. »Haare hast du,
kleiner Vater, wie der große Yak Ri-ri, schwarz und weich
wie Seide — bei den Drei Kostbaren!« — »Du sollst nicht
auf das Haar gucken, sondern auf das Loch!« — »Das Haar
ist schöner!« beharrte sie. »Da, nimm den Strumpf, bis heute abend muß das Loch zu sein!« sagte ich unwirsch,
»sonst...« — ja, was sonst! Wenn es nicht gestopft war,
was könnte sie schrecken, welche Drohung könnte sie an-
treiben? Keiner würde sie deswegen in die Eiswüste jagen,
sie würde wie jeden Abend kommen, uns lachend die Hucka
reichen und die Kanne mit Buttertee füllen. »Das Loch? — ach
das Loch hat es anders gewollt als du und ich, es wollte
weiter Loch bleiben, weil es nun einmal als Loch geboren
wurde —.« Doch dieses Mal täuschte ich mich. Triumphie-
rend rief sie am Abend: »Das Loch ist zu, da sieh!« Es
war zu, das Loch — aber wie! Nicht saubere Gitter, beileibe
nicht! Sie hatte sich zu helfen gewußt. Ein Stück von einem
Leintuch hatte sie erwischt, einen Lappen davon abgeschnitten und auf die Stelle genäht, gebatzt! »Das ist ja schreck-
lich!« Doch Jorsam strahlte über ihren Erfindungsgeist,
zog rote, blaue, grüne Wollfetzen aus dem Busentuch hervor, »damit werde ich dir noch viele Löcher zumachen —
weil du es willst, daß man Löcher zumacht, alle Löcher

werde ich dir in deinen Beinwärmern zumachen!« — »Nein danke!« sagte ich schroff, bei Pagell aber lief ich Sturm: »Morgen ist große Wäsche und dann wird geflickt!« Als wir Jäschke von unserem Feldzugsplan sprachen, stimmte er einen seiner Stakkato-Seufzer an, der in das Wort ausmündete »— das nimmt viel zuviel Zeit weg!« Zum Äußersten entschlossen, ging ich zum Angriff vor — das Schicksal des Europäers ist eben die Tat! Wir beide zerschnipselten unsere selbstgefertigte Seife, schmelzten Schneewasser und gewannen denn auch bald eine prächtige Brühe, in die wir Stück um Stück hineinwarfen. »Du nimmst viel zuviel Wasser!« fuhr der große Vater dazwischen. »Der Schnee liegt tausend Täler tief!« — »Nein, zuviel Wasser, weil du dann zuviel Feuerung brauchst, meine Rationen Dung und Wurzeln sind nicht für solche Sachen bestimmt, genau eingeteilt habe ich sie.« — »Aber das muß sein!« Ja, es muß sein, denn in den Pelzen und Röcken der Lahouler lauert das Ungeziefer, und dagegen hilft nur eines: peinlichste Sauberkeit, besonders wenn man in so intimen Umgang mit ihnen gerät wie ich in der Krankenstube. Doch der große Vater blickte kummervoll in die schaumige Brühe, neben ihm Jorsam mit ihren weiten bauschigen Wollröcken, jeder Zipfel an ihr bebte vor Vergnügen: »Kleider kochen — Stoffe kochen! Keiner kocht Kleider in Bhodyul. Reis: ja, auch ein Rind (wenn es niemand sieht) — aber Stoffe?! Wer will denn Kleider essen?« Jäschke verschwand ob unseres Eigensinnes mit verständnislosem Kopfschütteln. Vorsichtig und nebenbei fragte mich Pagell bei der Arbeit: »Hast du eigentlich zu Hause schon mal eine richtige große Wäsche gewaschen?« — »Nein«, sagte ich wahrheitsgetreu, »aber ich glaube, wir haben es bisher richtig gemacht. Nur das Glätten und Bügeln, das werden wir uns schenken, glatt und sauber, das ist zuviel hier oben, sauber genügt!« — »Ja, man kann nicht alles auf einmal haben«, meinte Pagell melancholisch und dachte wohl der Zeiten, als auch wir glatt gebügelt auftraten. »Friederike...«, seufzte er, als wir die Stücke auswanden, »die schaffte immer alles: sauber und glatt!« Bei schneidender Luft und überheller Sonne auf frisch gefallenem Schnee hängten wir dann das Werk unserer Hände auf die Leine — ein höchst ergötzlicher Anblick für Jorsam, der auch wieder das ganze Dorf auf die Beine brachte. Alles besprachen sie ausführlich: Jacken und Hosen, Tag- und Nachthemden, Kissen- und Bettbezüge, Tücher und Schnupftücher. Da haben sie wieder Gesprächsstoff für ihre langen Tage — vielleicht beleben sie alles sogar zu einer neuen Geisterparade.

Seit diesem Ereignis aber trägt der große Vater ein verwundetes Herz mit sich herum. Bei Tische besprachen wir den verlorengegangenen Totenstrick eines Bauern und dann den Drilen eines Edelmannes von Gondola, der es gewagt hatte, über den festgefrorenen Schnee zur Behandlung zu kommen. Den Drilen hatte er gegen ein sauberes Hemd eintauschen wollen. Jäschke äußerte sich zu letzterem trokken: »Hemd ist Luxus, ohne Hemd kommt man schneller fort — dazu braucht man kein Bodpa zu sein, wer ein Hemd trägt, ist ein gnädiger Herr oder ein Sahib!« Er musterte scharf unsere in Sonne und Schnee blütenweiß gebleichten Hemden als ein leinenes Ärgernis, das, an Handgelenken und Halspartie sichtbar, gegen unsere Demut zeugte. Halskrausen und derlei ›Gebampel‹ sind nicht nach dem Geschmack des großen Vaters. Mit Nachdruck plädiert er jetzt für den Zustand ohne Hemd. »Aber ein Christ trägt noch immer sein Hemd auf dem Leibe!« meinte Pagell, »ich müßte mich ja am Tage des jüngsten Gerichtes schämen, wenn ich zu bekennen hätte, daß ich im Himalaya ohne Hemd herumgelaufen sei!« — Jäschke spielte seinen letzten Trumpf aus: »Gott hat dich ohne Hemd in die Welt gesetzt, darum ist es nicht unbillig, wenn du auch hemdenlos durch die Welt gehst.« Pagell aber wurde ärgerlich: »Wir sind doch nicht in Sodom und Gomorrha! Mit meiner Hände Kraft werde ich meine und deine Wäsche weiterhin schrubben —!« Auch ich habe es noch nicht über mich gebracht, auf diese letzten Kulturrequisiten zu verzichten, obgleich deren Pflege und Reinhaltung zu den harten Prüfungen in unserem Junggesellendasein gehören. — So geht es nun manchmal zu im kalten Menschennest von Lahoul.

25. Februar 1858

Seit Tagen rast ein schrecklicher Sturm über die Höhen, er bringt Staub und Schmutz aus entlegenen Bezirken mit sich; sie machen den seidenschimmernden Schnee der hellen Felsenzacken grau und stumpf und setzen sich als schwarze Schicht auf den Gletschern ab. Der Sturm fegt über unser spitzes Giebeldach hinweg, er verfängt sich mit tiefem Orgeln über den niederen Erddach-Hütten am Hang; die Männer und Frauen rücken näher um die Kanne mit Buttertee, und öfter denn je murmeln ihre Lippen das *Om mani padme hum.* Düstere Geschichten werden wach von wilden Heiligen und Dämonenbezwingern, und mancher glaubt wohl, *Padma Tschungnos,* der ›Aus dem Lotos Geborene‹, rase beschwörend mit Donnerkeil und Schädelkrone über das Land: *Padma Sambhava,* der unerreichte große Zauberer, *Padma Heruka,* der alle Feinde der Lehre Buddhas zu seinen Gefangenen macht. Vielleicht lugt auch mancher heimlich aus der Höhe herab, um zu sehen, ob er das Haus der weißen Sahibs noch nicht mit fortgerissen habe, denn: er ist ein gewaltiger Lehrer, der selbst die mächtige, eisweiße, fleischlose, einäugige *Vadschra* durch die Macht seiner Lehre überwand. Nein, kein Sturm und keine Finsternis hat uns bisher überwunden, dankbar sind wir, daß die Mauern des Gehöftes den großen Schneefällen und den heulenden Böen des Sturmes standhielten. Dennoch läßt es sich nicht leugnen, daß er uns zu schaffen macht, jedenfalls finde ich, daß wir unruhiger und unduldsamer sind als bisher — es darf nichts in die Quere kommen: eine Bagatelle, ein Steinchen gleichsam von der Kralle des Adlers gestreift, wächst leicht zur Lawine an, die alles gefährdet. Ein Wind, der die Sinne klar, durchscheinend und überwach macht, die Nerven aber zum Zerreißen anspannt. Pagell — hager und hohläugig — ist gereizt, sobald Jäschke sich in hauswirtschaftliche Dinge einmischt oder wenn er ihn nur in seiner etwas unbeholfen-pedantischen Art vor dem Herd hantieren sieht. So auch heute. Am Nachmittag ging Pagell, wie jeden Freitag, mit Jorsam durch das Haus, um es zu reinigen. Er war dabei wohl in seinen Anweisungen gegen Jorsam schroffer als sonst, was die aber wenig störte: sie sang ihre Lieder, während Chospel, ihr Mann, ihnen das Wasser zutrug. Sie waren schon nahezu rundum fertig, als ich plötzlich durch einen furchtbaren Spektakel aufgeschreckt wurde: Türen wurden geschlagen, Geräte hart auf den Boden gestellt, während der Sturm um die Ecken heulte. Als ich schließlich auf den langen Gang trat, sah ich Jäschke mit ausgebreiteten Armen, als wenn er schutzlose Küchlein vor den Angriffen eines Adlers zu verteidigen, zu schützen hätte; einige Blätter von seinen Papierstößen schwenkte er in den Händen, während er vor seinem Studierzimmer auf und ab lief. »Hier wird nicht geputzt!« dröhnte er, »— das Putzen und Polieren stammt vom Teufel!« sprach's und knallte die Tür ins Schloß. Pagell eröffnete den Kampf mit einer entsetzlichen Kanonade — in plattdeutsch — auf die tibetische Sauberkeit im allgemeinen und die von gewissen europäischen Gelehrten in Tibet im besonderen. Jäschkes Stimme kam von drinnen erregt und gallig: »Nur zu! nur zu! Verscheuche mir nur mit deinem Putzgeschirr die glänzendsten Gedanken und Einfälle!« — »Geputzt muß werden!« beharrte der adrette Preuße und kam wieder auf sein Sodom und Gomorrha. »Gib doch nach, Pagell! Versteif dich nicht, laß ihn arbeiten — morgen ist auch noch ein Tag!« Jäschke aber zischte durch den Spalt der Tür: »— heute ist kein Tag und morgen ist kein Tag und übermorgen auch nicht für Leute mit Besen und Wassereimer: für den Geist ist kein Tag mit Morgen oder Abend abgetan — er geht voran, bis alles vollendet ist!« Bleich und fahl stand er unter der Tür, er zitterte am ganzen Leibe, während er Pagell mit zurechtweisenden Blicken maß; dann lief er gestikulierend in sein Zimmer zurück, preßte die Blätter an sich und stieß — in hindustanisch — eine schwere Verwünschung aus. Pagells Augen wurden glanzlos und langsam setzte er Wort für Wort: »O Herr! die große Kunst macht ihn rasend!« Jetzt zog ich ihn beiseite: »Nimm Vernunft an, Pagell, du bist doch nicht unbeweglich wie der Nyima Pet!« Doch Pagell wollte von Vernunft nichts wissen. »Vernunft!« rief er, ». . . haha! Vernunft!« — Endlich ging er in seine Klause, fest überzeugt, daß ihm soeben großes Unrecht widerfahren sei. Beide haben wirklich gelitten und leiden jetzt noch, auch mir frißt ein unbestimmter Gram an der Seele, der sich nicht zu entladen vermag. Ich faßte mich langsam bei einem Gang durch das Gehöft. Der Sturm ist wie eine Säge, deren feingezacktes Blatt sich auf und nieder bewegt an den Strängen der Nerven. An diesem Tag hatten wir den kürzesten Abendsegen. Schweigend fanden wir uns ein: Jäschke sagte nichts, ich sagte nichts, schließlich erhob sich Pagell, wie ein Baum wuchs er zu voller Höhe vor uns auf und stimmte dann aus breiter Brust einen erzenen Gesang an: »*Selig sind die geistlich Armen / sie finden leichtlich Dein Erbarmen / das Land, der Himmel bleibet ihr' / wenn die Satten und die Reichen / und Selbstgerechten ferne weichen / von Deines Königreiches Zier —*« hier brach er jäh ab, stellte sich vor Jäschke auf, sein Baß klang wie harter Glockenschlag: »*O, hätte ich Flügel wie Tauben, / daß ich flöge, wo ich bliebe, / siehe, ich wollte wegfliegen / — und in der Wüste bleiben. Sela. / Ich wollte eilen, daß ich entrönne / dem Sturmwind und dem Wetter / — und dem*

Frevel und Hader in der Stadt. Sela.« Die Türe krachte hinter ihm ins Schloß, und draußen heulte der Sturm.

Als ich die Zehn-Uhr-Runde machte, stolperte mir von ohngefähr Tsang Sodnam vor die Füße, er hatte sich vor seinen Weibern ins Ladakerhaus geflüchtet. Er kam dicht an mich heran und raunte mir zu: »Das sind die Nächte, in denen die Toten wieder lebendig werden, sie regen und rühren ihre kalten Glieder und gehen steil und aufrecht — langsam zurück in die Dörfer, wenn man vergessen hat sie zu binden. Haha!« kicherte er, »meine Seile reißen nie! Da sieh doch, wie dick der Strick ist! Hast du noch immer keinen Strick um deinen Leib?«

Es ist mir unmöglich, in diesen Sturmnächten zu schlafen. Wenn man in solchen Tagen — besonders aber in den Nächten — nicht gegen sich selbst angeht und sich nicht neu, immer wieder neu ausliefert an die große Liebe Gottes — ich glaube, man würde binnen kurzem dem Wahnsinn verfallen.

3. März 1858

Je länger dieser Winter dauert, desto problematischer wird hier alles mit uns. Oft ertappe ich mich, daß ich in die Schneeöde unserer Gemeinsamkeit starre, in der Frost klirrt und anstelle von Blumen Eiszapfen sich kristallisieren, fast wie draußen unter den Felsendomen von Lahoul. Doch wenn ich dann wirklich erschüttert von dieser ungeheueren Seelenarktis die Augen schließe, dann fühle ich immer wieder den warmen Blutstrom ganz zu unterst im Herzen klopfen, langsam, fast stockend, doch beharrlich pocht er gegen die spröden Barrikaden, die wir so gern in uns errichten. Wohl hat sich der Seelenfrost bergehoch und tälertief in uns festgefressen, aber ich hoffe auf den Tag, an dem die Sonne mit großer Kraft alles erlöst; Blumen wird sie wecken, dort wo sich jetzt Eisblumen in leichenhafter Blässe bildeten. — Ich glaube, auch die Qual, das Dunkle, das Verlassensein ist in den Plan unserer Menschwerdung einbezogen. Vielleicht bilden gerade diese den Kokon, aus dem einst der Schmetterling eines verwandelten, zur Vollendung gewachsenen Wesens zum Lichte steigt. Sich von keinem Schatten besiegen lassen — von keinem: alles ist nur Prüfung, Bewähr! Es scheidet sich in der Weißglut unserer Ängste das Gold von der unbrauchbaren Masse. Und: unermüdlich besorgt sein, in alle Verwirrung und Ungereimtheit Ordnung zu bringen, das ist die Pflicht — die einzige vielleicht —, die jeder gegen sich selbst hat. Es ist durchaus ein Irrtum zu meinen, in einer Gemeinschaft, die sich christlich nennt — und es auch ist —, gäbe es keine Versuchung zum Entgleisen, zum Bitterwerden; im Gegenteil. Das Hosianna wird ohne Mißton erst im Himmel gesungen. Bis dahin sich hüten, daß die Seele nicht ein Trümmerplatz werde, auf dem Enttäuschungen, Verletzungen, Verkennung und Verdächtigung gleich Knochengerüsten verscharrt werden, kein Totenanger das Herz, nein, ein stiller Wald über dunklem Erdengrunde, vielleicht auch — warum nicht — ein voller Rosenplan? Sich die Kraft bewahren, immer wieder durchzustoßen, das Tote abzustreifen, aus dem allein neues Leben kommt. Die großen Lämmergeier, die am Winterhimmel über unserem Gehöft kreisen, sind wie mächtige Sinnbilder: ... daß sie aufsteigen mit Flügeln wie Adler. Vielleicht müssen wir viele Tode sterben, ehe wir in uns den azurklaren Himmel finden.

Auch die Brüder scheinen etwas Ähnliches zu fühlen. Pagell verabschiedete sich heute früh von uns — es ist der erste windstille Tag und der Schnee gangbar —, um in Oberlahoul zu den Bodpas zu sprechen von seinem, unserem Glauben! Er fühlte sich dazu gedrängt und verabschiedete sich von uns entschlossen, in seinen Augen stand etwas — wenn ich es recht deute — wie eine Bitte um Nachsicht, ja eine Entschuldigung. Er murmelte etwas von jenen Argen, die dennoch ihren Kindern gute Gaben geben können. Und er gab den Kindern der Berge gute Gaben. Den ganzen Tag weilte er in der Höhe bei ihnen, das ganze Dorf scharte sich um ihn. Durch Zuruf von Dach zu Dach verständigte man sich bis in die entlegenste Hütte, daß ein Kyelang Sahib gekommen sei, um einen Tag mit ihnen zu leben und mit ihnen zu sprechen, viel zu sprechen! Dieser Besuch war für sie wie ein großes Fest. Moti Ram, der Dorfschulze, bedachte ihn mit allerlei Aufmerksamkeiten und entließ ihn nicht anders als mit einem Ehrengeleit. Und so zog denn der blonde Sohn von der Ostseeküste hier wieder ein wie ein Heros: zwei Männer mit Tamburinen und ein Pfeifer schritten ihm voran. Jäschke verbrachte den ganzen Tag still, wie abgekehrt. Die meiste Zeit war er bei seinen tibetischen Studien. Doch bereitete er uns beiden aus seinen ›Resteln‹ ein Mahl, ein friedliches Schweigemahl, ohne Schärfen und Beizen — zerstreut, abwesend, aber friedlich saß er neben mir. Ich besuchte danach meine Kranken. Am meisten bekümmert mich der aussätzige Sering und daß man diesen Unglücklichsten noch nicht zu helfen vermag. Nicht viele leben in diesen reinen, klaren Höhen, doch die wenigen sind hart getroffen. Der Anblick des entstellten Menschenantlitzes ist mir noch immer grauenhaft.

25. März 1858
Wer an Wunder glaubt, erlebt sie auch. Die Wende ist gekommen — ein Wunder ist geschehen! Eine stille Heiterkeit, die allein das Zeichen göttlichen Wirkens ist, durchwebt unser Haus. Bis zu diesem Tage war es wie das Ringen mit dem dunklen Engel — das wird es auch immer bleiben —, aber der heutige Tag hat mir gezeigt, daß dem oft aussichtslos scheinenden Kampf der Sieg folgen wird — und wenn wir eisgrau und steinalt darüber würden, er wird kommen, der gute, der langanhaltende, der aus Fährnissen vieler Art geborene Friede. Daß es an diesem Tage zu einem solchen hoffnungsbelebenden Friedensstrahl kam, verdanken wir den fernen Frauen!

Nach der Besichtigung unserer stark schwindenden Lebensmittelvorräte traten wir heute zu einer Besprechung zusammen; sie ergab, daß wir noch sparsamer leben müssen als bisher. Eine tiefe Falte grub sich auf Jäschkes Stirn, dann stöhnte er: »Aber ich bin am Ende meiner Kräfte!« und Pagell fiel ein: »— und ich bin am Ende mit allem!« Diese Einheit des Fühlens tat so wohl, daß ich ihnen aus tiefstem Grunde beipflichtete. Verwundert genoß ich einen Augenblick lang die Wirkung dieses Einklanges, er verband uns neu und machte unsere kalten, verkrampften Herzen wieder warm; wir hatten uns gefunden unter dem einenden Leitmotiv: ›am Ende aller Kraft‹. Wie Schuppen fiel es einem jeden von den Augen; als wenn es das erste Mal wäre, blickte ein jeder einen jeden an, beinahe schüchtern betrachteten wir uns und fühlten plötzlich etwas wie ungeheueres Mitleid mit dem armen Bruder dort auf der Bank, der hohlwangig und starräugig, entschlossen bis zum Äußersten, das, was er gelobt, auch durchzuführen bemüht war. Fremd und wiederum ungemein vertraut dieser unbekannt-bekannte, sehr arme, sehr einsame Bruder. »Ich glaube«, sagte Pagell seltsam weich, »— die in der Heimat haben vergessen, so wie es sich gehört, für uns zu beten. Sicher beten sie da drüben nur, daß die Sache mit den Mongolen doch noch gelingen möge, daß die Station sich erhalte und daß recht viele Heiden zum Heiland bekehrt werden möchten und so allgemeines; aber keiner sagt mehr: ich muß doch heute für meinen armen Bruder Johann Eduard Louis Pagell beten, den ich vor Jahren zum letzten Mal gesehen habe — Herr Gott! erhalte mir diesen Pagell und gib ihm Kräfte wie einem Roß, daß er den ersten Himalayawinter auch übersteht! So beten sie aber nur wie für einen längst selig Entschlafenen!« Er war so ergriffen von dem Gefühl der Vernachlässigung und Verlassenheit, daß ihm die Tränen kamen, die er aber schleunigst mit dem Ärmel abwischte, während der alte Rebell aus seinen Augen leuchtete: »Ich frage euch, müßten wir nicht Kräfte haben wie Steppenhengste, wenn sie beteten ohn Unterlaß? Bestimmt! Wir würden es merken hier hinter unseren Schneemauern in der Verbannung, ich aber merke nichts, bin ohne Saft und Kraft.« Schließlich redete er sich in ein so ehrliches Mitleid mit sich selbst hinein, daß auch Jäschke und ich — stumm, weich und gerührt — uns durch die Schuld der Heimat entlastet fühlten. Doch allmählich kam uns wieder die Besinnung: ›Auch wir hätten kräftiger für einander beten können, den anderen verstehen sollen, statt ihm das Leben sauer zu machen!‹ Das wurde zwar nicht ausgesprochen, aber jeder dachte es wohl für sich, denn schließlich sagte Jäschke, als wenn er eine Entschuldigung vorzubringen hätte: »Ein Mann wetzt eben den anderen wie ein Messer das andere ...« Pagell aber fuhr auf: »Das ist es ja eben: das Messer! Ich kann kein Messer mehr sehen und nicht Männer, die wie Messer sind! Gott hat dem Menschen das Weib gegeben, damit ihn der Mann nicht zerstückt — das Weib habe ich gesagt, die Frau — und nicht den Mann! Und so wahr ich hier abgeschnitten bin von der übrigen Welt: Friederike wird dennoch mein angetrautes Weib, meine Frau!« — Ungewöhnlich teilnehmend erkundigte sich Jäschke, wer denn eigentlich ›Friederike‹ sei. »Mein anderes Ich, die Frau, die Gott für mich geschaffen hat!«

Für lange Zeit wurde es still im Raum. Jäschke putzte die Augengläser und überließ sich dem Wunder wohltuenden Verstehens mit sanfter Schwäche. Er stützte nachdenklich den Kopf in der Hand, während er sich das Kinn zu reiben begann: »Also heiraten willst du, so — so! Heiraraten!« Plötzlich zogen Wolken über Jäschkes geglättete Stirn, wie wenn er neue Wellen von Elend andringen sähe, Elend, das vom Weibe ausgeht, gegen das es sich rechtzeitig zu wappnen gilt mit der Strenge und Gerechtigkeit des Mannes, der des Weibes Herr ist. Nach einer langen

Pause des Besinnens zupfte er mich am Ärmel (was nur mochte sein hagestolzes Herz getroffen haben?), dann fragte er mich leise und zögernd: »Und du? Hast du auch jemanden, den du ehelichen möchtest?« Ich erzählte ihm, daß ich schon vor zwei Jahren um eine gewisse M. A. R. angehalten, daß man die Werbung abgewiesen habe, daß ich aber wieder um sie werben wolle. Bedächtig, ja tiefsinnig wiegte der ›große Vater‹ sein Haupt hin und her, trommelte mit den Fingerkuppen auf den Tisch, um sich dann mit einem Ruck zu erheben: die Hände auf dem Rücken, den Kopf zu Boden gesenkt, ging er ruhelos im Raume auf und ab, während Pagell und ich unsere Pfeifen mit letztem Tabak wölkten. Mochte der große Gelehrte, der im Begriffe stand, eines der bedeutendsten und aufschlußreichsten Sprachenwerke — die Geistesbrücke zwischen Tibet und Europa — zu schaffen, mochte er nun gefunden haben, daß die Küche doch nicht das ideale Feld war für seine wissenschaftliche Akribie, mochte er vielleicht in plötzlicher Erleuchtung selbst sehen, daß sein dunkler Anzug staubgrau geworden war — »Nicht wahr?« fragte er, »dieser Rock müßte doch einmal gebürstet werden!« Wir nickten eifrig, er räusperte sich verlegen, zum Erstaunen verlegen. »Ich müßte doch in irgendeinem Koffer auch noch einen zweiten Anzug haben, und ein frisches Halstuch wollte ich mir schon zu Weihnachten leisten!« Ganz unvermittelt schwenkte er dann ab und verkündete gleichsam *ex cathedra*: »Meine Brüder! es wird geheiratet!« Einen Augenblick erschrak er sichtlich über sein eigenes, ungeheuerliches Wort. Er, der bisher die Wissenschaft als reinste Braut erkor, er hatte wirklich gesagt: »Es wird geheiratet.« Doch in jeder Hinsicht gewissenhaft, stellte er noch einmal genau Gründe und Gegengründe einander gegenüber und ließ sich dann zur allgemeinen Lagebesprechung nieder: »Ich sehe ein, daß ein kräftiges Mannsbild allerlei Gefahren ausgesetzt ist, sobald es mit dem weiblichen Geschlecht einer anderen Na-

tion und Rasse in zwangsläufig nahe Berührung kommt;
da wir aber auch besagten weiblichen Teil der Menschheit
im allgemeinen und der Bevölkerung Tibets im besonderen nicht aus Gottes Plan streichen können, wäre uns Unterstützung durch Weiblichkeit aus der Heimat billig und
erwünscht. Ferner«, die Stimme des Seniors erhob sich zu
überzeugendem Beweis sachlich und klar, »die Geschäfte
von Küche und Haus entsprechen mehr der untergeordne-
ten Stellung des Weibes, der Gott Geduld und Fähigkeit
gegeben hat, dem Manne zu dienen. Da es aber in dieser
christlichen Gütergemeinschaft drei Frauen sein werden, die
hier im Gehöft Kyelang zu wirtschaften haben, halte ich
es für angebracht, daß eine von ihnen von vornherein eine
gewisse Superiorität vor den anderen habe, denn schließlich
ist es vom weiblichen Charakter zuviel verlangt, daß drei
Frauen völlig gleichberechtigt miteinander wirtschaften!«
Er machte eine kleine Pause, auch ich stutzte über diese un-
vorhergesehene Wendung, über die hohe Einschätzung des
starken Geschlechtes gegenüber dem geduldigen, demütig-
schwachen. Ähnliches mochte unser Senior nachträglich spüren, denn er rieb sich die Augen, als ob er den altbekann-
ten Druck des Balkens darin plötzlich unangenehm ver-
spürt hätte. Verloren wanderte sein Blick in die Ferne, voll
stolzer Melancholie eröffnete er uns dann: »Ich kannte und
kenne kein Individuum auf der ›Schwesternseite‹ oder unter Frauen überhaupt, doch auch ich werde heiraten!« Dann
huschte ein versonnenes Lächeln über sein schon leise al-
terndes Gesicht und behutsam sagte er, dem geheimnisvollen Rätsel die Lösung anfügend: »Wen kann man heiraten, wenn man niemanden kennt? — wen werde ich ehelichen? — wen? Eine gibt es, die das Alter, die Reife und
die Gaben hat, die ›First Lady‹ von Kyelang zu werden:
meiner Mutter Schwester Kind, meine Base Emilie Rosenhauer, sie wird die befugteste, weil älteste und daher wür-
digste der drei Bräute werden.« Es ist ihm nicht zu ver-

übeln, daß sein ordnender Geist schon jetzt — auch ohne jede bräutliche Rückversicherung und Zustimmung, Rangund Ehrenstufen verteilt. Pagell zwar schrak bei dem Worte ›First Lady‹ zusammen. Er betonte, daß seine «Friederike eine herzhafte Frau, eine Schwester sei — ein Weib, aber keine Lady, denn: Ladies seien »zimperlich«. Es kränkte ihn wohl, daß der große Sprachen-Jäschke seine Cousine schon jetzt zur Vorgesetzten aller erklären wollte, doch zuckte er nur wie unter einem leichten Kratzer zusammen und überließ sich dann der in seinem Innern erstrahlenden Sonne: Friederike. Er hörte gar nicht darauf, wie Jäschke um die beiden bräutlichen Namen Rosenberg und Rosenhauer ein gefälliges Wortspiel machte, bis auch er — des Redens müde — nur noch vor sich hin murmelte: »Rosen, Rosen, lauter Rosen!« Welch ein Tag! Ich werde erneut und ganz offiziell noch einmal anhalten um Maximiliane Adolfine Elisabeth Rosenberg.

19. April 1858

Gestern in der Mittagszeit erfüllte ein gewaltiges Dröhnen das Tal. Wir saßen gerade bei Tische und Jorsam trug das Essen auf. Ein Bergrutsch? Ein Erdbeben? Jäschke fuhr erschrocken in die Höhe, Pagell ließ den Löffel sinken, ich wartete gespannt, ob ein neues Dröhnen dem ersten folgen und unser Haus plötzlich in den Erdboden versinken würde, doch Jorsam, die wie versteinert den Suppentopf in die Hüften gestemmt hielt, lachte plötzlich hell heraus. »Die weißen Berge stürzen zu Tal!« sagte sie und es klang wie ein Jubel. — Lawinen! Die ersten Lawinen! Seit diesem Augenblick ist das Getöse der zu Tal brausenden Lawinen die Begleitmusik unserer Stunden, ein grandioses Getön der Macht, der Kraft und der Zerstörung. Mit angespanntem Atem warte ich, ob nicht eine der nahen Lawinen doch noch Häuser und Schafställe in jenen Gegenden vernichtet, in denen ich Bauholz schlug; doch bisher wurde niemand und nichts beschädigt, ein Trost für mich, denn es war von allem Anfang mein größtes Anliegen, diese Gefahr zu verhindern, doch hätte sich ja, aus Unkenntnis eines Himalayawinters, eine Fehlberechnung einschleichen können.

Jetzt sind in unserer Nähe — Nachbar Palior bestätigte es — die schwersten Schneestürze herunter, und alles im Dorf atmet auf, daß der weiße Tod gnädig vorüberging. Tsang Sodnam ist der glücklichste Mann im ganzen Tal, es naht die Zeit seiner Freiheit, und auch uns schwillt die Brust: der Frühling ist da. Der Frühling wird auch die Gerichtsbarkeit wieder hierher zurückbringen, die den Winter über im Tale fehlte! Wer sich nur irgend etwas inzwischen hat zu Schulden kommen lassen, macht sich fertig zu einer Pilgerfahrt oder Handelsreise nach Nord, Ost oder Süd. Die Freiheit lockt mächtig, die Freiheit der Berge ist unwiderstehlich. Wenn alles wieder wandert und reist, dann werde ich unter die Gletscher steigen und Wasser für unsere Felder in wohl vorbereiteten Holzleitungen, die ich im Winter zimmerte, herabholen. Niemand wird mich begleiten. Aber auch in unseren Studierzimmern gediehen greifbare Früchte der Arbeit. Das meine lieferte eine ›Weltgeschichte für Tibeter‹, aus europäischer Sicht in tibetischer Sprache, dazu eine ›Geographie von Asien‹ und eine ›Astronomie für Lamas und Laien‹ als einen Gegenbeitrag zu ihren mythischen Weltentstehungsgeschichten und Astrologien, alles in Tibetisch. Meine Tabelle über das Verbum in der Bunansprache ist mit anderen Forschungsarbeiten weiter gediehen. Jäschke hat einen Schatzberg voll neuer tibetischer Sprachkenntnisse und Erkenntnisse angehäuft, darüber hinaus hat er — dichterisch nachschaffend — eine erste Probe aus dem alttibetischen Buche »*Die hunderttausend Gesänge des rJebtsum Milaraspa Grubpai*« in die deutsche Sprache übertragen. Sie ist voller Schönheit und entspricht bei aller Feinheit des Einfühlens zugleich sehr präzise dem

Originaltext. Er, der unsterbliche alte Lama Milaraspa, gehört so sehr in diese Landschaft auf dem First des Daches der Welt, daß man oft meint, wenn einer der Büßer und dämonbezwingenden Lamas über den Schnee durch das Tal wandert: da ist er ja, der ›Allbekannte‹, ein alter Mann, der voll von Weisheit zur Ruhe geht, dessen Lippen ein kleines Lied singen, während ihn der eiserne Rasselstab durch sein Wanderleben geleitet, und man sieht plötzlich mit seinen Augen — wie auch heute noch in den Hütten sein Lied ertönt:

»Dies ist Dschag-tschub-rdzongs Bergeinsamkeit
oben starken Gottes Gletscherschnee,
unten gläubiger Spender große Zahl.
Glänzend weichem Seidenvorhang gleich
schließen Berge rings den Hintergrund.
Vor mir dichter Wäldermassen Pracht,
Rasengründe, Matten groß und weit.
Auf den bunten Blüten, reich an Duft,
schwebt der Sechsfüßigen Gesumm.
Wasservogel an des Teiches Strand
steht und dreht den Hals und schaut umher —

Auf den grünen weiten Wiesensamt
hingebreitet seh ich grasend Vieh,
hör der Hirten Flötenspiel und Sang,
die der Weltbegier Handlanger sind . . .
Sie auch lagern, Waren bringend, dort!
Wenn auf meinem weithin sichtbarn
Prachtgebirg ich alles dieses schau —
Die vergängliche Erscheinungswelt
wird zum Gleichnis mir; der Wünsche Lust
seh ich an wie Spieg'lungsbild der Luft,
dieses Leben wie ein Traumgesicht;
Mitleid flößen mir die Toren ein,

Speis' ist mir der weite Himmelsraum —
Störungslosem Sinnen lieg ich ob,
mannigfach Gedanken steigen auf,
der drei Weltgebiete Kreiseslauf
wird zum Nichts vor mir — o Wunder groß!«

Ein sommerliches Land, das Mila — schwermütiger Weisheit
voll — erblickte, als er dieses Lied anstimmte, das nun nach
Europa reisen wird — ein sommerliches Land, nach dem
auch wir uns sehnen aus vielen Gründen. In Europa werden vielleicht noch andere Kreise als nur die strengen Wis-
senschaftler aufhorchen über diese Probe alttibetischer Dich-
tung. So ist denn Jäschkes Korrespondenz mit den Orientalisten Kalkuttas und Europas voll von neuen Anregungen
und Impulsen; er fiebert förmlich nach weiterem Aus-
tausch und neuer Verbindung. Pagell ist krank nach Briefen, vor allem nach solchen von Friederike. Auch ich kann
es nicht leugnen, daß mich im Hinblick auf die Post ein
Bangen befallen hat. Was nicht alles kann sich in den Monaten des vollkommenen Abgeschlossenseins in der enge-
ren und in der weiterer Welt ereignet haben — was wurde
aus Indien, was aus der ›Armee der Rache‹, die ausgezogen
war, um die Kronkolonie zu schützen und zu erhalten, was
wird aus uns, wenn ihr das nicht gelang? Was wurde aus
den Meinen in der Heimat, Mutter, Schwester und ›Braut‹!
Sorge und Sehnsucht sind nahe Verwandte: Voller Ungeduld warten wir darauf, daß die Pässe sich öffnen, genau
wie Tsang Sodnam. Ab und an lädt er sich schon den vollen Fellsack mit Post auf den Rücken, um sein Gewicht zu
prüfen. Einen Brotfladen mit Knoblauch kauend, räuspert
und rülpst er vergnüglich, reibt sich die Hände, blickt den
eilenden Wolken nach und stöhnt: bald wird es Frühling
— bald wird Tsang Sodnam frei!

5. Mai 1858

Tsang Sodnam ist gegangen. Schwerfällig stapft er mit dem Sack auf dem Rücken über Stock und Stein. Offizielle Berichte an unsere Behörde, wissenschaftliche Korrespondenz, einige Pakete, einige Zeitungsartikel, Briefe an unsere Verwandten und Freunde und drei handfeste Heiratsanträge — alles das schaukelt im groben Fellsack auf Tsang Sodnams Rücken über vier Hochpässe und zwei reißende Ströme dem Süden zu.

Die Anzahl meiner abgesandten Briefe ist sehr gering und ihr Inhalt unbedeutend. An die Behörde über unsere Verhältnisse hier zu berichten, fühlte ich mich nicht gedrängt, besonders nicht über das manchmal allzu gespannte kollegiale Verhältnis. Ich weiß nicht, ob die Brüder es getan haben; wohl möglich, daß man mir mein Schweigen als Gleichgültigkeit, vielleicht sogar als mangelnde Offenheit auslegen wird, aber ich will lieber als schreibfaul, nachlässig und verschlossen gelten, als daß ich auch nur einen Schritt über die gebotene Zurückhaltung hinaus tue und durch unbesonnene Worte und leicht hingeworfene Schilderungen die Ehre und das Ansehen meiner Brüder (die doch meine Freunde sind!) kränke. Aus unserem Himalaya-Exil läßt sich so schnell kein Mißverständnis und kein geschriebener Irrtum aufklären. Schließlich besteht auch immer die Möglichkeit, daß meine Ansichten falsch sind und ich es an Liebe und Hochachtung gegen die Brüder habe fehlen lassen. Die Versuchung allerdings, sich gegen unbeteiligte Freunde etwas vom Herzen zu schreiben, war wohl gegeben; aber auch nur die Vorstellung, in einem Brief über uns drei zu berichten, erschien mir als Ungeheuerlichkeit. Im Vertrauen geschrieben, im Vertrauen weitergegeben, doch von dritten und vierten Augenpaaren gelesen, durch fünfte und sechste Münder besprochen — in jedem verbösert, verschlimmert, auf jeden Fall entstellt — bis der siebente und achte Mund schon etwas vollkommen anderes dem neunten und zehnten Ohr zuraunt und es geschieht, wie es die Natur mündlicher Nachrichtenüberlieferung ist, daß die elfte und zwölfte Zunge schon nichts anderes verbreitet als leeres, entehrendes Geschwätz, das mit der eigentlichen Wahrheit nicht mehr das geringste zu tun hat. Ich sah sie immer vor mir, die berufenen und die unberufenen Kläger und Richter, die keinen Dunst von der wirklichen inneren und äußeren Lage hier haben können. Nein! Und noch mal: Nein! Ein loses Geschwätz oder albernes Gezänk war unser Dreikampf hier oben nicht, und bei allem, was ›drüben‹ als liebloses Richten angesehen werden könnte, ging es doch schließlich nur um ein Ausrichten. Freilich: Jäschke und Pagell denken anders über schriftliche Mitteilungen; wieweit sie im Berichten gingen, das entzieht sich meiner Kenntnis: ich jedenfalls rette mich nach wie vor in meine alte heilsame Schweigsamkeit.

Knöchern und trocken ist auch mein Heiratsantrag, der ganz nüchtern eine Abweisung durch ›die Braut‹ und durch die Behörde einkalkuliert. Und doch erhoffe ich sie mir in ihrer stillen Gestalt und einfachen Fraulichkeit: Maximiliane Adolfine Elisabeth Rosenberg. Voll Ungeduld warten wir schon jetzt auf Tsang Sodnams Rückkehr aus dem Süden. Vielleicht bringt er den Ölzweig guter, friedenverkündender Nachrichten aus Anglo-Indien. Wie wird man ihn bei den indischen Freiheitskämpfern empfangen: — wird man seine Post konfiszieren, ihn selbst füselieren? Tsang Sodnam war guten Mutes. Als echter Asiate weiß er, wie man mit Hindu und Moslem umgeht — auch mit rebellischen.

Maria legte die Blätter zusammen. Das Stichwort war gefallen, die ›Braut‹, die erwählte Braut Maximiliane, für die eine andere, eine unerwählte, gekommen war. Obwohl sie es trieb, aus dem Rest der Blätter mehr zu erfahren über sich selbst und die andere, im Verhältnis zu *ihm*, schob sie alles beiseite. Zu bedrückend diese Stille vor dem Sturm, zu dunkel das Brauthaus, zu unruhig und betrübt das Herz.

EINSAMKEITEN

Der Sturm brach los. Er ratterte und rüttelte an allen Pfosten und Balken. Wie Sturmvögel jagten Krähen über das Gehöft — unvermittelt und plötzlich waren sie da, als seien sie in einem fremden Land aufgehoben und forgetragen von den Fittichen des Sturmes, dann aber jäh aus den Wolken herabgeschleudert.

Von der großen Weide wirbelten die letzten, lanzettlichen Blätter über den Hof, sie klatschten dann und wann auch gegen Marias Fenster. Lobsang Chospel besänftigte nur mit Mühe den Yak, der mit gesenkten Hörnern auf ihn losgehen wollte. Jorsam aber stand ruhig im Hof und sang zu dem rhythmischen Auf und Nieder ihres hölzernen Stampfers, mit dem sie den Buttertee im Fasse schaumig schlug, eine eintönige Weise, immer die gleiche eintönige Weise. Bald klang sie laut, bald leise zu dem Brauthaus hinüber. Mit einer Beharrlichkeit und Eindringlichkeit behauptete sie sich, als hätte das Lied sich selbständig gemacht und nun im Sturme verfangen. Auch Sodnam Stobkjes, der Hemismönch, hob, als er über den Hof ging, den Kopf aus seinen Grübeleien und horchte auf das Lied. Er hatte die sommerliche Wollkappe gegen die winterliche Fellmütze eingetauscht. Sie thronte ihm auf dem Haupte wie eine Mitra, auch Joldan, sein Sohn und Schatten, trug diesen Kopfputz wie eine Krone.

Nachdenklich stand Maria am Fenster und blickte den wilden Wolken nach, die sich dicht und dichter über dem Gehöft zusammenschoben, während das Heulen des Sturmes sich verstärkte. Sie fühlte nach dem Ring an ihrer Hand, dann wieder horchte sie auf den Gesang. Es hämmerten die Rhythmen des Liedes an gegen die Gewalt der Böen, so daß es sich schließlich ihrer bemächtigte, auch ohne daß sie die Worte verstand. Immer wieder kam der Gesang — es klang wie Sturmesbannen, und doch war es nur ein Lied der Liebe — ein zartes, tibetisches Lied, dessen schwermütige Innigkeit, dessen leidvolle Leidenschaft im Raume haften blieb, während der Sturm Bäume und Balken knarren und ächzen ließ:

Droben im Wiesengrün
Duftet eine Blume,
O Knabe mein!
Blühend prangt sie auf Bergeshöhen.
Pflücke die Blume, Knabe mein,
Nimm die Wunderblume hin;
Doch sie welkt, wenn nur die Hand sie bricht,
Pflücke sie mit der Seele, Liebster mein!
Mit der Seele leg sie an dein Herz.

Losgelassen war der Sturm, und Einsamkeit umspann das abgesonderte Brauthaus, in dem sich Maria schon bald nach dem Erwachen alleingelassen fand. Und während sie in ihrem einzigen Buche blätterte, suchte sie sich zu bewahren vor einer gleichsam aus allen Ritzen und Ecken ankriechenden Schwermut, sie suchte ihre eigenen trüben Gedanken zu meistern, die in den Sog des Sturmes geraten waren wie Vögel mit ermatteten Schwingen. Die Rosenknospe im Glase war — ohne sich zu öffnen — über Nacht gewelkt, und Wilhelms Stimme und Worte erreichten sie nicht mehr, waren verblaßt, verweht, verklungen, und doch verlangte sie nach ihm und Äußerungen seiner Seele, und sie öffnete seine letzten verschlossenen Blätter. Nur mit Zittern und Zagen las sie weiter, wie wenn Unerwartetes aus diesen papierenen Bögen sie doch noch schmerzhaft treffen könnte.

9. Mai 1858

Dort, wo die Felder des Gehöftes sich tausend Meter höher über uns ausbreiten, quillt aus den Rinnsalen getauten Schnees ein Bergfrühling in bezaubernder, üppiger Fülle: Potentilla und Vergißmeinnicht, Enzian und Primeln schaukeln ihre Glocken, Dolden oder Rispen im immer wachen Winde. Lama Ga Puntsog aus Ladak, der mir in diesem Winter manchen heimlichen Beweis seines Vertrauens und seiner Zuneigung brachte, erschien heute, weil er von den Dorfleuten gehört hatte, daß ich in diesen Tagen mit der Feldbestellung beginnen würde. Alle Männer und Weiber warten darauf voll Spannung, denn sie kennen meinen Entschluß, kein Schaf und keine Ziege zu töten, um mit ihrem Blut die alte Erdmutter *Ama Khon*, die auf goldenem Widder reitet, zu tränken und zu versöhnen.

»Schlag wenigstens eine Hacke in den Boden, damit die bösen Geister gebunden bleiben!« riet er mir, »die Hacke in den frischen Boden schlagen, das ist die Waffe des armen Mannes, der es sich nicht leisten kann, den neidischen Erd-, Wasser- und Luftgottheiten ein kostbares Schaf zu opfern!« — »Ich brauche meine Hacke zum Arbeiten und nicht zum Zaubern, ich brauche sie nötig, Ga Puntsog!« Der schüttelte unwillig und bekümmert den Kopf: »Auf deine Felder wird die Sonne nicht scheinen und kein Wasser rinnen, verbrennen und verkommen wird deine Saat im Schoß der unversöhnten Erdmutter — jeder im Dorf weiß das, jeder im Dorf wartet darauf, denn du bist dazu noch ein Fremder, für den kein Lama Wetter macht, nur der Lama kann den Wolken befehlen, daß sie Schnee geben, nur der Lama zwingt mit seinem Donnerkeil die Luft- und Wassergottheiten zum Dienst, er ist es, der sie beherrscht!« — »Ich brauche keinen Donnerkeil und keinen Bannstrahl,

die Strahlen der Sonne sind mir Verheißung genug!« —
»*Om*«, murmelte er und machte das Kumar-Zeichen, das
bestätigt, daß Tsan- und Hexengeister in Zorn geraten
sind, dann holte er aus seinem Gewand ein Stück des Faden-
kreuzes, das die Lamas seiner Heimatstadt, in der Wüste
um Leh, den Geistern an einem hohen Mast opfern, ehe
die große Erdtüre sich öffnet. Er reichte es mir zusammen
mit einer Rolle geheimer Zaubersprüche, die ich sprechen
soll, wenn ich über die Erde gehe. Gerührt von solcher Be-
sorgnis um unser Wohl, fragte ich ihn nach dem Grund
seiner Anteilnahme. Halb verlegen, halb wegwerfend stieß
er hervor: »Ich will, daß du und deine ›Vaterbrüder‹ (Pagell–Jäschke) — ich will, daß deine Paspunschaft (die ›Verwandten‹) hier im Tale bleiben; nicht will ich, daß der
schwarze *Dorje* über euch Macht gewinnt, der über euer
Haus und eure Äcker den Fluch geschleudert hat; über euch
und über alle, die bei euch wohnen: Sodnam Stobkjes, Joldan, die Familie Chospel und über Mipam, den Knecht; er
wird auch mich verderben, wenn er weiß, daß ich euch liebe. Alle hat er mit schweren Zaubern bedroht, doch über
eurem Hause steht ein gutes Licht des Nachts, man sieht es,
wenn man im Schaschur-Kloster betet!«
Ehe ich etwas erwidern konnte, hastete er davon; er
nahm den Weg durch die Stallungen, dann unter dem tief-
hängenden Gezweig der Weiden ins Dorf zurück — unentwegt die Handgebetsmühle schwingend — *om mani padme
hum* — *om mani padme hum*. Ich bin besorgt um Ga Puntsog. Gefährlicher kann er ihm werden, der Zauberer, als
einem von uns, gefährlich, der schwarze *Dorje*, der die Kno-
chenflöte zu blasen versteht, daß einen das Grauen packt.
Vielleicht hat er den Kopf einer Katze geopfert, um unsere
Felder zu behexen. Aber ich werde ihnen allen die Hin-
fälligkeit ihres mißgeleiteten Glaubens beweisen, der das
heilige Land unter den Gletschern mit Furcht knechtet. Fesseln — unvorstellbare Fesseln — schmieden die Wahrsager

und Orakelmänner um das Volk, das sie völlig in ihrer Hand haben; ihr stärkster Bundesgenosse: die Angst, namenlose Angst vor der Dämonie der Ungewißheit.

An einem Dienstag bin ich zum ersten Mal über die Felder gegangen. Mit Yak und Bastard-Yak und einer europäischen Pflugschar habe ich die harte graue Scholle gebrochen. Sie haben es alle gesehen, aus ihren Hütten haben sie versteckt hervorgelugt — voll Entsetzen und Angst, vielleicht auch mit Schadenfreude, denn der Dienstag ist ein zorniger Tag, an dem man nichts Wichtiges unternehmen soll, *gza mig dmar*, das ergrimmte Rot-Auge, steht über ihm. Ga Puntsog, der den Weg von Schaschur-Kloster herabkam, suchte meine Augen mit stummem Vorwurf, dann flüsterte er zwischen seinen Gebeten: »Warum hast du nicht wenigstens den weißen Donnerstag gewählt, oder doch den blauen Montag oder den gelben Freitag —, sie bringen keinen Schaden: ich warne, ich warne dich vor dem Feuertage Dienstag, das rote Licht des *gza mig dmar* bringt Zerstörung und Untergang!« — »Laß nur, Ga Puntsog — ein jeder rechte Werktag ist ein guter Tag!« Die Gebetsmühle schwingend, stieg er langsam zu Tal, die Tiere anfeuernd, zog ich froh zu Berg. Jeder Tag des aufbrechenden Frühlings ist kostbar, und warum sollte ich bis zum ›glücklichen Donnerstag‹, den der Abt von Kardang nach dunklem Orakelspruch als den günstigen Tag dieses Jahres herausgefunden hat, als den Tag, an dem in ganz Lahoul zum ersten Mal der hölzerne Pflug über die Erde scharren soll?

Mitte Juni 1858

Im Bereich der Gletscher steht mein Zelt, tief unter mir liegt die Welt. Mein altvertrautes graues ›Haus‹ habe ich an einem Felsvorsprung aufgeschlagen, kaum hebt es sich von dem Grau der Steine ab. Eine letzte Aussprache mit den Kollegen bestätigte mir nachdrücklich, daß der Gang unter die Gletscher immer ein einsamer bleiben wird, keiner von ihnen billigt dieses lebensnotwendige Unternehmen, von hier aus eine Wasserleitung für das Gehöft zu bauen. Die Brüder zweifeln an der Durchführbarkeit meines Planes, vor allem der Senior lehnte sich geradezu rebellisch dagegen auf, er bestürmte mich, doch ›von der Unrichtigkeit meiner Denk- und Handlungsweise‹, die Ökonomie betreffend, abzulassen; Station Kyelang sei kein Bauernhof, sondern eine Stätte geistigen Wirkens allein, deren Bewohner sich durch das Erhalten, was ihnen der Garten und der Handel mit dem Süden während des Sommers zukommen läßt. Er war nicht zu beschwichtigen, geschweige denn zu überzeugen; er hofft inbrünstig, daß die Heimat diese Pläne nicht gutheißt, daß sie mich nicht mehr wie bisher in all diesen äußeren Angelegenheiten unterstützt und daß die ›Folgen meines unseligen Handelns‹ doch noch eines Tages — möglichst bald — ›redressiert‹ werden. Diese letzte Aussprache war ein Kampf, ohne daß die Klingen gekreuzt wurden. Ich stand auf und ging. Zu oft schon habe ich davon gesprochen, daß allein das erdenhafte Unterbauen unserer eigentlichen, hohen Aufgabe hier deren Bestand und Gelingen gewährleisten kann. Auf Händler aus dem Süden warten, auf Waren aus Ländern jenseits der Pässe angewiesen bleiben, erhält in Abhängigkeit, Unsicherheit und Unwirtschaftlichkeit.

Mein Weg unter die Gletscher ist aber weder eine Herausforderung noch eine Anmaßung: ich folgte nur dem uralten Brauch der Bergvölker, die von eh und je gezwungen waren, das Tauwasser von Eis, Schnee und Firn aufzufangen, um mit diesen kostbaren Rinnsalen ihre kleinen Äkker in der Tiefe sorgsam wie Gartenbeete zu tränken, und das nach vereinbartem Plan: reihum im ganzen Dorf. Es hütet seine einzige Wasserleitung als einen gemeinsamen Schatz, der, gerecht verteilt, einem jeden nach genau festgelegtem Anteil dient. Den Wasserlauf verunreinigen, ihn mißbrauchen oder unrechtmäßig nutznießen, zieht die Strafe des ganzen Dorfes nach sich.

Keinesfalls werde ich ihre alten, sauer erarbeiteten Wassergerinnsel auch für uns nutzen oder beanspruchen, das käme einem Diebstahl oder dreistem Übergriff gleich! Ich suche für uns neue Quellen und neue Verbesserungen im primitiven Wasserkunst-Bau der Bergler. Der Gletscher des Nyima Pet wird mir Wasser spenden, das ich in langen Röhren, die ich aus Holz zimmerte, um Felsenecken und Biegungen leiten werde, auch über solche Stellen, wo jeder Weg und jedes Fundament fehlt. Kein Bodpa hält das für möglich, aber ich werde es beweisen. Das wird allerdings ein ständiges und gefährliches Ringen mit dem Himalaya selbst sein und bleiben. Es wartet die ganze, ins Ungeheuerliche gesteigerte Natur ja nur darauf, das Werk von Menschenhand zu zerstören: Schnee- und Schuttlawinen, Schlammstürze, Steinhagel — die Waffen des Berges. Doch mag die Verwitterung noch so groß sein: solange ich hier bin und zu meinem Teil für den Bestand der Station zu sorgen habe, muß ich neben allem Forschen und Heilen auch graben, bauen, säen, pflanzen und ernten — nicht auf Händler warten, sondern die Hände rühren.

So beginnt denn unter den Gletschern meine erste — eine wortlose Predigt. Sie wird den tibetischen Bauern beweisen, daß weder Neid von Erdgeistern noch Mißgunst von Wasserhexen etwas über uns vermögen, daß nicht der Lama das Wetter macht, sondern ein Größerer, der es zeigen wird, daß Sonne und Himmelstau auch unseren Feldern gehören. Der Acker — vom Schwarzmagier verflucht — sei mein unwiderlegbarer ›Gottesbeweis‹, eine Absage an alle Wetterzauberer, Orakelmänner und Dämonenhüter. Ich werde nicht ruhen, bis ein Schimmer von Glauben an die wahre Inkarnation Gottes im Tale aufglitzern wird wie das herabschießende Wasser des Yurra-Baches. — Ströme werden es nie sein, nur ein schmaler Laufgraben, eine Yurra voll; in der aber soll es rinnen, solange die Sonne ihre Taukraft über das Eis ausschüttet. In das graue Gestein will ich mich hineinknien und Rillen schlagen für den Wasserlauf, Steine will ich brechen und Felsenstürze überbrükken, der Schall meiner Axt sei in diesen menschenleeren Räumen der Glockenton einer stummen Verkündigung, und wenn dann das helle Gletscherwasser wirklich herabschießt, dann sei das mein dankbares Credo.

›Wolken, die über Garza ziehen, haben keinen Regen.‹ In breiten Bänken lagern sie sich jetzt unter mir um die Flanken der weiß und steil in den Äther aufragenden Felspyramiden, die auf Wochen hinaus meine nächsten Nachbarn geworden sind. Nicht weit von meinem Zelt stehen einige Felsnadeln und -zacken in kristalisch funkendem Büßerschnee wie zu Eis erstarrte Heilige. Blendende Gratlinien ziehen wie Straßen der Unendlichkeit in die arktische Bläue und dunkle Felsrunsen stürzen zur Tiefe, klaffende, gähnende Schlünde der Unterwelt. Königlich und gefährlich ist es hier, wo nur Adler und Lämmergeier ihre Horste haben. Frei erhebt sich der Blick über Täler und Höhen, und die kleinlichen Sorgen der Menschen fallen ab, hier hat die Ewigkeit ihr Auge aufgeschlagen.

Vier Wochen unter den Gletschern, jetzt bin ich wieder im Gehöft; es war, als ich dort eintraf, sehr lebendig, mich erwartete der Auftrag, sofort nach Norden aufzubrechen, um in Kaschgar und Yarkand den näheren Umständen nachzuspüren, die zu dem Mord an Adolf Schlagintweit geführt haben, das Gerücht um seinen Tod hat sich als Tatsache erwiesen. Senior Jäschke, der mich zu diesem Auftrag ausersehen hat, ist — wie ich — der Meinung, daß die Abreise unverzüglich und sofort zu geschehen habe. Der Sommer hat seinen Höhepunkt überschritten, die Spuren um das Mordgeschehen verwischen sich mehr und mehr. Zwischenberichte über das Schicksal Adolfs sind von uns bereits an seinen Bruder Emil nach Berlin gesandt worden. Die Expeditionsgegenstände, die von den Brüdern hier bei uns gelassen worden sind, ruhen unangetastet und wohlbehütet im Gehöft. Meine Erkundungsfahrt soll zugleich eine neue Rekognoszierung hinsichtlich unseres Mongolenvorhabens sein. Die Revolution in Indien hat sich — wie man hört — ausgetobt oder besser, die Wogen beginnen sich zu glätten. Indiens Schicksal liegt, wenn auch noch nicht fest, so doch einigermaßen sicher wieder in Englands Hand.

Ich werde gerne gehen. Ein guter Friede ist in mich eingekehrt, die Yurra ist gebaut, die Felder getränkt, grün steht die Flur. Das weiße Haupt des Nyima Pet blickt auf mich herab wie das eines großen Freundes und Vertrauten, der mich wochenlang in seiner über alles Begreifen erhabenen Ruhe duldete. Seit ich wieder im Tal bin, spüre ich mit Verwunderung, wie sehr mich die Zeit der vollkommenen Einsamkeit der Menschennähe entrückt hat; die Berührung mit den elementaren Gewalten der Eisregion macht einen wortkarg, und doch werde ich gerade in diesem Augenblick von jenseits des Ozeans her aufgefordert, mich zu den vom Senior in die Heimat gemeldeten Meinungsverschiedenheiten zwischen uns endlich auch einmal zu äußern.

Daß ich mich in der Winterpost nicht über unser kollegiales Verhältnis geäußert habe, wird mir von der Heimatbehörde ausgelegt als ›absichtliches Verdecken des Schadens durch Schweigen‹ ... Heimlichhalten aus Feigheit also! Das aber ist einer jener groben Irrtümer, die man aufklären muß, und das schnell und ohne Aufhebens.

Fertig zum Aufbruch nach Yarkand! — Da erschien im Gehöft Tara Tschand. Ehrfürchtig, beinahe devot erbot er sich — als tibetischer Edelmann —, die Reise nach Kaschgar zu machen und Nachforschungen über den Mord anzustellen. Sodnam Stobkjes, der mich mit seinem Sohn Joldan begleiten sollte, war fast ebenso enttäuscht wie ich, daß wir zurücktreten müssen. Aber aus mancherlei Erwägungen überlassen wir nun dem Oberhaupt von Lahoul diese wichtige Angelegenheit, die uns — besonders als Landsleuten des Toten — so sehr am Herzen liegt. Tara Tschand betrachtet die Reise als eine Art Treue-Kundgebung für die sich behauptende Macht der Weißen in Asien. Schon aus diesem Grunde wäre es unklug, ihm vorzugreifen und die ordentliche Erfüllung seiner Aufgabe anzuzweifeln. Als Tibeter erregt er unter Asiaten auch weniger Aufsehen als ein Weißer, denn es kriselt ja doch noch überall in Hoch- und Niederasien im Hinblick auf Europa und Europäer. So lasse ich sie denn reiten, gestehe mir jedoch ehrlich ein, daß ich mich, wenn ich schon nicht selbst den Auftrag übernehmen konnte, gern dem abenteuerlichen kleinen Troß angeschlossen hätte. Jetzt haben sie sicher bald den Baralacha-Paß erreicht.

Im letzten Lichte des Abends lodern die Spitzen des namenlosen Bergmassivs herüber, das den Hintergrund des Tales abschließt. 20—22 000 Fuß hoch ragt es in den Himmel hinauf. Es trennt unser kleines, steiles Lahoul-Tal von dem fast nie besuchten Hochgebirgstal Barang-bal. Ein außerordentlich schwieriger Paß führt in 6000 Meter Höhe darüber — im vorigen Jahr wurde er von Schlagintweit überstiegen. Wir benannten heute die dem Tal von Barang-bal vorgelagerte Felspartie ›Schlagintweit-Spitzen‹. Alle, die je in diesem Haus wohnen werden, sollen sich beim Anblick der himmelstürmenden weißen Gipfel auch der tapfern Brüder erinnern, besonders des Ermordeten. Wir sprachen für ihn ein Vaterunser.

September 1858

Nun muß ich doch für die kommenden Monate Kyelang verlassen. Nicht nach Norden, nach Süden werde ich ziehen. Irgendwo in Nordindien wird die Presse aufzutreiben sein, die wir dringend benötigen, sie ist für unsere tibetischen Übersetzungsarbeiten genauso unerläßlich wie eine Gletscherleitung für die Bewässerung unserer Felder. Tob und Dan werden mit mir gehen, ohne uns drei wird der Winter in Kyelang für die Brüder — im Hinblick auf ihre Versorgung — leichter zu bestehen sein als mit uns. Der größte Teil der neuen Felder ist abgeerntet, und schon birgt der Keller Weizen und Roggen — beides hier noch nie geerntet! — Wurzelgemüse und Krautsorten, bedeutend besser geraten als im hastigen Bausommer 1857. Die Kartoffelernte werde ich vor meinem Weggange mit einigen restlichen Getreidestücken noch einbringen, sie verheißt prächtig zu werden. Einen ausreichenden Vorrat an Reis und indischen Erbsen, *Dal*, haben wir von den Kululeuten dazugekauft; Salz und *Ghy* brachten die Nomaden aus Rupshu, sie tun schon ganz bekannt, diese *Rebopas*, die sich bereits darauf zu freuen scheinen, daß sie ihre wochenlangen mühsamen Reisen mit ihren Herden hier in Kyelang unterbrechen können. Alles in allem dürften die Brüder getrost dem Winter entgegensehen: was die äußere Sicherheit und Versorgung anbelangt, wird er besser als der vorjährige. Die Ernten des Gehöftes werden bei entsprechender Bodennutzung von Jahr zu Jahr reicher werden.

Im Tale haben sich die jungen Leute zusammengerottet und von den Lamas Rechenschaft gefordert, wieso denn — allen Vorhersagen zuwider — auch auf die Felder der Fremden die Sonne schien und Tauwasser rann, so daß sie Frucht (bei den Drei Kostbaren — sehr gute Frucht!) hergaben. Was die Lamas ihnen geantwortet haben, ist mir nicht zu Ohren gekommen, doch sie sind nie verlegen, wenn es sich darum handelt, ihre unrichtigen Orakelsprüche und Vorhersagen zurechtzubiegen. Man wird die Leute vertrösten, sie werden vergessen, was die Orakelstimme sagte. Doch die alten und jungen Männer werden bei der neuen Frühjahrsbestellung nicht mehr versteckt alle meine Taten beobachten, vielleicht stehen sie da wie mißtrauische Richter. Sie wissen auch, daß ich vor ihnen und ihren Zaubern keine Angst habe, sie spüren, daß ich den tibetischen Bauern liebe, für den Gott besonders das Wort gesprochen zu haben scheint: im Schweiße deines Angesichts sollst du dein Brot essen. Was das anbelangt, bin ich in diesem Sommer einer der ihren geworden.

Soeben haben wir erfahren, daß England mit China ein Abkommen vereinbart hat, wonach Europäern Reisen, Wohnen und freie Religionsübung im ganzen chinesischen Reiche zugesichert wurde. Wir freuen uns königlich und sehen uns den Mongolen ein großes Stück näher. Station Kyelang wird bleiben und gestützt werden als erster, am weitesten vorgeschobener Posten nach Innerasien. Welche Arbeit auch immer wir hier noch zu leisten haben: die nach uns kommen, sollen ihren Fuß getrost auf die erste Sprosse der Stiege nach Osten setzen können, ohne daß sie unter ihnen gleich zusammenbricht.

Die Aussichten, die der Tientsiner Vertrag uns bietet, beginnen Jäschke hinsichtlich unserer Brautwerbung zu beunruhigen und zu bedrücken. Für ihn kommt ein Aufbruch nach Norden oder Osten nicht in Frage. Sorgenvoll meinte er: »— und wenn dann die Frauen eingetroffen sein werden, dann seid ihr schon längst über alle Berge, und ich sitze da mit euren weinenden Bräuten. Das hat man nun von der Heiraterei!« Ich tröstete ihn damit, daß ›meine Braut‹ noch durchaus nicht ihr Ja-Wort gegeben habe, während Pagell munter zurückgab: »Friederike feiert die Flitterwochen mit mir auch in der Mongolei!«

Simla, Oktober 1858

Der Abschied von Kyelang liegt mir noch schwer auf der Seele. Auf kurze Strecke gaben mir die Brüder das Geleit, nachdem wir am Abend zuvor bei dem Mahle des Herrn einander stärkten. Vor dem Genuß der Sakramente fanden wir uns zu zweit im stillen Kämmerlein ein und sagten uns, was wir widereinander hätten, damit nichts uns hindern könnte, des Segens teilhaftig zu werden. Das, was zwischen Pagell und mir zu sagen war, geschah mit wenigen Worten — unbedeutende Kleinigkeiten, die eigentlich schon immer gleich bereinigt worden waren. Die Klausuren mit Jäschke währten lange, er hatte einem jeden von uns viel zu sagen, denn ›Die Liebe freuet sich der Wahrheit‹. Manches an diesem Abschieds-Sprechen hat mich mehr bedrückt als befreit oder gar erhoben. Wir armen, seelenprüfenden Männer tasten uns am Rande der äußeren Vorkommnisse entlang, wollen ›Wahrheit‹ erkennen, erhaschen aber meist nur den Widerschein unserer Taten, halten ›Wahrheiten‹ für die Wahrheit selbst, doch diese liegt tiefer: sie ist eine so schwere, eine so heilige Sache, die man im Staube des Alltags kaum zu erfassen vermag; um sie wirklich zu erkennen, bedarf es des ungetrübten Auges eines Engels, eines Heiligen oder des schattenlosen göttlichen Geistes. Zu sehr stehen wir uns oft selbst im Licht — wir, die wir noch in den Lehrjahren der Liebe sind.

Doch jetzt beginne ich aller selbstquälerischen Schwere ledig zu werden, jetzt — von der Terrasse in Simla — gedenke ich meiner treuen armen Brüder in ihrer großen Einsamkeit nur noch mit Bangen und Sorge. Hart verfahren wir miteinander, um Schliff und Formung des Charakters bemüht. Ein gefährliches Unternehmen jetzt, wo die beiden so grundverschiedenen Naturen in der Einöde des Himalaya einen langen Winter hindurch ganz auf sich selbst angewiesen sind. »Eine Einsiedelei auf dem Rotang wäre mir lieber als das Alleinsein mit ihm!« Jäschke stieß diesen Seufzer mit Inbrunst aus, ehe ich das Haus verließ, er konnte es nicht verbergen, daß er sich davor fürchtet. So suchte ich ihn mit allerlei Worten zu trösten, doch was kann es ihm schon helfen, daß ich ihm sagte, das Zusammensein mit Menschen sei eben bedeutend schwerer als das Alleinsein in jeder Einsiedelei; ich gestand ihm auch, wie sehr ich anfänglich mit dem Umstand gehadert hätte, daß ausgerechnet drei solcher Querköpfe, wie wir es nun einmal sind, zusammengeschmiedet wurden; jetzt aber wüßte ich mir niemand anderen herzudenken als gerade uns. Auch seien wir ja keine Knaben mehr, sondern voll verantwortliche, ausgewachsene Männer, die einige besonders harte Lehren und vier Jahre Asien ihm voraus hätten, daß man sich da eben nicht gerne am Zeuge flicken ließe. Jäschke sah mich zögernd an, zögernd und prüfend wie ein Gärtner, der zwischen einer Unmenge wuchernder Diesteln und Dornen doch noch ein Goldkorn gefunden hat, dann sagte er langsam: »Einen ungestümen, einen wilden Heiden habe ich dich oft genannt, aber ich habe auch bemerkt, daß du dein eigentlich hitziges Temperament zügeltest, daß du bei Meinungsverschiedenheiten immer wieder ein gewisses gefühliges, liebevolles Wesen schnell die Oberhand gewinnen ließest, ja, das habe ich bemerkt.« Ein wenig vorgebeugt reichte er mir, von einer unbestimmten Rührung überkommen, die Hand. »Neun Monate...!« sagte er betrübt, »— neun endlose Wintermonate, ehe du wieder zurück sein kannst! Aber du kommst zurück! — ein Hoffnungsschimmer, ein erfreuliches, die schlimmste Trübsalzeit endendes Ereignis!« Verlegen sich räuspernd, die Gläser putzend, verschwand er in seinem Kabinett.

Ein Stück weit begleiteten mich beide bei meinem Aufbruch. An der letzten Wegkreuzung stand dann der Senior vor mir mit mahnend erhobenem Zeigefinger als ein getreuer Ekkehard: »Hüte dich vor deiner allzugroßen Gut- und Weichherzigkeit — ich weiß, du kannst nicht leicht das unverschämte Verlangen eines Dieners abschlagen — geh ihnen aus dem Wege, den Bakschisch-Jägern und Tagedieben. Hüte dich auch vor deiner unseligen Liebe zum Hohen, Vornehmen und Schönen: es sind die Fallstricke der Verblendung! Hüte dich vor allem davor, das Nützliche zugleich immer ins Hübsche verwandeln zu wollen. Hüte das

Auge! Das Auge, das die Schönheit sucht, ist in Gefahr!« Ich hörte auf seine mehr väterliche als brüderliche Mahnung, ich sah voll Rührung auf die schmächtige, treue Gestalt, die sich beinahe gebrechlich ausnahm vor der Majestät der düster-hellen Gebirgsstöcke mit ihrem ewigen Eis, ihrer heiligen Ruhe und Schönheit. (Das Schöne, ist es Wesen oder Abglanz des Ewigen?. . .) Aufrecht und stolz stand Pagell da — der Wind fuhr ihm durch seine blonden Haare, und seine blauen Augen blickten trutzig in die meinen; »*Lamla kadar dsad*! Sei vorsichtig auf dem Wege!« Ich antwortete ihm wie immer, wenn wir uns trennten: »*Stanpo skyod*! Schreite sicher!« Dann wandten sich beide um und gingen zurück auf ihren ›Läuterungsberg‹. Jetzt sind sie abgetrennt und eingeschneit — fest abgeriegelt ist der Turm des Schweigens Himalaya.

Eine laue Nacht liegt über Simla. Ich lausche den Klängen eines Pianoforte, die aus einem entfernten Bungalow zu mir herüberdringen: »God save the Queen!« Wenn man weiß, was dem vorangegangen ist, kann es einen erschüttern. Die Ruhe, das heißt, die äußere Sicherheit ist in Indien wiederhergestellt. Genau vor zwei Monaten — am 8. August — wurde die *India Bill* verkündet, die den Eingeborenen völlige Amnestie, ›Vergeben und Vergessen aller Vergehen, dazu alle Glaubens- und Rechtsfreiheit‹ zusichert, gewiß wird es auch nie mehr geschehen, daß die Indische Armee von England Patronen und Kugeln erhält, die mit Schweine- und Rinderfett eingerieben wurden, denn jeder Brite hat es bitterschwer erfahren, daß dem Hindu das Rind heilig und dem Moslem das Schwein widrig ist (wenngleich die Wurzel zu diesem großen Blutvergießen mir doch tiefer zu liegen scheint als im unheiligen Gebrauch des Fettes von Tieren, der die heiligen Gefühle breiter Volksmassen verletzte). Die Regierungsgeschäfte aber sind wohlweislich inzwischen aus den Händen der Ostindischen Handelsgesellschaft in die der Queen übergegangen. Viktoria wählte als ihren Vertreter in Indien den Oberstatthalter der Company.

Das alte Vertrauensverhältnis aber hat — wenigstens jetzt nach dem allseitigen Gemetzel — eine empfindliche Beeinträchtigung erfahren: zu groß ist die Masse der jüngst Entrechteten, zu groß die schweigsame Armee der Toten. Müde von Politik, nervös durch Politik eilen Inder und Briten durch die Straßen von Simla, und es würde mich nicht wundern, wenn — trotz aller Friedenszusicherungen — in einer sternlosen Nacht in einem abseits gelegenen Winkel dieser Hindu oder jener Moslem lautlos aufstehen würde, um vergossenes Blut eines Bruders insgeheim zu sühnen, eine Rache, die mit dem Kampf um die nationale Freiheit nicht eigentlich etwas zu tun hat.

Die europäischen Kreise in Simla jedenfalls sind noch äußerst anfällig gegen Gerüchte und Äußerungen. Vor allem sehen sie jetzt eine andere Armee auftauchen, man wittert neue Gefahr, nicht aus dem wieder in Schach gehaltenen Inder-Volke, sondern vom Norden her. Seit Jahren schon behaupten viele Engländer, daß die Russen von dort aus in beständigem Vorrücken begriffen seien und daß die Zeit kommen werde, da sie für Indien eine Gefahr bedeuten. Der Himalaya mit seiner Unergründlichkeit ist allen unheimlich; unsicher und mißtrauisch blickt man hinüber zu den verschlossenen Eis- und Felsmauern, als wenn sie eines Tages (heute? — morgen?) einen unlöschbaren Brand über eine wehrlose Ebene ausspeien könnten. Nach allem, was jetzt erst in Indien geschehen ist durch krumme Säbel, Dolche, Gewehre, Kanonen und Strang, ist es nicht weiter verwunderlich, wenn man aus noch immer wacher Angst und Sorge die haarsträubendsten Dinge aus der Luft greift, so das wahnsinnige Gerede, die Schlagintweits seien russische Spione gewesen. Es ist auch gefährlich, etwas zur Entkräftung über die ›Gefahrenzone Himalaya‹ zu sagen oder gar etwas zugunsten der Russen. Der deutsche Lehrer hier hat vor Monaten gesprächsweise bei einem Tierarzt den Zaren und die Russen unbedachterweise in Schutz genommen und die Gerüchte von bevorstehenden Krisen zu zerstreuen gesucht. Seither wird der wirklich harmlose Mann allgemein als ›russenhörig‹ verdächtigt und mit ihm die Kreise, in denen er verkehrt. Ich ahnte nicht, daß Somnitz in solches Maschennetz geraten war, als ich bei ihm Wohnung nahm.

Doch ich habe nicht Zeit zu müßigen Gesprächen, keinen Augenblick Zeit habe ich zu vergeuden, um dem Geplapper der Gerüchte-Mühle zu lauschen. Meine beiden Tibeter-Freunde Tob und Dan tragen ein Stück Bergesruhe mit in die hektische Atmosphäre der Stadt. Ich aber werde die Presse suchen wie einst Saul die Eselin, und ich werde mich freuen wie ein König, wenn ich sie wirklich gefunden habe.

Schon ist es Anfang November und noch immer keine Aussicht, daß ich mit einer Presse zurückkehren werde. Dieses ewige fruchtlose Suchen quält mich und treibt mich um. Heute wieder ein vergeblicher Fußmarsch — diesmal nach Kalka. Dort, sagte man, sei bestimmt eine Presse verkäuflich — aber es war, wie so oft schon, nur wieder ein Gerücht. Ich fand an dem bezeichneten Orte nichts als ein zerstörtes Haus; wohl möglich, daß darinnen vielleicht noch vor einem Jahr — eine Presse gestanden hat.

Wenn ich wenigstens ein Pferd hätte, so aber muß ich — nach unseres Seniors Wunsch und Willen — alle die weiten Wege zu Fuß machen, mir ist ganz und gar nicht ›friedeverkünden‹ und ›lieblich‹ dabei zumute. Der Gedanke ist bitter wie Galle, daß unsere drei treuen Pferde sich vielleicht mit Räuber- und Rebellenhengsten tummeln, deren Herren die Mörder Adolf Schlagintweits sind. Völlig niedergeschlagen von den Mißerfolgen auf allen meinen Presse-Fahrten, klagte ich meine Not Tob, der mir als aufrichtiger Freund zur Seite steht. »Das Pferd«, sagte er, »ist die Seele des Mannes, ohne Pferd sein, heißt ohne Seele sein!« — »Du hast aber doch selbst kein Pferd, bist du nun darum ohne Seele?« Sodnam lächelte schlau. »Ich bin ein im Jahr des Blauen- oder Wasserpferdes Geborener — ein jeder Mensch liebt das Tier seines Geburtsjahres. Ich liebe die Pferde, auch wenn ich keine besitze. Vielleicht bist du auch ein Pferdejahrmensch, weil du deinen Pferden so nachtrauerst?« — »Nein, nein, Sodnam, ich bin — wie ihr sagt — ein Holzvogelmensch!« — »Aber nahe benachbart sind dann unsere Geburtstiere: das blaue Wasserpferd begegnet dem grünen Holzvogel!« — Sodnam orakelte weiter: »Wasser und Holz passen gut zueinander: Wasser ist Mutter von Holz, denn Wasser nährt Holz — ich habe geahnt, daß uns etwas verbindet!« Schließlich grub er aus seinem Busengewand einen gelbseidenen Gebetswimpel, auf dem das Windpferd *luntra* gestickt war, jenes Pferd der tibetischen Mythologie, das den kostbaren Wunschedelstein *yid bzin norbu* auf dem Rücken trägt und dem Menschen Reichtum und Glück bringen soll. Er wollte mir sein Pferd als Amulett geben. Doch ich reichte ihm diese Kostbarkeit zurück: »Kein Wunschedelstein, kein Geisterpferd, Tob, mir genügt ein ganz gewöhnliches Erdenpferd mit vier Beinen!« Er kann sich als vorzüglicher Schreiber unter einer ›Presse‹ nichts vorstellen, und so tröstete er mich auf seine Art: »Vielleicht, Sahib, wird morgen schon das da sein, was du dir heute so sehnlich wünschst!«

November 1858

Nach langen Irrfahrten, Wegen und Umwegen: da ist sie nun tatsächlich — unsere Presse! Sieben Wochen vor Weihnachten! Ein geradezu erhabenes Christgeschenk für Kyelang, für die Tibeter des West- und Ostreiches, für unsere auf ›Erfolge‹ wartenden Brüder in Deutschland, England und der Schweiz, nicht zuletzt für Jäschke, Pagell und mich.

Aus Kunawur hierher geschleppt, steht sie nun in einem niederen Hinduhaus, behütet und bewacht wie ein Schatz. Mr. Parker, bei dem ich drei Tage lang weilte, verkaufte sie mir für einhundertfünfzig Rupies. Ich griff des hohen Preises wegen erst zögernd, dann aber entschlossen zu, denn ich habe mich wirklich überzeugen können, wie schwer es ist, eine solche zu erwerben.

Ein Stein ist mir vom Herzen, seit die drei großen, schönen glatten Druckplatten in meinem Besitz sind. Zehn Träger beförderten sie aus Parkers Haus bis zur nächsten Ochsenpoststation, und ich stand tausend Ängste aus, daß dem Kleinod unterwegs nicht noch Beschädigungen zugefügt würden: Stein ist eben Stein, so denkt jeder Kuli und handelt danach. Auf halbem Wege schien sie liegen bleiben zu müssen, denn an der neuen Ochsenpoststation war niemand, der sie aufladen wollte. Ein vergrämter, spindeldürrer Hindu musterte das Ganze, schüttelte wortlos abweisend den Kopf, holte schließlich seine Leute herbei, die dann im Chor vielstimmig die Meinung des Alten untermalten: ›sie ist zu schwer, sie ist zu schwer!‹ Da stand ich nun an der schönen neuen Gebirgsstraße mit meiner Presse; wie einen gefährlichen Büffel umkreisten mich die mitleidlosen Postknechte, die sich denn auch bald wieder schläfrig hinter ihren Verschlag zurückzogen. Keiner dachte daran, mir etwa zu neuen Trägern zu verhelfen; die alten von Kunawur waren längst über alle Berge verschwunden. Nach langen Mühen bekam ich endlich einige von der Militärstation Dugsjai, die dann in schleppendem Marsch heute, am 8. November, hier in Simla eintrafen.

Februar 1859

Seit vier Monaten finden wir uns Tag für Tag zu dritt in der Hinduhütte ein, die unsere Presse beherbergt: Sodnam Stobkjes, der Tibeter, Salomon, ein Inder aus Benares, und ich. Durch unsere gemeinsamen Bemühungen sind bisher einhundertundzwanzig wohlgelungene tibetische Erstdrucke auf ihr entstanden. Die Geschichte des Lebens und Leidens unseres Herrn und Heilandes Jesus Christ, so wie sie Dr. Barth erzählte und Jäschke sie ins Tibetische übertrug, liegt korrigiert, kollationiert, geheftet und gebunden bereit, um früher oder später ungeachtet aller verbotenen Grenzen in die innerasiatische Welt zu reisen. Vielleicht wird sie einmal auch am Throne des jetzt drei Jahre alten, zwölften Gott-Königs von Lhasa erscheinen und ihm jene Begebenheiten erzählen, die die Welt nun schon seit fast zwei Jahrtausenden in heiliger Unruhe erhalten.

Nach unseren Druck- und Korrekturarbeiten habe ich oft lange und tiefe Gespräche mit Sodnam, über seinen Glauben, sein Vollkommenheitsstreben und über das, was uns gezwungen hat, von jenseits des Wassers hierher zu kommen und auszuhalten. Während unserer Arbeitszeit besucht Joldan hier eine englische Schule und erhält auch von mir englischen Unterricht. Ich entdeckte an ihm einen ausgesprochenen Sinn für Fabeln, und so übersetze ich ihm eine Reihe La Fontainescher Fabelgeschichten ins Tibetische.

März 1859
Oft wache ich jetzt mitten in der Nacht auf und meine — noch im Halbschlaf —, die Stürme über das spitzgiebelige Dach von Kyelang rasen zu hören; dann ist es mir, als müsse ich nach den Tieren in den Ställen sehen, deren dumpfes Rumoren mich beunruhigte. Doch wenn ich zu voller Tagesklarheit erwacht bin und allen Schlaf abgeschüttelt habe, umgeben mich noch immer die weißgekalkten nüchternen vier Wände des einfachen Gastzimmers von Simla. Ich greife dann meist zu jenen schwer nach Moschus oder Ambra duftenden tibetischen Schriften, die mir Tob verschaffte und um deren Verständnis ich ringe, wie Sodnam um das für die unsrigen. Manchmal schon klopfte er in spä-

ter Stunde bei mir an, um mich wegen des Sinnes dieser oder jener Stellen zu befragen. Jetzt, in diesen Märztagen aber, ist es mir kaum mehr möglich, geduldig bei Buddhas Wort zu verharren — von bohrender Unruhe ergriffen, trete ich oft auf die Terrasse vor meinem Zimmer und suche die Berge, die ›Heimat des ewigen Schnees‹. Kaum noch hält es mich in dieser herrlichen Stadt, die sich jetzt wieder — wie alljährlich — in die purpurne Pracht blühender Rhododendronwälder kleidet; sie umschließen sie wie ein Gürtel aus feurigen Flammen. Meine Bindung an Kyelang und den hohen Himalaya verrät sich in einer stark aufbrechenden Sehnsucht: ich liebe ›mein Haus‹ in den Bergen, das nicht meines ist. Aber so ist es: dort, wo man ein Haus erbaute und einen Acker urbar machte, einen Baum setzte und der Erde Samen anvertraute, dorthin wird es den Menschen immer mit geheimer Gewalt ziehen: die Kräfte des Bodens binden. Vielleicht ist das der tiefere Sinn der Mahnung: eine Brücke ist dieses Leben, gehe hinüber, aber baue kein Haus auf ihr. Sogar Tob nennt Kyelang ›die Heimat‹, aber auch er weiß, daß es vielleicht nur eine Station auf der Pilgerfahrt seines Lebens ist.

April 1859
Eine Ungeheuerlichkeit brachte die Zeitung von Simla über uns in Umlauf: russische Spione im Himalaya, die *Moravians* in Lahoul stark verdächtig, dem zaristischen Expansionsdrang hörig zu sein. Natürlich! Wozu auch ein Haus in unkontrollierbarer Entlegenheit zwischen Fels und Eis, während des Winters völlig abgeriegelt von jeder Zivilisation, ein Haus, unmittelbar an der Südseite der Hauptkette des Himalaya in fast viertausend Meter Höhe — ein nicht schlechter Ort für geheime Machenschaften! Jetzt, da bekanntgeworden ist, daß ich auch noch eine Presse dorthin befördere, erhärtet sich der Verdacht; die Tatsache an sich ist schon fast wie eine Überführung: das kann nur der Rus-

sen wegen geschehen, und der Mann, der sie befördert, ist ein Södling fremder Mächte.

Es kann sein, daß schon morgen ein eifriger Polizist unsere Hindu-Hütte mit der Presse wie ein Falschmünzernest aushebt, die Türen versiegelt, die Steine beschlagnahmt und die drei Aufrührer im Namen des Gesetzes abführt und unschädlich macht. Niemand, der uns verteidigen könnte: Major Hay, unser Freund, hat den Dienst quittiert, Mr. Jenkins ist nicht erreichbar. Wir aber können es uns nicht leisten, wegen einiger hektischer, von Angst ausgehöhlter Seelen und Hirne nur einen Tag oder gar eine Woche zu verlieren. Das würde meinen ganzen, auf das äußerste zusammengedrängten Sommerplan für die Bestellung der Felder in Kyelang ins Wanken bringen. Was würden schon einen Mann der vollziehenden Gewalt alle Beteuerungen unserer Unschuld rühren, was würde er verstehen von dem planmäßigen Rhythmus eines ökonomischen Hochgebirgssommers, was würde er verstehen von unseren Büchern! Er würde unsere zweihundert Bände der Barth-Jäschkeschen Bibelerzählungen als sichere ›Beweisstücke‹ beschlagnahmen, und kein Mensch könnte ihm klarmachen, daß die verschlungenen, eigentümlichen Schriftzeichen nicht russisch, sondern tibetisch sind, daß er so etwas wie die Zehn Gebote in den Händen hält und nicht politische Zersetzungsarbeit. Monate würden vergehen, bis man in dem noch so aufgewühlten Indien einen Gelehrten ausfindig machen könnte, der die Rechtschaffenheit und Biederkeit unseres tibetischen Erstdruckes nachweisen und beglaubigen würde — und wir?! — Warten! Ob mit oder ohne Handschellen in sicherem Gewahrsam.

Wie mahnende, hungrige Kinder rufen mich die Äcker, die Gletscherleitung, die Ställe, das Haus! Und morgen machen wir uns davon, einerlei ob der Rotang schon passierbar ist oder nicht. Der Umstand, daß ich in dem Hause des als russenhörig verschrienen Lehrers Wohnung nahm und wohnhaft blieb, wird nur jede üble Verleumdung fördern. —

In fliegender Eile gepackt. Unser Aufbruch gleicht einer Flucht, und mein russenreines, schuldloses Herz lacht dabei vor Vergnügen. Dreißig Kulis haben versprochen, morgen früh bereit zu stehen, um die kostbaren Wiegendrucke auf ihre Rücken zu laden mitsamt unserer großen Freundin, der Presse. Samen und Saatgut aller Art, Stecklinge von Haselnüssen, Walnußbäumchen, verschiedene Apfelsorten, Lärchen — von denen ich mir viel verspreche —, neue Vorräte für meine ausgehungerten Brüder, ein Hühnchen und ein Hähnchen, damit unser armer Küchenchef nicht mehr soviel über Mrs. Rundells Eierrezepten seufzen muß. Tob und Dan haben schon ihre hohen Pelzkappen aufgesetzt, sie klatschen vor Freude in die Hände: »drig-drig! Gut-gut«, sagen sie, und wenn der grüne Kuckuck aus Kulu wieder nach Ralsum-Lahoul hineinfliegt, dann sind auch wir dort zur Stelle.

Kyelang, Mai 1859

Das Herz des Hauses — die Presse — hat nun wirklich im Gehöft unter den ›Sieben Buddhas‹ zu schlagen begonnen: vollständig heil in allen Stücken brachten wir sie über die vier zum Teil noch schwer passierbaren Pässe. Der 23. April dieses ›Erdschaf-Jahres‹ 1859 aber wird mir unvergeßlich bleiben. Als ich mit den dreißig Mann die Viertausender-Höhe des Rotang erklomm, überfiel uns stundenlanges, heftiges Schneegestöber mit atemberaubendem schneidendem Wind, der sich, je höher wir kamen, zum Sturm steigerte. Ich sah die Trägergruppen nur noch wie dunkle Tupfen auftauchen und verschwinden hinter der dichten Wand der Flocken, die sich hoch und höher türmten und mir das Steckenbleiben in den oft riesigen Schneeverwehungen beängstigend vor Augen malte. Wie Irrlichter tanzten die Flocken um uns, sie verleiteten uns dann und wann, falsche Wege einzuschlagen.

Gott sei Dank hatten die Männer alle ihr Strohschuhe überzogen und somit wenigstens einigen Halt. Dicht auf dicht gingen sie, rutschend, kletternd, gleitend, fallend und oft in tiefe Wächten einbrechend. Ich bangte um ihre Knochen und um die kostbare Last. Mühsam erworben, mit Angst und Befürchtungen aller Art bis hierher gebracht, schien sie mir auf der Höhe des Rotang noch einmal beweisen zu wollen, daß keinem Menschen Früchte mühelos in den Schoß fallen, vor allem nicht im Himalaya. Man muß um sie kämpfen, wie nun die tapferen Männer gegen Sturm, Schnee und Eis kämpften. Einmal stürzte Joldan an einem durch Schnee überdeckten Hang gefährlich. Er schrie auf und taumelte der Tiefe zu, vor der ihn zum Glück noch ein vorgelagerter Felsen abfing. Mit Mühe befreiten wir ihn aus schrecklicher Gefahr.

Die steilste und beschwerlichste Strecke hatten wir schließlich überwunden, ohne daß der Sturm nachgelassen hätte, doch wie wenn es gälte, einem Raubtier die sichere Beute zu entreißen, stapften die Männer ingrimmig mit schweren Schritten voran. Dieser und jener warf auf der Höhe einen Obulus für die Berggeister etwa dorthin, wo sie den *Tho* — das Mal auf der Höhe des Passes — vermuteten. Andere begnügten sich, unterwegs zu murmeln: ›*Om mani padme hum — om mani padme hum . . .*‹

Sturm und Schneefall blieben unsere aufdringlichen Begleiter, bis wir endlich die sechs schneefrei gehaltenen Dächer von Kogsar, des ersten Dorfes in Lahoul, erblickten. Alle blieben stehen, schüttelten sich den Schnee aus den Kleidern, lachten einander zu, eben wie Männer, die durch übermenschliche Anstrengung und Tapferkeit noch einmal dem sicheren Tode davongelaufen waren. »*Drig-drig!*« sagte Tob und schob seine hohe Pelzkappe aus der Stirn: ›Gutgut!‹ Und Dan, sein Schatten, rieb sich vergnügt die Hände und lachte.

Sehr langsam nur, aber sicher bahnten wir uns den Weg zu den Wohnungen der Menschen. Anderthalb Meter tief lag noch der Schnee im Tal von Lahoul. Kein Fremder hätte sie entdeckt — die verschneiten Hütten an den Hängen. Nur das Bilinger Kloster wagte sich auf seinem Felsenerker ein wenig kecker in die weiße, totenstille Winterwelt. Und dann endlich: der spitze Giebel! Unser Haus! Es stand noch, ja es stand, Gott sei Dank — es stand! Kein Schneesturm hatte sein Dach fortgerissen, kein Feuer es vernichtet, kein Erdbeben verschluckt, kein Zauberer verhext — es stand, ja, es stand, ›mein Haus‹ in den Bergen, das nicht das meine ist.

Ein ungeheurer Jubel durchflutete mich nach der neun Monate langen Trennung mit geheimer, niedergehaltener Sorge schlafloser Nächte. Aber warum kräuselte sich keine Rauchsäule über dem Dach, warum sah man kein einziges Wesen ringsum? — Kein Laut, keine Bewegung; versunken alles in unabsehbarem Weiß: die Mauern des Gehöftes, die Hütten der Dörfler, die sich getrost an die Bergseite lehnten, verlassen, verloren, leer — tot das ganze Kyelang unter der gewaltigen silberhellen Felszackenlinie der ›Sieben Buddhas‹. »Jorsam!« sagte plötzlich Tob, der scharf in den Schnee gespäht hatte.

Da hockte sie auf einem Stein, den Kopf mit dem schweren Türkisen-Pérag in die Hände gestützt. Ich eilte zu ihr: »Bist du denn allein hier übriggeblieben, Jorsam? — Warum ist kein Mensch zu sehen!?«

»Wir hatten hier einen Toten, der auf unheimliche Weise starb, und nun haben sie ein großes Geisteraustreiben im Dorf gehalten, und niemand wagte es, auf sein Dach zu steigen oder vor die Tür zu gehen!« — »Und du?... du wagst es?« — »Ich sah euch kommen! Ich sah dich... O Sahib, ich sah dich, Sodnam Stobkjes, der du die Kraft des Donnerkeils hast: *tschag tsallo*, ich bete dich an!« Damit warf sie sich ihm zu Füßen und schlug die Armringe

aus Muscheln und Korallen zu ehrerbietigem Gruße aneinander, wie es sich einem hohen Lama gegenüber gehört.
Als sie auch noch, sich niederwerfend, seine Knie umfas-
sen wollte, wehrte er ihr und sagte: »Ich bin kein Lama mehr,
das weißt du doch!« — »Wer einmal ein Lama war, der
bleibt es immer, auch wenn er nicht mehr die rote Kutte
trägt!« beharrte sie und richtete sich auf. Allmählich wich
die starre Ehrerbietung aus ihrem Gehaben, das mich an ihr
ungewohnt fremd berührte. »Glück und reiche Fülle für
dich, o Sahib!« wandte sie sich nun an mich. »Glück und
reiche Fülle, wenn du nun wieder in dein Haus eintrittst.
Mich aber, Jorsam, das Weib des Lobsang Chospel, hat Elend
geschlagen: der Sohn Lhasgyab, der nicht meines Leibes
Kind ist, hat sich über mich, seine Stiefmutter, erhoben,
und Chospel, sein Vater, hat diese mit bösen Worten zer-
hackt wie ein Geier, Jorsams Seele ist tot.«

»Das hast du früher schon einmal gesagt, Jorsam, doch
ihr beide seid immer wieder bald ins reine gekommen:
du und Chospel, ihr gehört zusammen. Kein Mann liebt
dich mehr als Chospel!« — »Ja, ja!« kam es zögernd, »er
hat mir auch wieder zwei neue Türkise an den Pérag geheftet, aber wenn die Seele tot ist, nützen keine Türkise
mehr!«

»Sie ist nicht tot, deine Seele, Jorsam, ich sehe es ja an
deinen Augen: sie lebt noch wie ehedem, nur ist in diesem
Winter über euch alle viel zuviel Schnee gefallen. Wenn
das Eis der Flüsse bricht, dann bricht auch aus deiner toten Seele neue Liebe zu Chospel auf.« Jorsam lächelte leise,
und hinter ihren korallenfarbenen Lippen lugten ihre ge-
sunden Zähne hervor wie reifer Reis.

Und trotzdem: das Haus war wie ein Totenhaus. Lobsang Chospel schleppte sich schwerfällig aus dem Stall, nur
ganz langsam und allmählich spielte etwas wie ein Willkomm und ein Hauch verlorengegangener Freude über sein
Gesicht. »Der Frühling kommt jetzt!« sagte er — das war

alles. Lhasgyab, dieser Bedroher des ehelichen Friedens der kleinen Familie, machte sich an einem Topf am kalten Herde zu schaffen. Ich rief ihn an: »O *Gaga*, gnädiger Herr! Wo sind die Sahibs, deine Herren?!« Er zuckte nur gleichgültig die Achsel und leckte sich täppisch die Lippen.

Beängstigender aber als das Verhältnis der Chospels untereinander ist Jäschkes Zustand. Ich fand ihn, vergraben in tibetische Schriften, in seinem Studierkabinett. Er zuckte zusammen, als ich den Raum betrat, nachdem auf mein Klopfen mich niemand eintreten hieß. Dann ruhte für Augenblicke seine kalte, knochige Hand in der meinen. Langsam und bedächtig öffneten sich seine schmalen, bläulich schimmernden Lippen: »Du hättest nicht fortgehen sollen — ich bin nicht glücklicher geworden in diesem Winter — du hättest bleiben sollen, vielleicht wäre es dann nicht geschehen!«

Ich suchte zu erraten, was er meinte. Anfänglich glaubte ich, er rede von seinem Verhältnis zu Pagell, das zweifellos in diesem einsamen Winter den Höhepunkt des Kräftespieles zwischen ihren so gegensätzlichen Naturen zu bestehen hatte. Aber er sprach nicht von Pagell. Der Vorhang der Wintermonate hatte sich dicht über das Vergangene gesenkt, wortlos überging er es. Doch der Mann, der da jetzt vor mir stand, war ein anderer geworden: die Augäpfel lagen tief in ihren Höhlen und flammten zeitweilig mit seltsamem Lichte auf. Die kluge Stirn schimmerte krank und weiß, sie hatte harte Konturen. Die unglaubliche Beweglichkeit seines Geistes aber schien wie erstarrt: »Ich habe Gott verloren . . .«, sagte er tonlos, »Gott hat mich verlassen in diesem grauenhaften Winter!«

Noch immer ließ er seine Hand in der meinen und blickte mich bohrend hinter seinen Brillengläsern an. Ich merkte, daß er einen sehr niederen Puls hatte. »Ich habe dir Medizin mitgebracht! Gute, wirksame Medizin!« sagte ich. Aber er winkte ab: »Das ist es nicht, nein, nein, das ist es nicht!« Er lächelte müde. »Gott hat mich verlassen!« Plötzlich riß er seine Hand aus der meinen. »Oder ist es etwa nicht so?! Da! Sieh hier!« — wieder flammte das fremde Licht in seinen Augen. »Dieses alles — alles dieses!« Er wies auf Berge und Stöße von Papier, »— das ist der Scheiterhaufen meines Glaubens. Er ist verpufft, mein zerglaubter Glaube — zu Asche geworden oder zu raschelndem Papier — und jedes Wort, das ich mich zu schreiben zwinge, ist wie das Todesurteil meines Glaubens. Der Kompaß meines Herzens hat seinen Pol verloren, seine Nadel schwankt zwischen Unglauben und Verzweiflung, zwischen Hohn und der Faszination des Buddhismus, der keinen Gott kennt! — und Hohn auch wieder darüber!«

Ich wagte mich nicht zu rühren vor diesem Bilde der Zerrüttung. Jäschke, dieser scharfe Kritiker, der sich in steter Selbstzucht übende Mann zitterte, wich langsam zurück: »Das ist die Hölle«, sagte er leise, »... das ist die Hölle!« Dann aber überkam ihn wieder seltsames Leben, er grub in seinen Papierstößen, die von seiner kleinen, wie gestochen perlenden Gelehrtenhandschrift überdeckt waren. Einem Schatzgräber gleich suchte er darin, ohne Sinn, schien mir, doch ich irrte: er hatte Wälle von Wissen Satz für Satz, Wort für Wort, sinngemäß und zugleich genauestens nach den Gesetzen der Grammatik zusammengetragen und erstmalig klargelegt für die Welt des Westens: Tibet erglänzt in neuem Licht für Europa! Eine immense Arbeit, die erst Geschlechter nach uns als solche erkennen, vielleicht aber auch nur als selbstverständliche Leistung hinnehmen werden, geleistet und abgegolten im demütigen Aschenbrödeldienst der Wissenschaft. Es wurde mir klar: er war unmittelbar zu den profundesten Quellen hinabgestiegen — ungeschützt und ohne Begleiter, er hatte sich ausgeliefert an die fremden, magischen Mächte des tibetischen Mahayana-Buddhismus, ein großes, gefährliches geistiges Abenteuer, das vor ihm noch kein Europäer bestanden hat und vielleicht, ja gewiß — nach dieser Vorforschung — nicht mehr bestehen muß. (Selbst Csoma de Körös ist daran gemessen nur an der Oberfläche geblieben.) Und so wird sich später kaum jemand fragen, welch hohen Preis dieser erste tiefe Einbruch gefordert hat. Kühle Hirne werden sagen: ›kein besserer Prüfstein für die Wahrheit des Glaubens als die Versuchung‹; doch das ist leichthin gesagtes leeres Gerede: Jäschke ist ein todunglücklicher Mann, der das Beste, das ihn hier in der Eis- und Schneewildnis des Himalaya stützte, verlor. Gewiß kann das nur einer begreifen, der selbst einmal, abgeschnitten von der Welt, in solcher Verlassenheit lebte. Die starrende Einsamkeit seines Studierkabinetts mit den nackten kahlen Wänden — wie eine Gruft! Lebendig eingemauert schien er mir, wie einer der Heiligen Tibets.

Voller Spannung und Erwartung blickte ich auf die Bogen mit seinen handschriftlichen Auszügen aus tibetischen Werken; es reizte mich ungeheuer, gleich ihm daran zu studieren, ich fühle mich kräftig und wach für jede neue Begegnung. »Ja!« sagte er leise und fuhr liebkosend über die Schriftenberge, »ja...«, wie ein Hauch kam es, »wenn die Sprache nicht wäre, diese ur-abgründige, diese zwingende, diese vertrackte, diese geliebte Rätselsprache — keinen Augenblick länger würde ich in dieser weißen Hölle bleiben. Die Welt der Stillen im Westen: tausendmal würde sie mir genügen!« Wie eine Klage um Verlorenes, gemischt mit Ergebung, Bitterkeit, Aufbegehren und dem Zwang, um jeden Preis weiterzuarbeiten, wenn auch zerspalten und zerrissen, so klangen seine Worte. Vielleicht wird er eines Tages jenseits des dunklen, großen Tunnels, den er nun — so oder so — bis zum Ende durchwandern muß, das wiederfinden, was er verlor, was ihn stärkte, tröstete und erhob.

Ganz benommen ging ich den langen Gang zu Ende und hielt vor Pagells Arbeitszimmer. Auch hier antwortete niemand auf mein Klopfen. Als ich die Tür öffnete, entdeckte ich ihn in der äußersten Ecke des Raumes, stumpf und fahl. Er hatte fünf Notenlinien auf ein Blatt gezeichnet und taktierte mit der Rechten irgendeine Weise. Seine Linke winkte ab, als ich ihm meine Hand zur Begrüßung reichen wollte, er blickte gleichgültig an mir vorbei — oder durch mich hindurch —, als hätte ich nie das Gehöft verlassen, und taktierte weiter. »Also...«, sagte er, »da singen wir nun: Ein' feste Burg ist unser Gott...« Er sang allein und laut, doch seine Stimme klang krächzend und rauh, wie gebrochen, dann ging er an das kleine Harmonium, trat die Bälge und brachte in schmächtigen dünnen Akkorden eine zittrige Begleitung hervor, »— er hilft uns frei aus aller Not, die uns jetzt hat betroffen.« Die Luft der schwindsüchtigen Bälge kam dem Tempo nicht nach, mit dem nun seine Hände über die Tasten geloppierten, ein pfeifender hoher Ton blieb winselnd hängen, während sich seine Finger vergebens bemühten, ihn aus der Verklemmung zu befreien. O verdorbener, mißtönender Lob- und Kampfgesang! Er klappte den Deckel dröhnend zu und schlug mit der geballten Faust auf seine Notenbücher. Ein glanzloser Blick traf mich.

»Pagell! Lieber, guter Pagell!« sagte ich, als ob ich ihn mit solcher Anrede von irgendeiner hohen Mauer herunterlocken müßte, auf der er sich, ohne es zu merken, verstiegen hatte. Doch sein Blick blieb wie ein blinder Spiegel auf mich gerichtet. »Was willst du von mir?!«

»Das, was Brüder tun, wenn sie sich nach langer Trennung wiedersehen!«

»›Bruder‹! sagst du zu mir? Schweig mir still von Bruder, verstehst du? Ich bin kein Bruder, ich bin ein Sahib, ›Sahib Pagell‹! Verstehst du — ›Sahib‹! Und nicht anders. Ein gewisser Mann in diesem Hause hat diesen guten Titel für mich gemacht, und du hast von nun an auch nur noch ›Sahib‹ zu mir zu sagen. Habe ich nicht eine schöne weiße Weste an und ein sauberes Hemd dazu? Ganz weiß gewaschen, ganz allein gewaschen, ha — ha!«

»Du bist ja krank, Pagell!«

»Krank? — Alle sind krank, nur ich bin nicht krank, Sahib Heyde — und einen ganz hübschen Anzug hast du da wieder mal auf dem Leibe, dear Sir — Gentleman wie immer!«

»Ich komme aus einem Schneesturm, Pagell!«

»Sahib Pagell!« korrigierte er scharf.

»Ich habe die Presse gebracht, unsere Presse!«

»Presse? — Wozu brauchen wir eine Presse — sie wird verderben wie die Töne in diesem Kasten da, wie alles in diesem vermaledeiten Winter.«

»Das da kann man doch wieder in Ordnung bringen!«

»In Ordnung?« er brach in Hohngelächter aus; dann ging ich.

Nach diesem schrecklichen Willkomm trafen wir uns am Abend wieder, steif und förmlich. Mir war ganz elend zwischen diesen beiden. »Habt ihr denn keine Stunden mehr zusammen gehalten?« — »Doch, das haben wir!« — »Habt ihr euch sonst nicht zusammengefunden?« — »Doch, das haben wir: Jeden Morgen um sechs Uhr pünktlich und jeden Abend acht Uhr, auf den Schlag, und mittags um zwölf trafen wir uns auch, aber das Essen hat uns nicht geschmeckt!« Plötzlich stieg es heiß in mir hoch, verzweifelt ob dieser Starre, es war, als müsse ich die Männer da rütteln, die erfroren und eisig neben mir saßen: »So wahr ich zurückgekommen bin als euer Bruder, ich will nicht zwischen Toten und Bitteren leben, ich will, daß ihr euch wieder in Ehrerbietung achtet und liebt . . .« Doch alle meine Worte kamen zu mir zurück wie blechernes Geschwätz. So hielten wir denn eine Schweigerunde im kahlen Raum. (Ich verstehe nicht, warum der Doktor Luther gesagt hat: . . . und wenn die Welt voll Teufel *wär!* Sie ist es, wahrhaftig, sie ist es!)

Schwere Tage liegen hinter uns. Die stärker werdenden Strahlen der Sonne, die noch immer zur Tiefe brausenden

Lawinen befreien uns auch von dem Druck, der auf unseren Gemütern lastete. Die tägliche Unterhaltung mit Jäschke über Sprach- und Übersetzungsfragen sind mir äußerst wichtig. Ich begreife immer mehr, wie nötig er uns hier ist und daß es keine Willkür war, daß gerade er hierher kam. Ihm tut ein Gesprächspartner sichtlich gut. »Wie. . .«, sagte er heute und lächelte sogar, dünn zwar, aber er lächelte, ». . . wie doch sagte ich vor neun Monaten, als du auszogst? ›wenn du wiederkommst, so ist es immer ein erfreuliches, die schlimmste Trübsalzeit endendes Ereignis!‹ Das sagte ich damals, genau das — und so ist es auch: ein erfreuliches und die schlimmste Trübsalzeit endendes Ereignis.« Eine einmal geprägte Formulierung vergißt er nie, sein Gedächtnis grenzt ans Wunderbare.

Eine Kassette mit schriflich festgehaltenen Notizen für seine tibetisch-englische Grammatik ist gefüllt, ein zweiter und dritter Kasten für das tibetisch-deutsche Lexikon und sein *Tibetan-English Dictionary* füllen sich zusehends. Als Nebenprodukt seiner drei oder vier Hauptarbeiten (die begonnene Bibelübersetzung einberechnet) hat er bereits ein englisches Lehrbuch für Tibeter vorliegen, es wird großen Anklang finden, besonders unter den Tibetern der englisch regierten Provinzen des Pundschab, aber auch in Kaschmir-Ladak und Spiti. Eine wichtige Quelle der Sprachverständigung zwischen Ost und West; auch die ersten Aufrisse eines Urdu-Hindi-Tibetischen Lehrbuches sind bereits fertig.

Jäschkes Methode, sich durch sein riesiges Zettel-Labyrinth zu winden und sich mit traumwandlerischer Sicherheit darin zurechtzufinden, ist einzigartig. Nur er kennt die verschlungenen Pfade, nur er trägt den unsichtbaren Schlüssel zu diesem Schatzberge. Manchmal kommt er mir vor wie ein großer Magier, der nach geheimen Regeln entlegenste Kraftfelder in kühnen Intuitionen miteinander zu verbinden weiß. In seinem Reich ist er Meister.

Heute machte ich mit ihm einen Gang durch unseren Garten. Der Kuckuck von Kulu neckte von der nahestehenden Weide und die Sonne strahlte kräftig auf unsere Rücken. Jäschke, der sich noch stärker vorgeneigt hält als einst, sah aus wie ein alter Mann, der sich an den warmen Strahlen gütlich tut, bevor die Nacht kommt. Er sog die frische Luft in tiefen Zügen ein, und langsam wich mit der Lethargie das fahle Weiß seiner Schläfen, und die bläulichen Lippen wurden voller und röter. Hinter seinen kargen Worten stand es wie ein neues Morgengrauen. Aus der Ferne hörten wir den Gesang Jorsams — ja, auch sie kann wieder singen. Wir schritten auf und ab, während Pagell uns aus seinem Fenster zunickte, an dem er gemächlich seine Pfeife reinigte. Später hörten wir, daß er auf seinem Harmonium spielte: kein Ton mehr blieb hängen oder wimmerte.

Mit langgedehntem goook-goook-goook gakelte die Henne, als wir uns ihrem Gehege näherten. Jäschke richtete sich mit einem Ruck auf, und als dann gar noch das Hähnchen zu krähen begann, blieb er stracks vor mir stehen: »Du hast doch wohl nicht gar...?« Nein, er ließ keine Strafrede auf mich herab, wie einst wegen der geliebten Pferde. Er lächelte still und sagte dann versöhnlich: »omne vivum ex ovo«.

11. Mai 1859

... heute nachmittag die erste Post aus Europa seit vergangenem Herbst. Ich erhielt die Nachricht, daß ich Bräutigam sei! Seit vier Monaten schon bin ich es, ohne etwas davon zu wissen. Nicht Maximiliane Adolfine Rosenberg ist die Braut, sondern eine ganz andere. Ich lese den Brief immer wieder mit unsagbaren Gefühlen.

13. Mai 1859

Meine ›Ernennung‹ zum Bräutigam einer Unbekannten ist ein so tiefer Einbruch in mein Dasein, daß ich mich noch fassen muß. Vor zwei Jahren oder nach der ersten Werbung um Maximiliane hätte mich das nicht so ergriffen und angegriffen wie heute. Die unbekannte Braut beschäftigt unablässig meine Gedanken, den Verstand mehr als das Herz. Doch jetzt in der Stille dieser Nacht kommt es über mich, wie wenn da von der Höhe ein starker Bergstrom herabgeschossen käme, der einen alten Mühlstein knarrend und ächzend, dann aber schnell und schneller kreisen, rollen und tanzen läßt. Maria Elisabeth ... Der Verstand kann es nicht bewältigen und das Herz noch nicht fassen. Maria Elisabeth ... so rauscht und braust, so tönt und dröhnt, so murmelt und summt der gletscherhelle Bach, daß der alte, schon bemooste Mahlstein ganz verwundert dem insgeheim ersehnten, dann aber wieder aufgegebenen Traumklang von dem Lied der reinen Braut, der schwesterlichen Freundin, der geheimen Geliebten lauscht — verwundert, erschrocken, ungläubig. Er kann sich der Gewalt dieses Liedes nicht entziehen, selbst wenn er sich in seiner plumpen Schwere dagegen stemmen will. Halt ein — halt ein! Doch der Strom kichert leise, und glockenhell klingt es aus seinem Poltern: Laß mich nur machen — laß mich nur machen. Und der alte Zweifler erschauert bis ins Innerste vor dieser neuen Macht, die sein erstarrtes, steinernes Herz in feurige Lava wandelt, die es zu sprengen droht.

17. Mai 1859

Schlange Skepsis! Züngelnd spritzt sie das Gift der Zersetzung in den Aufschwung der vergangenen Nacht, läßt den Strom der Freude stocken, läßt den Mann niederstürzen aus dem Himmel der Wandlung in die platte Nüchternheit des Alltages. Gedanken treiben mich um, deren Vorhandensein ich nie geahnt hätte. Vor ihnen floh ich in das abendliche Land, das noch Spuren frisch vergossenen Tierblutes trägt: Opferblut von schwarzen Schafen und Böcken. Zerstört die Ruhe der Erde, die Ruhe der Berge, es zittert die Luft noch von den Klängen schriller Flöten und gellender Becken. Schlangen auch hier! Über ganz Garza hat sich der düstere Kult der unvergessenen Ur-Religion gelegt: ›Lungpai tschos‹ schwelt und flackert!

Zwei rohbehauene Balken mit Kronen aus Silber und Gold auf den barbarisch-wild gemalten Köpfen: das sind die Herren, die gekrönten Könige, die heute und in all diesen Tagen das schweigsame Tal beherrschen! Sie haben seine Bewohner in einen Bann geschlagen, der alle gefangen hält. In langer Prozession folgen sie den Schlangengöttern, Lhapas tanzen ihnen voran, dann und wann geraten die wild geschmückten Wahrsagemänner in den Zustand der Besessenheit, werfen sich auf den Boden und weissagen aus konvulsivischer Starre. Sie opfern ihren Göttern unter scheußlichem Zeremoniell die schwarzen, gehörnten Tiere überall dort, wo die ›Herren‹ zur Nacht residieren — und es sind doch nur zwei rohbehauene Balken von drei bis vier Metern Länge und acht Zoll Dicke, behangen mit Gold und Flitter. Heute werden sie mit übernatürlichen Kräften beseelt, heute traut man ihnen die Macht zu, vor der jeder sich beugt, vor der jeder erzittert, und die dürre Felsenerde trinkt das warme Opferblut der Tiere.

Die Unbekannte, wird sie stark genug sein, dem Zauber des Unheimlichen standzuhalten, wird sie es ertragen, wenn die Macht schauervoller Erregung greifbar und dicht über dem Tale lagert, wenn die Felsenwände das Echo aus dumpfen Tuben und dröhnenden Becken zurückwerfen, wenn es überall widerhallt von schrillen, quäkenden quälenden Lauten aus Vierteltonflöten — wenn es rauscht und rasselt und klopft und dröhnt aus Schellen, Klangtellern und Gongs? Und wenn die Stürme über die Höhen jagen und die Lama-Magier ihre hohe Zeit haben? Und wenn die endlos langen Winter kommen mit Schnee und Eis, die uns zu Gefangenen dieser höchsten Weltenberge machen, dieser verwirrenden, seltsamen Sphäre des Lamaismus, unter der immer und zu jeder Stunde noch *Lungpai tschos*, die ›Religion des Tales‹, als tiefere, ältere Unterschicht wuchert?

Wird sie diese fremde Welt ertragen? Sie, ein junges — sehr junges — und empfindsames Mädchen, just dazu ausgebildet, allerlei Künste und Kenntnisse an junge Damen von Stand weiterzureichen? Kein Tibeter weiß hier etwas anzufangen mit ihren Fertigkeiten, mit ihrer Begabung für Musik, Literatur und Geschichte. Ungeziefer über Dreck und Speck, eiternde Geschwüre, Gestank brandiger Wunden: das wartet auf sie. Kein gepflegtes Französisch mehr, dem sie — wie es heißt — besondere Befähigung entgegenbringt, sondern Beherrschung einer äußerst schwierigen, altertümlichen Sprache des Orients wird von ihr gefordert; kein kultiviertes Hauswesen mehr für sie, sondern ein höchst unbequemer Haushalt mit drei unbequemen alten Käuzen, fast zuviel für ein so junges Mädchen, das hier, im Himalaya, Frau werden soll, Frau und Mutter. Es ist beklemmend, die Last einer neuen, ungeheueren Verantwortung auf den Schultern zu spüren. Verantwortung! Aber keine Liebe (die sie leichter werden läßt), nur schwere Verantwortung. Eine große dunkle Pforte hat sich vor mir geöffnet.

Das Seziermesser des Verstandes ist erbarmungslos am Werk, das Glück zu beschneiden, zu zerstören, das mich seit jener Nacht erhob, und ich merke mit Bedauern, daß ein Mann in den Dreißigern kein schwärmender Jüngling mehr ist. Ein alter, mißtrauischer Bär ist er, mißtrauisch nicht zuletzt gegen sich selbst und gegen unbekannte Welten, die verborgene Gefahren hegen. (In uns selbst liegen die zerstörendsten Gefahren!) Zum ersten Male fühle ich es: ich habe Angst.

5. Juli 1859

Eine Nacht, in der kein Gran Schlaf zu finden ist. Ich horche auf das Knacken der Dielen, auf das Kettengerassel der Tiere und das nächtliche Rauschen des Bhaga, der tief unter uns in seiner Felsenkluft dröhnt. Immer wieder überfällt es mich, bald siedeheiß, dieses Glück, daß da ein Mensch zu mir kommt — ein Mensch, mein Mensch —, bald packt es mich mit eisernen Griffen, dieses Ausgeliefertsein an das Unbekannte und an die Macht des Weiblichen. Der Gedanke an Adolfine war wie ein beruhigter Strom, ohne Untiefen, ohne Gefahr. Doch das, was jetzt zu mir kommt, entzieht sich jeder Kontrolle durch mich selbst.

6. Juli 1859

Gott verzeihe meinen Augen — Gott verzeihe meinen hitzigen Sinnen, die danach verlangen, mit Augen zu sehen, zu erspähen, wer mir da, als mein anderes Ich, entgegenkommt. Oft ertappe ich mich, daß ich sie mir vorzustellen suche, meine unbekannte Braut, ihren Wuchs, ihr Gesicht. Ein aussichtsloses, ein frevlerisches Beginnen: was weiß denn sie von mir? Immer allzu geneigt, das Schöne zu suchen, ihm nachzuspüren, muß ich mich heute darauf gefaßt machen, es zu entbehren. Gott helfe mir, daß ich es ertrage, wenn nicht das Schöne (oder doch Liebliche), sondern das einfach Gute, das härene Gute, das gewiß vollendet Gute, das erprobt Kluge, das aber dem Auge nicht schmeichelt, zu mir kommt — das Unscheinbare, wenig Ansprechende, möglicherweise Häßliche.

Wie oft hat Jäschke meine ›Augenfreudigkeit‹ und meine ›unselige Lust am Hohen, Vornehmen und Schönen‹ gerügt — zu Unrecht, begehrte ich auf. Heute weiß ich, daß ich mich ganz demütig auf die verborgene Schönheit einrichten muß; aufspüren werde ich sie, mit allem Eifer werde ich sie suchen, denn selten nur geht sie Hand in Hand mit der auffälligeren Schwester, die sich meist ihrer zu schämen scheint. Alle meine Grübeleien beweisen mir eben, daß ich ihrer gar nicht wert bin. Doch was weiß ich von Gut und Ungut, von Schön und Häßlich — zuviel erhofft das Herz —, und so lasse ich mich fallen in den Schoß des Schicksals, das Gott mir bereitet hat.

7. Juli 1859

Die Nächte des Schlangendienstes sind vorüber, aber nicht weit von hier — dort wo Chandra und Bhaga sich einen — lodert heute nacht ein großes Brandopfer zum Himmel. Die Lamas von Lahoul und die Brahminen von Mantschat vollführen in dieser Nacht dort seltsame Fruchtbarkeitsriten. Indessen kielt — langsam und sicher — das Brautschiff durch den Ozean, seit zwei Monaten schon ist es unterwegs, und wiederum: ich ahnte es nicht! Mit sich blähenden Segeln und flatternden Rahen zerteilt es die hohen Wogenberge, Delphine umkreisen und große Sturmvögel unschreien das Schiff, das mir das neue Leben entgegenträgt.

27. Juli 1859

Pagell ist seit einigen Tagen abgereist, um die Bräute in Kalkutta zu empfangen. Er schied von mir mit der Versicherung, daß er — so Gott will — aus Indien als Ehemann und nicht mehr als Hagestolz zurückkehren werde. Er sah aus, als ob er an seinem leidvollen Glück verbrennen könnte, doch seine Augen hatten einen Glanz wie in all den Jahren nicht.

Ich habe inzwischen wirklich meinen ersten Brief an meine unbekannte Braut geschrieben und auch abgesandt, durch die Post. Meine Scheu, die Äußerung meiner Gefühle — selbst verschlossen und versiegelt — in die Ferne zu senden, ist grenzenlos.

23. September 1859

Ganz allein im weiten Haus. Ein Bouquet seltener Blüten von wahrhaft betörender Schönheit, die man nur hier und in den höchsten Regionen, von einer tropischen Sonne erschlossen, zu Gesicht bekommt, steht vor mir. Ich fand sie zweitausend Fuß hoch über unseren Feldern. Jäschke, der sich (ein Zeichen seiner Gesundung) nebenbei auch schon wieder der botanischen Wissenschaft zugewandt hat, um, wie er sagt, an ihr vor allem seinen Scharfsinn zu erproben — er sah die Blumen und lächelte! Er dachte nicht zuvörderst an die ›Species‹, sezierte keine Blüte, zählte keine Staubgefäße, er sah das Ganze und — lächelte. Ich buche das als ein gutes Omen, das uns die drei Frauen voraussenden, denen er nun bis Kothgur entgegengegangen ist, wo er schon heiraten will. Wir brauchen viel Licht, viel Wärme und Freude, um hier weiter bestehen zu können; um nicht nur zu vegetieren, sondern um zu leben und Früchte zu bringen!

30. Juli 1859

Ein Schlammsturz, gefolgt von einer Steinlawine, hat die Gletscherleitung zerstört: der ganze obere Lauf war weggeschwemmt und verschüttet. Seit Tagen steht mein Zelt wieder unweit des ersten großen Wasserspenders unter dem Gipfel des Nyima Pet. Lobsang Chospel ist mit mir hinaufgestiegen, schwer haben wir gearbeitet: große und gewaltige Steinbrocken jagten wir mit Eisenhebeln in schier bodenlose Abgründe, nun schießt wieder der helle Yurrabach zu Tal und tränkt die durstigen Äcker.

Abend für Abend trete ich unter die in unwahrscheinlichem Glanz leuchtenden Sterne: rötlich und blau-grün, gold- und silbersprühend stehen sie über dem schweigsamen Heer der Firnenkronen und Gletscher. Ein ›Sternenschein‹ liegt dann wahrhaft auf den nahen und fernen Schneefeldern und den tiefen Gründen, in denen die Menschen hausen — unabsehbare Nacht in außerweltlicher, göttlicher Ruhe. Abgefallen wie ein mürbes Gewand, wie ein schadhaftes Kleid ist von mir jetzt die Unsicherheit der letzten Wochen, und aus dem Meer aller Ungewißheit steigt mir die neue Möglichkeit auf, aus Weltenfernen der anderen Hemisphäre kommt sie mir entgegen — diese einmalige Möglichkeit, meine Möglichkeit. Mit beiden Händen werde ich sie ergreifen, prägen, formen, erfüllen, bis das eigene Ich sich vollendet an dem anderen und der Plan, der uns zusammenführte, klar wurde, bis alles vollbracht ist, wozu wir beide — ohne eigenes Wählen — vom südamerikanischen Fieberwald und Deutschlands gemäßigten Breiten hierher gesandt wurden unter die höchsten Gipfel der Erde.

Mein Dasein — bisher ein armseliger, dürftiger Monolog — nun soll es einmünden in das Zwiegespräch des Lebens oder in sich verstummen. Der Weg in das Schweigen bleibt immer offen.

30. Oktober 1859

September und Oktober sind vergangen. Die Felder sind abgeerntet. Jäschke ist aus Kothgur zurückgekehrt, unverheiratet und ohne Braut oder gar ›Gattin‹. Er sitzt in seiner Klause und arbeitet. Das Haus ist festlich gerichtet und geschmückt zum Empfang der ihm nachfolgenden Reisenden. Die Monate unvermeidbaren Grübelns sind zu Ende. Die Entscheidung ist gekommen. Morgen früh werde ich ihr entgegengehen.«

Marias Augen flogen förmlich über diese letzten Seiten, die sie betrafen, sie drängten zum Schluß, endlich zum Schluß, vor dem sie nun stand, unverletzt und unversehrt, nur ein wenig außer Atem. Es war gut — alles war gut. Und sie küßte den Ring aus seiner Hand an ihrer Hand, und dann hörte sie wieder Wilhelms gedämpfte Stimme, wie sie am gestrigen Tage über ihr erklungen war: »Setze mich wie ein Siegel auf dein Herz, denn die Liebe ist stark wie der Tod.«

Die Stunde der Nacht, von den Tibetern ›Stunde der Maus‹ genannt, öffnete die Wolken, sie schickte aus unermeßlichen, schwarzen Schächten immer neues Weiß herab auf die sturmeswunde Erde. Flocken, weich wie Wollflausch, emsig wie Spinnwirteln, dann wieder wie kleine Erbsen und Senfkörner; und großer und kleiner Fall wuchsen zusammen zu einer dichten Schicht — ganz wie vor Tausenden von Jahren schon, die jetzt waren wie der Tag, der gestern vergangen ist —, ganz so wie vor Hunderten von Wintern, als noch der heitere Bettelmönch Milaraspa auf dem Schneeberge *Lha phi* weilte, nicht weit von jenem höchsten Weltenberge *Tschomolungma*, den man vor sechs Jahren bündig ›Mount Everest‹ benannt hatte. *Lha phi* oder *Dril-buri*, *Nyima Pet* oder die *Sieben Sanggyas*, *Tschomolungma* oder *Kantschenzönga* — es ist einerlei: die Himalayaberge rücken nahe zusammen, wenn der große Schnee sie deckt. Sie alle sind nahe Verwandte einer einzigen erlauchten Familie, die sich mit einer Hunderte von Kilometern langen Mauer abschirmt gegen die heiße, dumpf-brütende Ebene, gegen eine Welt, brünstig nach Macht, bebend vor Unruhe.

Der sonnenlose Morgen senkte sich auf das Hochtal von Lho-yul als milde Dämmerung, aus der die Menschen erwachten wie aus einem Schlafe der Verzauberung. Maria stand schon lange am Fenster und blickte überrascht in die veränderte Welt. Abgetrennt das Haus der Bräute von dem Hause der Ladaker, von dem Hause der Sahibs — Inseln in einer Fülle weichen, weißen, lockeren Schnees. Die Stimmen, die über das Gehöft schallten, klangen gedämpft, und der Lärm scharrender Schaufeln war wie das Geräusch von Rettungsbooten, die durch gefrierende Wasser kielen.

Es dauerte geraume Zeit, bis Maria den schmalen Pfad von ihrer Insel zu dem Festland des Haupthauses beschreiten konnte, denn immer wieder sanken die Mauern ab, die Chospel, Lhasgyab und Joldan auftürmten. Im langen Flur des Hauses begegnete ihr Pagell, den sie mit unüberhörbarer Sorge nach Wilhelm fragte. Doch der meinte gleichmütig und gelassen, auf einen Tag Abwesenheit mehr müsse man sich hier immer gefaßt machen, und bei den sommerlichen Reisen, die stets nach Norden oder Osten, selten nach Westen, nie in den Süden gingen, könnten aus überfälligen Tagen ohne weiteres Wochen werden — ungewiß auf alle Fälle jede Rückkehr, vor allem natürlich die Stunde. »Seeleute der Berge ...«, meinte er, aber beunruhigen solle sie sich ›seinetwegen‹ nicht, ›der‹ kenne das Land und das Wetter. Wenn es bliebe wie jetzt, sei nichts zu befürchten. »So ein Grislybär wie er schaufelt sich immer wieder frei!«

Etwas zögernd erst, doch dann ganz sicher drückte Maria die Klinke zu ›ihrer‹ Wohnung nieder. Wie leer Wilhelms Arbeitszimmer ohne ihn — wie kalt und leer. Und das nicht nur, weil der Ofen kalt und das kleine Kohlenbecken ohne Glut dastand, es fehlte die lebensvolle Wärme, die in seiner Nähe immer sofort aufkam — die fehlte, das ließ sie frieren, daran änderte auch nichts der schwere Pelzumhang, den sie sich über die Schultern legte.

Still wartend saß sie auf ihrer Teakholztruhe und blickte aufmerksam nach draußen. Je länger sie dort saß, desto klarer wurde ihr, welch Teil ihr hier zugemessen war: Warten — Gott-sei-Dank: tätiges Warten, aber doch: warten, etwas, das ihrer Natur so wenig lag — warten: Tage, Wochen, Monate. Zeiten würden kommen, in denen sie auf sich angewiesen blieb wie nie zuvor in ihrem Leben, während er durch das gefährliche Land zog, das auch im Sommer ein ›Schneeland‹ war.

Der Tag war im Schwinden, als es von neuem anfing zu schneien, auch die Winde wurden wieder stärker. Sie bewegten den herniederrieselnden Flockenvorhang hin und

her wie schwebende Schleier, die sich mehr und mehr ver-
dichteten. Jetzt aber hatte sie alle Müdigkeit des Wartens
abgeschüttelt, sie stand am Fenster, spähend gestrafft, als
müsse sie ihn mit allen ihr zu Gebote stehenden Kräften
des Herzens herbeiziehen. Da — endlich: ein Schatten. Groß
und dunkel hob er sich aus der irrlichternden Schneedäm-
merung. Ein Aufatmen. Schnelle, elastische Männerschrit-
te auf der Treppe, im Raum. Ein Erstaunen — ein Sich-
finden. »Noch nie war das Zurückkommen so schön.« Wilhelm schloß sie in seine Arme, und plötzlich fühlte sie auf
ihrer Stirn wie ein brennendes Mal seinen ersten Kuß.

GEFANGENE DES SCHNEES

Endgültig war während dieser Nacht die Zugbrücke in die
Welt auf Monate hinaus hochgezogen worden. Verriegelt
jeder Paß nach Süd, Nord, Ost oder West, gebannt in den
engen Raum des Tales, in den Umkreis der Hütte waren
Mensch und Tier.

Über dem neugeborenen Lande aber tat sich ein Himmel
auf: tiefblau, kobaltfarben. Die Erde erglänzte in dem starken Strahlenlicht der tropischen Sonne, Miriaden sprühen-
der Lichtfunken aus schimmernden Schneekristallen — welch
ein Glanz! Die Adler und Lämmergeier hoch im Azur zogen unverdeckt durch Wolkengebirge und -mauern ruhig
und gemessen ihre königlichen Kreise.

Auf der weißen Taldecke stapften winzige Gestalten in
zottigen Pelzen. Sie schaufelten ihre eingeebneten Dächer
schneefrei oder bauten den Hang hinab Pfade, bewehrt von
riesigen Mauern — Dämme, Wälle, Gänge — wie die
Grundfesten einer sagenhaften, versunkenen Tempelstadt
aus blendendem Marmor, die plötzlich durch einen kosmi-
schen Zauber in das helle Licht des Tages gerückt wurde.

Wilhelm hatte während der Nacht oft am Fenster gestanden und in den Flockenfall geblickt, der ihm das neue Leben entgegenbrachte in dem reinen Weiß unberührter Welten. Erst gegen Morgen hatte es aufgehört zu schneien, und der Morgen brachte den letzten Tag seines Daseins als ›ungeteiltes Ich‹, das er nun aufzugeben wünschte wie etwas endgültig Überholtes.

Maria hatte zum zweiten Male — und nun noch bewußter — Abschied genommen von der Welt der Freunde jenseits des Ozeans; die wenigen Briefe an sie würden, wenn sie den weiten Weg zurückgelegt hatten, dort vielleicht aufgenommen werden wie das Andenken einer Verschollenen oder Verstorbenen. Vom Schaschur-Kloster herab klang das morgendliche Tubengetön der Lamas. Festgebannt ruhte Maria in ihrem harten Eisenbett, als wäre es eine Gruft. Sie suchte sich zu sammeln und vorzubereiten auf das Morgen: ›Bis daß der Tod euch scheide . . .‹ Unabdingbar standen diese Worte in dieser frühen Morgenstunde vor ihr auf, und es beschlich sie noch einmal zitternde Angst, doch nur Angst vor eigenem Versagen, es machte sie wie leblos; schlafen, am liebsten schlafen, diesen letzten langen Tag hindurch, bis der neue Morgen aufzog wie auch immer: mit Sturm und Wetter oder mit Sonne, Wolken und Winden.

Die Mondlandschaft da draußen aber zwang sie wieder und wieder, die festgeschlossenen Lider zu öffnen und den Blick durch das Fenster zu schicken, bis er an der weißgekalkten Decke haften blieb. Stille ringsum im Gehöft; Stille auch in der Höhe, die Lamas schwiegen nun vor den unsichtbar versammelten Dämonen der Höhe. Da plötzlich stieg aus dieser beklemmenden Stille ein leises, traumverlorenes Zirpen auf, setzte aus und kam wieder. Je höher das Licht stieg, je deutlicher die Gegenstände ringsum Gestalt annahmen, desto deutlicher wurde auch das Zirpen. Es war, als wolle es Maria aus ihrer Gruft herausholen.

Und es gelang. Mit einem Sprung war sie auf, horchte gespannt — da! An dem Dachgebälk ganz in ihrer Nähe, da saß der Musikant. Ein Zaunkönig. Den Schwanz in die Höhe gestelzt, zirpte er sein leises Lied. Im gleichen Augenblick aber, in dem der erste Sonnenstrahl hinter den Felsen im Osten hervorbrach, ging sein kleines Gezirp in ungebrochenes Flöten und Tirilieren über. Dann aber flog er hinaus in den Blütenschnee und sang von der Brüstung der Veranda ihr ein Hochzeitslied von Sonne und Licht.

Auch Wilhelm hörte es von seinem Fenster aus und begrüßte den kleinen Vogelkönig als seinen besonderen Freund, der den Sommer hindurch — Nachbar von Adler und Lämmergeier — unter den Gletschern wohnte und schon oft auf dem First seines Zeltes gesessen hatte, wenn er am Bau der Wasserleitung dort oben arbeitete. Der erste große Schneefall hatte ihn wieder in seine alte Winterresidenz, die Druckerei, gebracht, die er nun für den dritten Winter bezog.

Maria entdeckte sein kugelförmiges Nest, dessen Ausschlupf er bald mit weichen kleinen Federn vor den scharfen Angriffen seiner Feinde — Frost und Winterwind — verschließen würde, um in seinem kunstvollen Kuppelbau als echter König (wenn auch nur acht Gramm schwer) darauf zu warten, daß seine starken, streitbaren Kämpen — Sonne und Licht — doch endlich den entscheidenden Sieg über alle Unbill und Not davontragen würden. Mit einer letzten schmelzenden Strophe beendete er sein Einzugslied, das in ein gellendes Zeck-Zeck-Zeck ausklang — ein Frühlingslocken mitten im Schnee, den die höher steigende Sonne immer mehr in ein duftig-schäumendes Blütenweiß verwandelte. Noch lange, nachdem er den sangesfrohen Schnabel in seinen warmen Federball versteckt hatte, beglückte es sie, daß also auch in Asien und selbst in diesen weltabgeschiedenen Höhen sich der kleine Garten- und Waldsänger der gemäßigten Breiten behauptete gegen Nacht und Eis. Ganz unvermittelt spürte sie neue Kräfte in sich wachsen. »Die Liebe ist stark wie der Tod. Die Liebe lebt. Die Liebe trägt — bis daß der Tod uns scheidet.«

Mit einer ganz anderen Sicherheit ging sie dann durch das Haupthaus als eine Veränderte, nicht mehr als das Mädchen in zagender bräutlicher Befangenheit und Scheu, sondern getragen von dem Gefühl der unbedingten Zugehörigkeit und Mitverantwortlichkeit. Sie beherrschte bereits völlig die Geographie der vielen Fenster und Türen, und sie war froh über die langen Gänge des Hauses und die Weit- und Vielräumigkeit der ganzen Anlage, denn es würden noch viele lange Winter kommen, ohne die Möglichkeit nach draußen zu gehen. Wohl erschrak sie, wenn wieder eines dieser rätselhaften asiatischen Gesichter vor ihr auftauchte, vor dem jede ›Menschenkenntnis‹ von einst zunichte wurde. Und sie horchte auf die fremde Sprache wie eine, die weiß, daß sie bald von dem Banne der Stummheit und Taubheit erlöst werden wird.

Aus Koffern und Gepäckstücken brachte sie an diesem Tage allerlei Leinen und Damast, einiges Silberzeug und Porzellan zutage, und damit wurde sie in das geschäftige Zurüsten zur Hochzeit einbezogen, das das ganze Gehöft in Atem hielt. Jorsam braute Tschang und Buttertee und türmte als Geschenk auf einen Metallteller Reis und Gerstenkörner, dazu buk sie die guten ›Mog-Mog‹ — eine Art Teigröllchen mit Fleisch, die bei keinem Feste in ihrer ladakischen Heimat fehlen durften. Nachdem das ganze Haus frisch hergerichtet war, bürstete Wilhelm das letzte Stäubchen von seinem schwarzen Frack. Jäschke hatte seinen graugrünen ›Schlagintweit‹ schon in den sieben vergangenen Tagen peinlich in Ordnung gebracht, und ein Halstuch — blütenweiß — umschmeichelte sein bärtiges Kinn. In seinen Augen lag ein warmes Schauen, ein stilles Leuchten, das ihnen bei dem ersten Zusammentreffen in Kothgur völlig mangelte. Emmy grub aus ihrem Reisekorb einen schwarzen Anzug aus bestem Tuch, den sie für ›ihn‹ zum morgigen Tag mitgebracht hatte. Die beiden Bräute aber richteten alles zu ihrer letzten und kürzesten Reise, vom Brauthaus zum Haupthaus, die zugleich die entscheidendste ihres Lebens sein sollte. Den beiden Brautkleidern aus schwerer Seide sah man die Unbilden der vergangenen Monate nicht mehr an, sorgfältig vorbereitet lag alles auf einem Tisch des Hauses, das schon übermorgen wieder ausschließlich im Dienste des Buchstabens stehen würde.

In dieser Nacht brannte in keinem der Häuser Licht. Auch Sodnam Stobkjes verharrte nur im Dunkel vor dem Bilde des Lotosgeborenen. Er dachte an den Tag, als die Lamas von Ladak über seiner jungen Braut, die *Yan-a-gug*-Zeremonie gesprochen und sie mit gelben Gerstenkörnern beworfen hatten. Es war, als höre er noch einmal das Summen und Murmeln: »Vom Osten komme das Glück herbei! Von Westen komme das Glück herbei! Von Norden komme das Glück herbei! Von Süden komme das Glück herbei! *Yan-a-gug*, das Glück, komme herbei!« — das Glück, das sie gerufen hatten, war geflohen. Aber Joldan war ihm geblieben, und das bedeutete ihm mehr.

HOCHZEIT UNTER TIBETERN

I

Weiße Schneefahnen wehten nach Osten. Wie der Rauch von Gipfelfeuern standen sie über Garza-Lahoul. Dort oben, viertausend Meter hoch über dem Tal, wirbelten Stürme, doch unten war es ruhiger denn je. Der Zeiger der Sonnenuhr, die Wilhelm im Herbst am Hause angebracht hatte, wechselte mit schattenhaftem Gleiten von der ›Stunde des Drachen‹ in die ›Schlangenstunde‹ hinüber. Weithin war es so still, daß man deutlich den Schrei der Geier vernehmen konnte, die um die hohe Mittagszeit über Kyelang kreisten. Die Winde, die in der Frühe mit heftigen Stößen eingesetzt hatten, waren abgeklungen, wenn auch nicht ganz verstummt. Nur wie das Zittern einer Windharfe lag es über dem Tal, aus dem das Dröhnen des vereisten, gefesselten Bhaga-Stromes völlig entschwunden war, besiegt und niedergerungen durch ungeheuere Schneelasten.

Still war es unter den Dächern des Gehöftes. Der siebente Tag war vergangen, der achtzehnte November gekommen. Eine feierlich gehobene, friedlich frohe Stimmung beseelte das ganze winterliche Haus, das eine schwache Wärme aus drei eisernen Öfen sparsam, aber doch spürbar, durchzog. In alle die zwanzig Fenster des Hauses blickte eine Schneehelligkeit, von der man sich abwenden mußte, um nicht schmerzhaft geblendet zu werden — die festen Mauern ringsum aber standen da wie ein gütiger, besänftigender Lichtschirm. Draußen war es nicht mehr so kalt wie vor dem großen Schneefall. Die Sonne behauptete sich in der Mittagsstunde mit tropischer Kraft. Aber nicht nur ihr Licht, auch die Schatten hatten einen ganz neuen Charakter: an diesem Gebirgsstock schimmerten sie grün-violett, an jenem schwarz-braun, über der Flußrinne lagen sie wie stumpfes Ebenholz, der langgestreckte Bilinger Berg erglänzte an manchen Stellen wie perlgraue Seide. Das Spiel von Licht und Schatten formte, modellierte den Schnee, der alles ringsum flächig gemacht hatte, es verwandelte alles zu einer völlig neuen Landschaft, aus der die Farben der Erde verbannt waren. Nur das Blau des Himmels blieb unverändert.

Der Geruch des Wacholdergezweiges, mit dem der Große Saal geschmückt worden war, durchzog würzig das ganze Haus. Eine spannungsvolle Stille lastete in dem ebenerdigen Raum, der in das einsame, weiße Land hinausschaute. Nur wenn man genauer hinsah, bemerkte man, wie es draußen lebendig wurde. Hie und da krochen Männer und Frauen aus ihren schneeüberschütteten ›Nestern‹ und stiegen in Gruppen und Grüppchen talab. Die Männer hatten hohe Pelzmützen auf den Köpfen, und Silberkrönchen blitzten auf den fettgesalbten schwarzen Scheiteln der Frauen. Wie starres Gitterwerk umstanden die festeingeflochtenen Flechten ihre flachen, lachenden Gesichter. Braune oder graue Wollstreifen, die den Zöpfen der Verheirateten oder Unverheirateten beigeflochten waren, endeten immer in einer dicken langen Troddel, die ihnen beim Gehen auf dem Boden nachschleifte wie eine munter hüffende Schleppe oder eine schnappende Schlange. Vierschrötiger denn je erschienen sie heute: über den dicken Wollhosen, deren unvorstellbar lange Beinröhren zu dichten Falten eng zusammengeschoben sind, hingen Pelze und Decken, und das gab ihnen ein wuchtiges, kolossales Aussehen. Munter und froh wallfahrteten indes alle — Männer und Frauen — die langen Schneegänge herab, die sie am Morgen geschaufelt hatten, lachend und singend fanden sie sich ein, denn eine Hochzeit ist überall ein Fest.

Seit vielen Stunden schon schaute ein ganzer Haufe von Nachbarn von der schneefreien Veranda aus in den noch verschlossenen Saal hinein. Sie schienen sich nicht satt sehen zu können an den Musikinstrumenten — Klavier und Harmonium —, die doch nur stumm und verlassen dastanden. Neu war der Aufbau in der Mitte: ein Tisch, auf einem breiten hölzernen Sockel aufgebaut zu einem Altar, mit einem feierlichen, bis auf den Boden reichenden weißen Damasttuch, umkränzt mit Wacholdergezweig. Zwei große Wachskerzen in silbernen Leuchtern standen darauf; vier Stühle davor mit hohen Lehnen, ebenfalls mit Grün umkränzt; sie erschienen den Tibetern wie die Thronsessel, auf denen ein *Tulku* oder sonst ein hoher Wiedergeborener Platz nimmt, ehe das Volk unter dem Sessel des erhabenen Lama segenheischend vorüberzieht. Besonders stattlich war der Stuhl hinter dem Tisch, höher und breiter als die sechs oder zehn hochbeinigen Sitze, auf denen noch nie einer von ihnen gesessen hatte.

Die Menge am Fenster gab ihre guten Plätze nicht her, auch als sich die Doppeltür des Saales schließlich öffnete und die Gruppen aus dem Dorfe, dicht auf dicht, Einzug hielten. Bald hockten sie alle am Boden mit bequem untergeschlagenen Beinen und warteten murmelnd und tuschelnd auf die Eröffnung des verheißenen Schauspiels, das sich nun wirklich vor ihren Augen vollziehen sollte. Erstaunlich gedämpft klang das Schwatzen von den fünfzig, sechzig und mehr Männern und Frauen im Raum, deren Pelzen und Röcken der Geruch aus Schaf-, Yak- und Ziegenställen entströmte. Gewichtig saßen sie auf den blankgescheuerten Dielen in dem besitzerischen Gefühl von Zugehörigkeit, denn sie wußten inzwischen genau, daß dieser große, helle Raum — keinen einzigen solchen gab es sonst im ganzen tibetischen Bergreich — eigentlich nur für sie gebaut worden war.

Als die Sonne den Schattenzeiger auf drei Uhr schob, ertönte über dem festgestampften Schnee des Hofes gedämpftes Getrappel. Die Köpfe aller fuhren herum. Vier Reiter saßen ab. »Tara Chand ist da!« Abenteuerlich wie ein abgesprengter Trupp aus Attilas Zeiten, drängte sich durch die Menge ein kleiner, prächtig in bunte Wolle und kostbare Pelze gekleideter, mit Juwelen behängter Mann, gefolgt von seinen nächsten Verwandten: der Landvogt von Lho-yul, der ›König‹ des Bergreiches Garza — ein Schattenkönig unter Victorias Zepter, dessen äußerste Spitze sich noch über sein entlegenes Reich senkte, allerdings mehr andeutend als tatsächlich herrschend, denn Machthaber im Lande Garza sind nur die Berge. Tara Chand, ein echter Volltibeter, hatte noch etwas von dem streitbaren Blute seiner Ahnen, die einst aus Guge die ›Swastika‹ der Buddhisten und frommen Lamaisten in das Südland der ladakischen Großkönige getragen hatten, in dem noch die gute ›Bon‹ jenes anderen Sonnenrades triumphierte, das seine Enden ketzerisch und hexenhaft nach links gewendet trägt.

Gewichtig ließ sich Tara Chand in der vordersten Reihe nieder, flankiert von seinen in bunte Teppichgewebe gekleideten Vettern. Im gleichen Augenblicke erklangen im Obergeschoß Schritte, Seide rauschte die Treppe hinab, und draußen auf den Höhen war es ganz still. Auch in dem Saale wurde es augenblicklich ruhig. Erst als die Flügeltür aufsprang, ging eine Bewegung durch die Reihen. Die Kerzen erglommen und in ihrem Schein traten die beiden bräutlichen Paare ein, angeführt von Eduard und Friederike. Ihnen folgten die fünf Ladaker des Gehöftes zusammen mit dem Lama Tsultrim aus dem Sanskar-Himalaya, der den Winter über im Gehöft weilen würde.

Unwillkürlich erhoben sich die hockenden Frauen und Mädchen, um besser die ›Wesenheiten oder Königinnen‹ sehen zu können, die seit ihrer Ankunft vor acht Tagen ihre Gemüter unablässig beschäftigten. Ein vernehmliches Getuschel gegenseitiger Verständigung über das Aussehen der Bräute und das Gehaben der Bräutigame, was beides sie weniger verändert fanden, als ihre Phantasie es sich vorgestellt hatte: keine Perlenschnüre über den Frauengesichtern, frei, ganz frei waren sie, und die Sahibs hatten ihre kurzen Röcke nur eingetauscht gegen halblange, fast so lang wie die der eigenen Männer oder der Ladaker, nur von einer undurchdringlichen Schwärze waren sie und ohne bunten Leibgurt. Hin und her wogten die Pelzkappen und Krönchen, das Flüstern schwoll an und ebbte ab, doch gedämpft blieb alles, als stünden sie selbst unter dem Banne eines besonderen Geschehens, das sich jetzt in dieser dritten Stunde nach Mittag vollziehen sollte.

Die Ladaker hatten sich inzwischen im Halbkreis hinter dem ›Altar‹ niedergelassen; Sodnam Stobkjes in der Mitte, zur Rechten neben ihm der Lama Tsultrim, zur Linken sein Sohn Joldan, neben diesem Lhasgyab. Auf der anderen Seite, den Fenstern zu, saßen Lobsang Chospel und seine Frau Jorsam. Lobsang starrte in die Kerzen, als wolle er stumpf brütend den Sinn der Stunde ergründen, während Jorsam keines ihrer wachsamen Augen von den Bräuten ließ. Die saßen neben ihren Männern auf den Stühlen — unbeabsichtigt erhöht —, so daß sie von allen gesehen werden konnten. Freilich mußten sich die meisten mit dem Anblick der langherabwallenden Kleider begnügen, unter denen die feingeschwungenen Stiefeletten hervorlugten. Auch die unbegreiflich schmale, enggeschnürte Taille, die wohl ein Mann mit zwei Händen zu umspannen vermochte, war ihnen — zu ihrem Leidwesen — durch ein langes, bis zum Boden herabreichendes Tuch — ganz in Weiß — jetzt verdeckt. Trotz alledem blieb des Ungewöhnlichen noch immer genug. Die schweren dunklen und hellen Flechten der weißen Frauen starrten nicht fettgesalbt und gesträhnt um ihr Gesicht: sie waren aufgesteckt zu einer Haarkrone, und diese wiederum war bedeckt mit einem steifen Gebilde in durchschimmerndem Weiß, das aussah wie eine zerbrechliche Schale aus Alabaster.

Dieses vollkommene Weiß der Kleidung, das alles Schwarze darunter verdrängte und beherrschte, hatten sie noch nie an einem Menschen gesehen. Es erschien ihnen wunderbarer als ihre eigene isabellfarbene, wunderbarer als ihr eigener silberner Kopfputz, erstaunlicher auch als ein ladakischer Brauthut, pelzverbrämt und dreikantigaufgebogen wie ein chinesisches Dach. Es entzückte sie dieses makellose Weiß, das sie nur von dem Schnee auf den Bergen kannten. »Die Sieben Sanggyas haben Schnee auf ihre Häupter gelegt...« und »Der Nyima Pet hat ein Stück von seinem frischen Überhang um ihre Schultern gebreitet...«, so meinten die einen, und andere sagten: »Ein guter Zauber, der Schnee zu Kleidern werden läßt.« Und dabei bewegten sich ihre Kronen und Krönchen, und sie erhaschten auch wohl

mit einem Blick das blaue Taftband, das die weiße Schnee-
schale auf dem Kopf locker festhielt und lose um das Kinn
gelegt war wie eine türkisfarbene Spange. Die Gesichter der
Bräute, die ihnen abgewandt blieben, konnten sie nicht ergründen. Dennoch blieb das gebannte Schauen und Staunen aus wohl zweihundert schwarzen Augen: wie kleine
Speere schossen die Blicke aus den geschlitzten Lidern hin
und her, um das Spiel, das sich nun vor ihnen auftun
sollte, mit aller Schärfe zu verfolgen und für sich zu bewahren.

Das Rot, das sonst auf Marias Wangen blühte, war
erloschen. Sie saß aufrecht neben Wilhelm und lauschte den
Tönen, die Pagell auf dem Piano anschlug, während Jäschke das Podium bestieg. In einer kurzen Begrüßung wandte
er sich in tibetisch an die Tibeter, und sie fühlten sich geehrt, daß man sie als Gäste und Freunde, als Nachbarn und
Menschenbrüder und -schwestern ansprach. Jedes dieser klaren Worte verstanden sie, und sie nickten beifällig mit
Kappen und Kronen. Sie stießen sich gegenseitig an, als
sich Wilhelm und Maria unerwartet von ihren Plätzen erhoben. Ganz allein standen die beiden vor dem weißen Altar und der Menge, während die Stimme plötzlich überging
in eine Sprache, von der keiner der Gäste mehr etwas verstand. »Mit deiner lieben Nähe — segne uns, lieber Herre
Gott!« Worte folgten, die ganz allein für sie gesprochen
wurden, Worte, so gewichtig, daß sie sich unter ihrer Schwere beugten, ihre Knie berührten den Boden, und alle, die
am Boden saßen, fühlten sich angerufen als Zeugen eines
Geschehens von weittragender Bedeutung. »Treue bis in
den Tod...« gelobte Wilhelm, und »Liebe bis in den
Tod...« versprach Maria mit einem schlichten, besiegeln-
den »Ja«. Man sah etwas Goldenes blitzen, erkannte zwei
Ringe und beobachtete, wie die Hand des weißen Lamas sich
segnend auf die Häupter der Knienden legte, während vier
Stimmen sich zu einer dünnen, schmächtigen Melodie auf-

schwangen: ›Bind zusammen Herz und Herz‹. Kein Orgel-
rauschen, kein Glockengetön, nicht einmal das Schlagen
einer Uhr, nur das Kreisen der großen Vögel draußen und
ihr weithinhallender Schrei.

Als wenn einmal zu wenig wäre für das, was diese drei
Paare hier lebenslang halten, tragen und binden sollte, erklangen ein zweites Mal die Anrufungen der alten Litur-
gie, mit denen Jäschke soeben den Freund eingesegnet hatte; fester, klarer, zwingender noch als vorhin kamen sie
aus dem Munde Wilhelms, der jetzt das Amt des Liturgus
vor dem knienden Jäschke-Paar versah. Es war, als wolle
sich seine Stimme noch einmal zu einer eigenen Bitte erheben, so verhalten sie sich auch gab: »Lehre sie einander
lieben — sei ihnen immer Fels und Zuflucht — hilf ihnen
auch in Kreuz und Trübsal — bis alles das vollendet ist,
wozu du sie berufen hast.« Wilhelms Hände ruhten auf
dem Haupt des knienden Freundespaares, und nur zwei
Menschen vermochten es in seiner eigentlichen Tiefe zu erfassen, was es bedeutete, daß den gebeugten Mann dort
mit dem klugen Kopf und dem durchdringenden Verstand
etwas wie ein Beben durchlief, als das Schlußwort über
ihm erklang: »... und gebe dir Frieden.«

Eine spürbare Entspannung war auch über die Tibeter gekommen: es war geschehen — kein Zweifel, es war geschehen! Ab und an sich räuspernd blickten sie bald auf die
tropfenden Kerzen, bald auf die Bräute: — niemand hatte
um sie einen magischen Glückskreis aus Gerstenkorn gelegt — niemand hatte sie mit Safranwasser aus einer Pfau-
enfeder besprengt — kein Brautgeheul, kein Feiertanz. Irgend etwas war jedoch geschehen, was sie selbst so sehr erfaßt hatte, daß sie sich nicht von der Stelle rührten. Man
hatte Ringe gewechselt und sich geheime Worte gesagt:
was bedeutet der Zauber der Ringe, der Zauber der Worte?
Was würde sicherer halten: der Ring aus Gold oder ein
Glückskreis aus Gerstenkörnern? Würden sie hier überhaupt

leben können, die weißen Frauen — denn Ehefrauen waren sie ja nun wohl bestimmt, nachdem alle beobachtet hatten, daß über sie etwas Wichtiges mit den weißen Lamas abgesprochen worden war. Doch geheimnisvoll andersartig blieben ihnen diese Erscheinungen noch immer.

Mit der Ruhe der Asiaten, die Zeit haben, mit der Freude am gesprochenen Wort horchten die ›Nachbarn‹ dann auf die Rede Jäschkes, der sich erneut als Sprecher erhoben hatte. Die Kappen und Krönchen verhielten sich wieder still, nur einige hohe, lotosförmig aufgebogene rote Lamamützen bewegten sich gedankenvoll hin und her, als erwögen die Stirnen darunter die Schwere der Worte und ihre — anfechtbare — Bedeutung. Gleichwohl fühlten sich alle geehrt, als die Artikel 202—206 aus der *Idea fidei fratrum* des Bischofs Spangenberg in ihrer tibetischen Hochsprache als Abschluß der feierlichen Handlung durch den weiten Saal ertönten. Und als dann wieder die wunderbare Zauberei der Finger auf den weißen und schwarzen Zähnen der ›Musikkiste‹ stattfand (immer ein unerhörtes Ereignis!), da wurden sie alle mitgerissen von dem Tönen der unsichtbar schwingenden Saiten, es wirkte zurück auf ihre rauhen Kehlen, es schwangen die Bänder in ihnen beinahe von selbst mit, wenn auch in durchaus anderer, ost-östlicher Richtung.

II

Man hatte gesungen und gebrummt, man hatte geschaut und gesprochen, und dann dampfte der Buttertee, und die Tonkrüge mit Tschang, die auf dicken Strohkränzen standen, verströmten den säuerlichen Duft tibetischen Gerstenbieres; und ein jeder holte den hölzernen Trinknapf aus seinem Busengewand hervor und hielt den Kore unter die Kanne mit Ziegeltee oder unter den Krug mit Hochzeitsbier, bis die guten Quellen allmählich versiegten und die zufriedene Menge sich hierhin und dahin allmählich zerstreute. Auf ihren Hausdächern saßen sie dann in Gruppen und Grüppchen und tranken weiter, was der eigene Krug und die eigene Kanne noch hergaben — man lachte und schmauste, man erzählte Geschichten und tanzte mit stampfendem Fuße auf dem festgetretenen Schnee der froststarrenden Erde, denn eine Hochzeit ist überall ein Fest. Und so war denn das ganze ›Menschennest‹ miteinbezogen in die Freude dieses Geschehens: Europäerhochzeit — gedoppelte Hochzeit — im Reiche der ›Sieben Buddhas‹, im Bereiche des Gottkönigs von Lhasa.

Die festlich gedeckte Hochzeitstafel mit schimmerndem Porzellan, Silber, Kristall und zierlichen Schug-pa-Girlanden auf weißem Damast — sie stand im Raum neben dem ebenerdigen Saal, in dem die Tibeter sonst nur ihre Leiden und Nöte vor Wilhelm ausbreiteten. Zwölf saßen in der Runde: sechs Tibeter und sechs Europäer, oder, wenn man anders wollte vier — deutlich sich voneinander abhebende — Gruppen: drei tibetische Adlige gegenüber drei tibetischen Geistlichen, drei eigenwillige europäische Männer gegenüber drei jungen europäischen Frauen, und so blieb doch das Ganze trotz aller unvereinbar anmutenden Gegensätze in einem wohlausgewogenen Zusammenhang. Die Zuschauenden allerdings erstaunten immer wieder, wenn ihre Augen von den Europäern hinüberwanderten zu ihren Landsleuten in dem bunten Aufputz aus Wolle, Fell und Seide. Ein breitkrempiger Pelzhut, besteckt mit Silberkapseln und Amuletten, beschattete das knochige, flache Gesicht Tara Chands, der in ein rot-gelbgestreiftes, weitbauschiges Gewand gekleidet war. Rot und Gelb — die heiligen Farben Tibets — wiederholten sich auch in den abenteuerlichen Kostümen seiner Vettern Hari und Dewi Chand; der eine mit undurchsichtigen Gesichtszügen, von Natur aus mißtrauisch und verschlossen, der andere, wieselgewandt, munter und pfiffig, erschien fast harmlos. Ihren Augen entging nichts, vor allem nichts, was die fremde Welt aus dem Westen betraf. Diese drei vornehmen Tibeter handhabten Armbrust, Schleuder, Gewehr und Trense so sicher und gut wie die Lamas ihre *Mantras*. Neben ihnen blieb nur noch ein schmaler Platz für Sodnam Stobkjes; durchgeistigt sein Gesicht neben dem derben seines Nachbarn. Trotz seiner weltlichen Gewandung umgab ihn noch immer fühlbar ein Hauch von Klostergelehrsamkeit und Meditation. Auch Tob hatte sich festlich gekleidet: ein neuer weißwollener, fast bis auf die Knie reichender Ladaker-Rock mit brandroter, langer Schärpe, in der Gebetsrolle und Schnur steckten, dunkel und abgegriffen beides von ununterbrochenem Gebrauch; unvergleichlich jedoch schimmerte die Schnur echter Perlen um seinen Hals — heut trug er sie offen zur Schau. Lama Ga Puntsog und Tsultrim residierten an den Schmalseiten des langen Tisches. Ganz in rote Wollkutten gehüllt, bewehrt mit Zauberdolch und Donnerkeil, saßen die alten orthodoxen Priester mit ihren spitz zulaufenden Lamakappen da, unbewegt, fast wie aus Stein oder Erz. Tsultrim streng und in sich gekehrt, Ga Puntsog voll Milde und Güte. Er hatte diesem Ereignis aus Freundschaft zu den ›weißen Lamas‹ nicht fernbleiben wollen, obgleich ihm dieser und jener rotberockte Ordensbruder aus Lho-yul davon abgeraten und stattdessen Beschau und fromme Übung in seinem Häuschen in Kardang oder im Schaschur-Kloster anempfohlen hatte. Doch Ga Puntsog nestelte bei solchen Vorhaltungen nur an den Perlen seiner Gebetskette und murmelte dazu die heiligen Formeln, wie er auch jetzt fast ununterbrochen die dünnen Lippen zu unhörbaren Worten bewegte. Tsultrim, den Winter über im Solde der Sahibs, anerkannte hier niemanden, der ihm Vorstellungen zu machen hätte, gleichwohl aber taten beide das Ihre, um die Ehre des ›Aus dem Lotos Geborenen‹ inmitten der tibetischen Weltlichkeit und der europäischen Fremdgläubigkeit zu preisen. Wie einen Anker hielten sie in der Linken die Handgebetsmühle, die sie auch im Verlaufe von Stunden nie weiter von sich legten, als daß ein schneller Griff sie sofort wieder in Bewegung setzen konnte. Unauffällig ließen sie — zwei Säulen lamaistischer Rechtgläubigkeit — Gebete mahlen und Sprüche kreisen, und unauffällig, wie ein Atmen, umwob während des ganzen Tafelns das Wort von dem Juwel im Lotos die ungleichartige Runde: *Om mani padme hum — om mani padme hum —*

Die drei Chands waren sehr zufrieden mit dieser frommen Untermalung, die ihr freiwilliges Erscheinen hier noch sanktionierte. Als heimliche und leidenschaftliche Jäger ließen sie ohnehin öfter als vorgeschrieben *Skurrim* machen, denn solche Gebetssalven waren wohl in der Lage, ihre sündhafte Leidenschaft immer wieder neu zu sühnen. Sie litten zwar nicht darunter, wußten aber sehr wohl, daß sie sich damit in einem ausgesprochenen Gegensatz zu ihrer Geistlichkeit befanden, vor allem aber zu Buddhas Gesetz, nichts Lebendes zu töten. Zufrieden und mit unverhohlener Neugier saßen sie da und warteten der Dinge, die kommen würden. Ein kräftiger europäischer Drei-Männer-Gesang eröffnete die Tafel. Die Türen sprangen auf und herein kam wie auf einen Wink die übrige Tibeter-Familie des Gehöftes: Lobsang Chospel, Lhasgyab und Jorsam. Sie hatte es sich ausbedungen, alle Gerichte und Getränke gerecht zu verwalten und zu verteilen, ganz so wie es der Festordner Pagell vorgesehen hatte. Der saß mit seiner jungen Frau neben dem einen der beiden Brautpaare, seine eigne ›indische‹ Hochzeit noch einmal in diesem tibetischen Rahmen nachfeiernd. Befriedigt sah er die Küchengarde mit dampfenden Schüsseln aufziehen, voran der Knabe Lhasgyab in knappem weißem Ladakerrock und farbiger Filzkappe auf dem ebenholzfarbenen Haar, das Abbild seines Vaters Lobsang Chospel, der beinahe feierlich das erste Gericht vor der jüngsten Braut absetzte. Den beiden Männern folgte Jorsam, prächtiger und bunter geschmückt denn je. Korallen und Türkise wetteiferten mit Silberspangen und -reifen, und fast war es ein Wunder, daß sie sich nicht von aller Hochzeitlichkeit ringsum hatte verleiten lassen, selbst noch einmal ihren großen samtenen Brauthut aufzusetzen, der, dreieckig aufgebogen wie ein chinesisches Dach, ihr noch immer als das Höchste an festlichem Schmuck erscheinen wollte. Sie trug die Schalen mit Reis herbei und ersetzte allmählich mehr und mehr Stiefsohn und Mann, die sich bald ausgiebig gütlich taten an der Quelle, von der alles Gute kam: dem Herd. Manchmal schob sie auch Joldan einen besonderen Leckerbissen zu, denn sie liebte den Knaben, in dem sie den Vater sah. Immer wieder nahm sie sich des mutterlosen Sohnes an, der, an der Tafel der würdigen Zwölf entbehrlich, sich anfänglich seiner Ungebundenheit freute und bald bei den feiernden Kyelangern draußen auf dem Feld, bald bei dem Yak im Stall, bald bei den dampfenden Töpfen in der Küche weilte, immer häufiger aber doch wieder, schauend und lauschend, hinter dem Stuhle seines Vaters. Jorsam tuschelte Dan manchmal etwas zu, um ihn aufzumuntern, ihr doch beim Auftragen zu helfen, weil der faule eigene Sohn und Mann sie im Stiche ließen, doch Joldan wollte nicht. Jorsam verdroß aber heute nichts, unerschöpflich schien ihre Heiterkeit und frohe Laune. Sie wogte mit ihren dicken Wollröcken hin und her, und die mit Otterfell verbrämten riesigen Ohrenklappen ihres Kopfputzes wippten, sobald sie den Kopf neigte, wie die Flügel eines großen dunklen Schmetterlings. Lachend ging sie zwischen den Feiernden hin und her und behauptete sich als geachtete und verwirrend schöne Aufträgerin lang angesammelter Vorräte und sorgsam zubereiteter Speisen.

Die europäischen Gerichte, auf tibetisch abgewandelt, waren weit weniger inhaltsschwer als ›drüben‹: dieses jedoch hatte einige indische Schärfen, jenes besondere tibetische Beizen mit chinesischem Anklang, im Grunde jedoch waren sie alle von jener Einfachheit, die jedem Essen auf vorgeschobenem Posten oder im kargen Lande gemäß ist. Jedes der großen und kleinen Gerichte war mit der uralten salomonischen Weisheit gewürzt, derzufolge ein Gericht Kraut mit Liebe besser ist als ein gemästeter Ochse mit Haß.

Schon kurz nach dem Einführungsgesang erfuhr das Mahl eine Unterbrechung, da Tara Chand das ungewohnte Sitzen mit herabhängenden Beinen auf europäischem Stuhle — was er unbedingt selbst hatte erleben wollen — lästig wurde, so daß man kurzerhand die Stühle der tibetischen Gäste auswechselte gegen in weiser Voraussicht bereitgestellte breite Bänke. Dort fand der König einen angemessenen Sitz auf einem mit Teppichen belegten Polster, so daß der kleine Mann nicht unter die Augenlinie der größeren Sahibs geriet. Munter und aufgeräumt saß er, nun erst zu rechtem Genuß bereit, asiatisch-bequem mit untergeschlagenen Beinen auf seinem Thron. Zufrieden behauptete er sich — ein wenig höher postiert als seine Vettern —, ohne daß während dieses kleinen Zwischenaktes auch nur einmal der Fluß der verpflichtenden Höflichkeitsreden zwischen den Männern — den braunen und den weißen — als einem unumstößlichen Gebot altasiatischer Etikette unterbrochen worden war.

Die Schüsseln und Schalen leerten und füllten sich, wurden auf- und abgetragen; auch die drei stillen Lamas verweigerten Speise und Trank nicht, sie nahmen ihr Teil, so oft ihnen etwas gereicht wurde. Die drei Edelmänner aber saßen da wie Jäger auf Anstand. Mit aufmerksamen, scharfen Augen und pfiffigen Gesichtern schauten und schauten sie, ohne zu essen, denn Tara Chand hatte sich von den Sahibs lediglich die Gunst erbeten, der Hochzeit — vor allem dem Mahle — beiwohnen zu dürfen, weil er einmal sehen wollte, wie die weißen Menschen essen. Und damit er denn auch etwas zu sehen bekäme, hatte er ihnen am vorhergegangenen Tage einen ganzen Spitzkorb voll tibetischer Leckerbissen ins Gehöft geschickt, wobei der Bote noch einmal ausdrücklich betonen mußte, daß der ›gnädige Herr‹ wirklich und wahrhaftig nicht selbst zu tafeln gedenke. Seine Begleiter, Hari und Dewi, hatten sich allerdings vorher nicht festgelegt, sie konnten, wenn sie wollten, aber sie wollten nicht, weil ihr König nicht wollte ... und das war ehrenhaft (wäre ihnen andernfalls aber auch schlecht bekommen!). Tara blieb bei seinem Entschluß, und so saß er denn da und war Auge — nur Auge. Tuch für die Tafel — Tuch für den Mund! Nicht genug verwundern konnte er sich darüber, was doch alles so ein weißer Mann benötigt, ehe er zufrieden ist beim Festfeiern. Die schwarzen Pupillen hinter den faltigen Lidern verfolgten aufmerksam, wie zwölf weiße geschickte Hände jeden Bissen kunstgerecht mit Messer und Gabel zum Munde führten. Nicht satt sehen konnte er sich an der flinken Handhabung dieser blitzenden, schwierigen Werkzeuge, mit denen die Finger mühelos arbeiteten. Vergeblich wartete er darauf, ob nicht doch einmal einer von den so ruhig Tafelnden sich schlicht und einfach mit den Händen gütlich tun würde, doch keiner fiel aus der Rolle. Nicht einmal handgeformte Brocken flogen als Zeichen gegenseitiger Wertschätzung von einem Esser quer über den Tisch zum anderen. Ganz erstaunlich auch, wie lautlos sich so ein Essen vollzog: kein Schnalzen des Wohlbehagens, kein Rülpsen der Sättigung, nur das leise Geräusch der funkelnden Silberwerkzeuge — aber schlecht schien das Essen nicht zu sein. Angenehm stiegen ihm allerlei Gerüche in die Nase: so ein Achtungsbrocken dieser appetitlichen Teigröllchen etwa — wer weiß, ob man ihn verschmäht hätte! Er sah nach rechts, er sah nach links, aber die Vettern blickten ehern über Jorsams verführerisch angebotene Platte, und die Lamas übergingen dieses sündige Gericht, dessen harmlose Außenseite (aus Teig) mit den gebratenen Teilen eines Hammels gefüllt war; sie schätzten es zwar — doch nicht hier in der Öffentlichkeit. Tara Chand aber beschloß, ein anderes Mal klüger zu sein und sich nicht im voraus festzulegen, besonders als eine gelbe Creme aus dicker Yakmilch aufgetragen wurde, die ihn überaus lockte. Der Knabe Lhasgyab, der — seine Faulheit vergessend — sie nur allzugern hereingetragen hatte, lachte keck über den Rand der Schüssel hinweg und leckte sich schnalzend den Daumen, den er — ganz versehentlich — tief in die dottergelbe Masse gesteckt hatte.

Gespannt wartete Tara Chand darauf, wie man seinen Kringeln, die nun in einem geflochtenen Körbchen aus Reisstroh herumgereicht wurden, zu Leibe rücken würde, ob mit den vielgezinkten, den scharfkantigen, oder den ovalen Eß-Schaufeln und ihm erstarb vor Staunen das höfliche Wort im Munde, als man sich jetzt tatsächlich der natürlichen Greifwerkzeuge, der Hände, bediente. Die weißen Frauen balancierten allerdings die Gebäckstücke zwischen den Fingern, als wären es zerbrechliche Blumen, sie wagten nicht davon zu kosten, sondern schienen — genügsam wie während des ganzen Tafelns — sich ausschließlich an ihrem Duft zu laben. Still saßen sie an der Seite ihrer Männer, und der König verwunderte sich laut und leise darüber, wie wenig doch so eine weiße Frau bei einem Fest wie diesem an guten Sachen zu sich nimmt. Er verglich damit die Eßlust seines eigenen Weibes und deren Schwestern, die ja auch seine Gattinnen waren — die hielten die Kringel nie so vorsichtig in Händen, man hörte sie immer sehr bald das gute Konfekt aus wildem Honig zwischen den Zähnen zerbrechen, als wären es knackende Knochen. Lust bekam er, es den Memsahibs selbst vorzumachen, besann sich jedoch seines Gelübdes und war erst zufrieden, als das Knuspern und Krachen an drei verschiedenen Plätzen der Europäerseite zu hören war. Männer waren sie, die ›weißen Lamas‹! Männer, die auch harte Sachen klein bekamen — und als

Zeichen des Beifalls klatschte er sich vergnügt lachend die Schenkel.

Curry und Ingwer hatten die Gaumen gereizt und die Zungen gebeizt, trocken waren die Kehlen von vieler Höflichkeit hinüber und herüber, und ringsum hörte man das glucksende Geräusch aus dem Kruge mit Tschang. Nein, er, der König, hatte keinen Brocken angerührt — aber vom Nichttrinken hatte er zuvor nichts gesagt. Gut war der Tschang — der Tschang war gut! Kräftig wehte der Duft des trüben Gerstengebräus zu ihm herüber, und da stand auch schon die Ladakerin vor ihm mit lachendem Gesicht und dem breiten Türkisenpérag, sie hielt ihm ein Yakhorn, gefüllt mit dem ersehnten Naß, dicht unter das Kinn. Schlange aus dem Industal! Schön war die Frau, und sie legte Ehre ein mit dem Gebräu, das sie den Edelmännern nach Sitte und Ordnung kredenzte. Die Sekunde zaudernden Besinnens beendete ein Zwinkern aus Dewi Chands Augen, und so nahm denn der König — alle Bedenken beiseite schiebend — das Horn, das ihm gastfrei gereicht wurde und tat zufrieden einen ausgiebig langen Zug.

Als das gefüllte Horn zum zweiten Male die Runde unter den Edelmännern machte, wurden sie noch lebhafter als zuvor. »Die Ladakerinnen«, meinte Hari Chand, »verstehen doch noch etwas mehr vom Brauen eines guten Hochzeitsbieres als unsere Weiber!« und sie genossen, was der Augenblick bot, denn so schnell würde man sicher kein ähnlich gutes Gebräu wieder zu schmecken bekommen. Der Wissensdurst der Edlen aber war größer als der Durst, den der Trank aus dem Yakhorn zu stillen vermochte. Oder regte der eine den anderen an? Sehr lebhaft wurde es in der ersten Hälfte der ›Affenstunde‹; erst jetzt schien in der so vielschichtigen Runde der Zwölf, mit der dreifachen Überzahl an Männern, der Augenblick für ernsthafte Gespräche gekommen zu sein, denn sämtliche Höflichkeitsreden waren nun gewechselt. Nach allen Richtungen hin hatten die

Sahibs zu lavieren: einmal als Dolmetscher, um ihren Gattinnen, die während der ganzen Zeit stumm und taub dasitzen mußten, doch auch etwas von dem tibetischen Tischgespräch zu vermitteln, zum anderen aber mußten sie abendländische Begriffe und Sitten erklären, wenn Tara Chand oder einer aus seinem Geleit etwas nicht verstand und übersetzt haben wollte.

Angelegentlich erkundigten sich die Tibeter nach dem Leben in der großen Welt jenseits des Schneelandes, und sie hörten Wunderbares über große Städte, viele, viele Städte, die größer waren als Lhasa und Leh zusammen, größer auch als die alte Königsstadt Sultanpour, in die noch keiner von ihnen gekommen war, obwohl sie längst nicht so weit entfernt war und so tief unter ihnen lag wie etwa Simla oder Kalkutta — oder gar ›London‹, ›Paris‹ und ›Berlin‹. Erstaunliches kam da zur Sprache von gewaltigen Meeren und breiten Flüssen, die gemächlich dahinströmen, tatsächlich Frachten und Lasten jeglicher Art in hölzernen Hohlkörpern tragen: Schiffe — was sind ›Schiffe‹? Bahnen — was sind ›Bahnen‹? Schwer zu beschreibende Dinge, schwer zu umschreibende Vorgänge, wenn jegliche Anschauung fehlt. Doch die drei ›weißen Lamas‹ waren unermüdlich im Vergleichen und Verdeutlichen, und immer wieder fanden sie für die fremden Begriffe die erklärenden tibetischen Worte. Da war auch von Rädern die Rede, die rollen, fort und fort rollen, in zwiefacher Nutzung der Kraft: einmal um sich selbst und die Asche, zugleich aber auch auf der ebenen oder unebenen Fläche voran. Das war den Männern vom ›Dach der Welt‹, die außer ihren eigenen Beinen höchstens die ihrer Pferde als Fortbewegungsmittel kannten, erstaunlich. Der Lama Tsultrim aber schüttelte mißbilligend das Haupt: Räder, die rollen, um Lasten zu bewegen und nicht um Gebete kreisen zu lassen — das war etwas Unerhörtes! Und schneller ließen er und Ga Puntsog die Gebetsmühlen schnurren.

In dem Raum, der nur zwei Fenster hatte, begann es dämmrig zu werden, und als dann die Kerzen entzündet und metallene Schalen mit buttergespeisten Flämmchen hereingetragen wurden, kam man auf das Licht zu sprechen — auf neue Quellen und andere Möglichkeiten der Beleuchtung als durch Butter und Talg — man sprach von geheimen Welten, von halberforschten Kräften des Alls und der Erde, über die sterbliche Männer — und Frauen — wie Götter — und Göttinnen — regieren. Und der kleine König dieses Bergreiches war stolz, von seinesgleichen in der ›Welt‹ zu hören, jener fernen sagengleichen Welt, aus der zuerst die Sahibs und nun auch ihre Frauen gekommen waren.

Mehr und mehr verblaßte indes die ferne, fremde Welt mit dem Licht der sinkenden Sonne. Kräftig und stark war die Gegenwart und die Menschen und Dinge darin. Tara Chand war aufgeräumt wie selten. Von draußen erklangen schrille Querflöten mit den näselnden, quäkenden Vierteltönen des Ostens, und wie tanzend bewegten sich die Oberkörper der Männer draußen, die im Kreise um die Musikanten auf den gefrorenen Feldern hockten und immer noch Tschang tranken. Der breitkrempige Pelzhut, der sein bronzenes Gesicht jetzt viel stärker beschattete, machte Tara Chand noch abenteuerlicher als sonst. Die Silberamulette und Halbedelsteine blitzten und funkelten, seine lebendigen schwarzen Pupillen schossen kleine Blitze, als Hari Chand unbedacht die Rede auf das seltsame Wild brachte, das sich vor wenigen Tagen gezeigt und die ganze Sippschaft in Atem gehalten hatte. Doch — bei den Drei Kostbaren — sie hatten sich beherrscht, hatten ihre mittelalterlichen Büchsen hinter dem Hausaltar sehen lassen, weil die Lamas von Lho-yul erklären, in dem Tier sei die Seele eines hochangesehenen Lamas wiedergeboren worden. Ein heikles Thema war die Jagd, das die Vettern sonst in Gegenwart anderer — vor allem von Lamas — strikt mieden; auch jetzt ließen sie es gleich wieder fallen, als die beiden

Lotoskappen sich wie mahnende Zeigefinger erhoben. Und der König lenkte das Gespräch geschickt auf den Nachbarfürsten, in dessen Tal das fremde, verführerische Wild gesichtet worden war.

»In jeder Hochzeit steckt eine neue!« sagte er munter, »wenn der Schnee schmilzt, haben wir eine große Hochzeit im Nachbartal zu erwarten: der steinreiche Radscha von Tschamba will im Jahre des weißen — oder Eisenaffen seine sechsjährige Tochter mit dem neunjährigen Sohn des noch viel reicheren Kaschmirfürsten vermählen!« Und er malte aus, was er als Vertrauter und Freund des Radscha, was jeder im Kreise der Edlen und sogar der Bauern wußte, nur die ›weißen Lamas‹ nicht. Er berichtete, daß zehntausend Personen als Hofstaat erwartet würden und daß die Hochzeit den Kaschmiren nach vorsichtiger Schätzung 1 500 000 *Laks* kosten werde, während der von Tschamba weit billiger davonkäme. Einen schlauen alten Fuchs nannte er ihn, der bereits alle Schatzkammern voll Geld habe, aber nie genug bekommen könne. »Haufen alter und neuer Paisas ruhen in einem Gewölbe seines Palastes, alles, aber auch alles, was er erhaschen kann, jeden *Zó* und jeden *Dschau*, steckt er ein und wirft ihn zu dem großen Haufen.«

Mit gespielter Traurigkeit holte er dann aus seinem Leibgurt seine Börse hervor und ließ das talergroße Säckchen aus bunten Lederstücken an schmalem, langem Riemen über den Tisch hin- und herpendeln, so daß die langen Muschel- und Korallengehänge daran klickten. Schließlich hielt er das kleine Geläut an, schob die Lasche nach oben, und drei daumesdicke, würfelähnliche eckige Kupferstücke mit nur mehr undeutlichem Gepräge kollerten auf die Platte: »Das ist er, mein Reichtum — das ist er! Hol mich das Kloster — das ist er, seht selbst!« barmte er: »Nichts habe ich, gar nichts, und er erstickt noch einmal in seinem Mammon!« Dewi Chand aber schob ungerührt seine dicke Pelzkappe aus der Stirn und schlug dem Vetter dreimal kräftig auf die gestreifte gelbrote Jacke; zwinkerte, und lachend erinnerte er ihn an einen gewissen Geldtopf in einer gewissen Mauer. »Ja!« sagte er, »die Armut ist wie der Aussatz: keiner will ihn!« Als Beweis dafür nannte er den siebenjährigen armen Prinzen von Gondola, den keiner zum Eidam begehre, weil an seiner Wiege wohl die Tugend, nicht aber der Reichtum Pate gestanden habe, wofür er allerdings den stolzen Namen erhielt: »Der mit tausend Verdiensten Begabte« — ein kleiner, schmutzig aussehender Junge, der einst mit Vorliebe um Wilhelms Zelt herumstrolchte.

Als die Schatten der Nacht aus dem Flußtal stiegen und sich allmählich an den Schneehängen emportasteten, verließen Tsultrim und Ga Puntsog schweigend die Runde, nur das Knarren ihrer derben Schuhe und ihr schwerer schleppender Gang erinnerten die Männer daran, daß es Zeit sei aufzubrechen, ehe der Dämon der Nacht sich auf den Weg mache. Wohl oder übel trennten sie sich von den kurzweiligen Sahibs; nützlicher und kurzweiliger waren sie, als man es je für möglich gehalten hatte; es schien völlig vergessen, daß sie den Männern aus dem fremden Land einst schwere Stunden bereiteten. »Bei den Drei Kostbaren! — der weiße Mann ist eine gute Sache!« sagte der König und schwang sich auf sein Pferd. Und so dachten nicht nur die drei, so dachten sie alle, die sich in den Strahlen der Wintersonne an Hochzeitsbier und Tee des Gehöftes erwärmt hatten; alle, die den Dämon der Nacht fürchteten und nun im Dunkel ihrer rauchigen Hütten ruhten. »Kontschog sum!« murmelten sie, »ein guter Tag — ein schönes Fest! Bei den Drei Kostbaren!«

Die Dämmerung über dem Tal war in Nacht übergegangen; Tsultrim hatte wieder sein früheres Asyl — ›das Haus mit den drei Steinen‹ — die Druckerei bezogen. Die Bücher, Schriften und Rollen heimelten ihn an, als wäre er in seinem alten Kloster in Sanskar: Das Brauthaus war kein Brauthaus mehr. Ga Puntsog kehrte in seine einsame Hütte zurück, die der Schnee fast zudeckte. Auch die Tibeter des Gehöftes begaben sich mit Dunkelwerden in ihre Wohnungen im Ladakerhaus. Tob hatte das Licht vor dem Bilde des Lotosgeborenen gelöscht; Dan — sein Sohn — wandte sich schlaftrunken auf seinem Teppichlager herum, »... in jeder Hochzeit steckt eine neue!« wisperte er; und dann träumte er von seiner jungen Braut Tseang Rolma im Industal. ›Ya-sa-ho!‹ Liebe, ho! hallte es als ferner Ruf in seinen Träumen nach, während im Raume unter ihm der schlafende Knabe Lhasgyab sich im Schleudern der Steine übte: »Schleuder, du bunte Schleuder!... die Mutter spann dich zu ihrer Zeit...« Nur Jorsam besprach sich noch im Dunkel mit ihrem Manne über manche Absonderlichkeit dieser Europäerhochzeit, vor allem wollte es ihr nicht in den Sinn, daß man kein einziges Brautseil zu sehen bekommen hatte, an dem die Mitgift der beiden Bräute öffentlich ausgehängt wurde, wie es bei ihr zu Hause in Ladak zu geschehen hatte. Im lebhaften Erinnern an ihr eigenes Brautseil erregte sie sich so sehr, daß beim Aufzählen aller unwiderbringlich verlorengegangenen Köstlichkeiten die Amulettkapseln ihres Kopf- und Halsschmuckes, die Karneole und Türkise ununterbrochen klapperten, und sie schmiegte sich an Lobsangs Wange wie damals, als sie noch seine Braut war. »*Migbras!*« Augapfel! — kam es endlich rauh von seinen Lippen.

Im Großen Saale des Gehöftes brannte ein einsames Licht. Die drei neugegründeten Europäerfamilien hatten sich dort in der zehnten Stunde noch einmal zusammengefunden. Worte des Dankes waren es, die sie zum Abschluß vereinten, da nun doch Friede über sie alle gekommen war, der gute, aus Fährnissen aller Art geborene, der heiß ersehnte Friede; denn jeder von ihnen hatte um irgend etwas gezittert und gebangt, ehe er sich nun wirklich und endlich zu dieser ›östlichen Pilgerfahrt‹ nach diesem hochgelegenen Platz auf dem Dache der Welt eingefunden hatte, und die auch weiterhin eine ungewisse bleiben würde. Schweigend traten sie zusammen, bis sich eine einzelne Menschenstimme im weiten leeren Saale erhob, durch dessen Fenster jetzt nichts als die Schneeinsamkeit des Himalaya leuchtete:

> »The clouds you so much dread,
> Are big with mercy
> And shall break
> In blessings on your head.«

Wie ein Adler seine weiten Schwingen über das Nest seiner schutzbedürftigen Jungen breitet, so deckten in dieser Hochzeitsnacht die schneebeladenen Dächer des Gehöftes den unangefochtenen Frieden und die Seligkeit aller darunter Aufgehobenen. Eine urweltenhaft tiefe Ruhe stieg aus den Tälern und flutete herab von den Eisdomen, die sich wächtergleich über dem ›Menschen-Nest‹ Kyelang aufrecken.

In der Frühe des anderen Tages, des neunzehnten Novembers, lag über ganz Lho-yul eine Morgenröte der Erde. Lange bevor die Ränder der Berge rotglühend das Aufsteigen der Sonne ankündeten, lange noch, ehe sie mit Macht ihr volles Licht über die Grate schleuderte, waren die tiefverschneiten Gipfel und Hänge, die Zacken, Kronen und Felsenstürze in das Vorahnen ihres Kommens getaucht — ein lautloses, überwältigendes Geschehen: eine rosenfarbene Lohe spielte über die unabsehbaren, weißen Bereiche hin und schüttete Verzauberung über sie aus. Wilhelm stand am Fenster, dann holte er Maria zu sich. Gebannt blickte sie in dieses Licht. Das Glück, das sie beide umfing, schien ihnen die schweigende Welt ringsum bestätigen zu wollen. »Der Schnee blüht!« sagte Wilhelm leise.

NACHBERICHT

Jäschke verließ seiner angegriffenen Gesundheit halber zusammen mit seiner Gattin nach zehn Jahren minutiösen Sprachforschens den Himalaya. Er vollendete teils in Asien, teils in Europa seine umfangreichen Arbeiten, die von Freunden der tibetischen Wissenschaft als eine ›Offenbarung‹ bezeichnet wurden. Auf Grund seiner Wörterbücher war es zum erstenmal möglich, mehrere tibetische Werke mit Sicherheit in die Sprachen Europas zu übersetzen. Bis auf wenige Stücke, die später ergänzt wurden, vollendete Jäschke die Übertragung des Neuen Testamentes aus dem Urtext in das klassische Tibetisch (Lithographische Erstdrucke: Kyelang-Westhimalaya; später Typendruck bei Unger, Berlin). Jäschke starb vor Vollendung der Neuausgabe seiner großen tibetischen Grammatik am 24. September 1883.

Pagell und seine Gattin starben im gleichen Jahre, nämlich am 3. und 9. Januar 1883 an der Grenze Tibets. Sie hatten dort 1865 die Station Poo gegründet, der sie bis zum Tode vorstanden.

Heyde kehrte fünfzig Jahre nach seinem Auszug aus Europa mit Maria nach Deutschland zurück, ohne daß sie in der Zwischenzeit den Himalaya verlassen hätten. Unter wechselvollen Umständen hielten sie die oft bedrohte Station Kyelang, die zeitenweise eine Reihe von Außenschulen — in den achtziger Jahren waren es fünfzehn — betreute. Kyelang blieb Zentrum der im Lauf der Zeit gegründeten Himalaya-Nebenstationen (Poo, Chot und Chini, bis diese Funktion im Jahre 1883 abgelöst wurde durch die Gründung der Station Leh (Ladak), die Heyde durch Jahrzehnte sich hinziehende Verhandlungen mit dem Maharadscha von Kaschmir endlich durchgesetzt hatte. Er blieb bis zu seiner Abberufung 1898 aber in Kyelang. In den letzten fünf Himalaya-Jahren 1898–1903 vollendete er in dem Landhaus ›The Pines‹ in Ghoom/Darjeeling im Auftrag der Regierung von Bengalen die Revision des tibetisch-englischen Wörterbuches des *Babu Sarat Chandra Das*, dem er einen reichen Schatz neuer Worte hinzufügte. *(Revision of Sarat Chandra.) The Tibetan English Dictionary, publ. by the Bengal Secretariate Book Depot, Calcutta 1903.* Im Auftrag der *British and Foreign Bible Society* beendete er dort ebenfalls die Revision des tibetischen Neuen Testamentes (Chief Reviser of the New Testament. 1900 bis 1903). — Ein Jahr vor der Militärexpedition Younghusbands nach Lhasa (1904) verließ das Greisenpaar Asien. 1903 beschädigte ein Erdbeben das Kyelanghaus im Westhimalaya derart, daß sein Oberstock abgetragen werden mußte, es wurde später nicht mehr benutzt und verfiel. Vier Wochen vor seinem Tode (1907) vollendete der 82jährige in Berlin die tibetische Ausgabe des Pentateuch (Druck bei Unger). Maria — aus berufenem Munde als ›die tibetische Kalligraphin‹ bezeichnet — starb nach einem Leben engster Zusammenarbeit mit ihrem Gatten am 7. April 1917. Von ihren sieben Kindern starben vier im hohen Himalaya, von den dreien, die sie im zarten Alter nach Europa gegeben hatten, trafen sie bei ihrer Rückkehr noch zwei Söhne.

Der überkommene Stoff ist frei gestaltet, er gründet sich auf offizielle und private Berichte, Briefe und Mitteilungen. Es war die Absicht, das Menschliche sprechen zu lassen, das zu allen Zeiten und Stunden dort oben im Himalaya wach und stark gewesen ist.

KURZE WORT- UND BEGRIFFSERKLÄRUNGEN

Ama Khon: die alte Erdmutter, Herrin über Erd- und Wasser-
geister

Bod-pa: Tibeter

Bod-yul: Tibet

Bon-Religion: vorbuddhistische, jedoch nicht ›primitive‹ Religion
Tibets, Symbol das ›Geheimnisvolle Kreuz‹, *Yun drun,* ein Ha-
kenkreuz mit nach links abgewinkelten Enden im Gegensatz
zur Swastika Indiens.

Bunan: sehr alte Sprache in Lahoul, älter als das Tibetische, im
Laufe der Zeit aber stark durchsetzt mit dem Tibetischen.

Burtse: holziges, stark riechendes Erikagewächs

Chord-ten, Tschorten: ›Opferbehälter‹ (Sanskrit: Stupa). Besteht
aus drei Teilen: einem breiten quadratischen Sockel mit mehreren Stufen, zwiebelförmigem Mittelteil, langkegelförmigem
Oberteil.

Csoma, Alexander, genannt Körösi C. 1784–1842, ungarischer
Sprachforscher, Verfasser eines tibetischen Wörterbuches und
einer Grammatik. Neuherausgegeben J. J. Schmidt ca. 1830

Dalai Lama: ›Ozeanpriester‹, das geistliche und weltliche Oberhaupt der Tibeter

dga-skyi: Glückskreis, aus Gerstenkörnern gelegt, westtibetischer
Hochzeitsbrauch

rDorje: Donnerkeil, Symbol der unzerstörbaren Wahrheit; rituel-
ler Gegenstand aus Erz

Dschampam: Tragsessel

Dschau: ca. 28 Pfennig alttibetischer Währung

Dscho-Dscho: Anrede, etwa: Gnädige Frau

Dosmo oder Fadenkreuz: Dämonenfallen, oft an hohen Masten
aufgerichtet, damit sich die bösen Geister darin verfangen wie
Insekten in Spinnengeweben, denen sie ähneln.

Garra: der Schmied

Garza: Provinz des hohen Himalaya, auch Lho-yul oder Lahoul
genannt

Ghy: tibetische Butter

Gompa: Kloster

Guge: Provinz Innertibets, Changtang

Gyepang: Schutzgottheit des Lahoultales

Hemis: eines der bedeutendsten Lamaklöster Westtibets (Ladak), unreformiert

Hochzeitslieder, tibetische: alte Wechselgesänge bei Hochzeiten in Ladak, datieren aus vorbuddhistischer Zeit, abgelauscht und erforscht durch A. H. Francke

Hukka: Wasserpfeife

Kalender Tibets, von China übernommen, Mondjahr mit zwölf Mondmonaten zu je 30 Tagen. Man rechnet mit Jahreskreisen von je zwölf Jahren, größere Zeitabschnitte werden zusammengefaßt zu je fünf Jahrzwölferkreisen = 60 Jahre. Die einzelnen Jahre werden mit Tiernamen bezeichnet: Maus, Ochse, Tiger, Hase, Drache, Schlange, Pferd, Schaf, Affe, Vogel, Hund, Schwein. Jedes Jahr wird mit einem der fünf ›Elemente‹ Holz, Feuer, Erde, Eisen, Wasser wechselnd in feststehender Folge verbunden; den ›Elementen‹ entsprechen die Farben: Holz — grün, Feuer — rot, Erde — gelb, Eisen — weiß, Wasser —blau. So war z. B. das Jahr 1856 das Jahr des Roten- oder Feuerdrachens. Vgl. auch: Ribbach, *Drogpa Namgyal,* 1940

Kandschur: ›Enzyklopädie des Wortes‹, enthält in 108 Bänden die im Sanskrit zum Teil verlorengegangenen Grundschriften des Buddhismus.

Kontschog sum: ›Bei den Drei Kostbaren‹, diese sind: Buddha, Lehre und Mönchsgemeinde; mit dem Ausruf bekräftigt man gern seine Aussagen.

Kumar: magisches Zeichen

Kore: Trinknapf, den man immer bei sich trägt

Kyelang: das heißt ›Menschennest‹, von den Engländern ›Kailong‹ benannt

Ladak: Hauptprovinz des alten westtibetischen Königreiches mit Leh als Residenz. Seit Beendung des Dograkrieges 1841 unter dem Regime von Kaschmir.

Lahoul: tibetisch Lho-yul, das ist ›Südland‹ der alten westtibetischen Könige, liegt zwischen dem 32.–33. Grad nördl. Breite und dem 77. bis 78. Grad östl. Länge, unmittelbar an der Südseite der Hauptkette des Himalaya. Das alte Lho-yul besteht eigentlich aus drei Tälern, dem Bhaga-Tal, dem Tschandra-Tal und dem Tschandra-Bhaga-Tal. Doch die Europäer verstehen heute darunter nur noch das Bhaga-Tal, das, etwa 30 englische Meilen lang (ca. 50 km), rings von hohen Schneebergen eingeschlossen ist. Hauptort Kyelang.

Lama, tibetisch bLama: der ›Hohe‹, der ›Obere‹, Bezeichnung für den tibetischen Geistlichen.

Lhardsche: tibetisch Arzt, ausgebildet in der Medizinschule in Lhasa

Lungpai tschos: wörtlich ›Religion des Tales‹, vorbuddhistische Religion in Lahoul, stark durchsetzt mit schwarzer Magie und Dämonenkult: Schlangendienst.

Mane: Abkürzung für das Om mani padme hum

Manekette: buddhistische Gebetskette mit 108 Perlen

Mantras: Zaubersprüche

Milaraspa (kurz Mila genannt): Name eines buddhistischen Asketen des 11. Jahrhunderts. Das beliebteste und verbreitetste Volksbuch in Tibet wird ihm zugeschrieben. Titel: mGur-hBum (Mgur bum), d. h. die ›Hunderttausend Gesänge‹, enthält in gebundener Rede Legenden.

Mon-Sprache: alte Sprache im hohen Himalaya, in der es weder etwas Gedrucktes noch Geschriebenes gibt.

Moravians: englische Bezeichnung für die ›Herrnhuter‹, die auch manchmal in Deutschland ›Moraven‹ genannt wurden, da die Mitbegründer der erneuerten Brüderkirche mährische Exulanten waren.

Om mani padme hum: die sechs heiligen Silben, denen magische Kräfte beigemessen werden, Hauptgebet der Tibeter. (Die üblichste Auslegung: O Juwel im Lotoskelch)

Paisa: der 64. Teil einer Rupie indischer Währung

Pérag: Kopfschmuck der ladakischen Tibeterin, gilt als Symbol der Schlange, die von Tibetern wie anderen asiatischen Völkern von alters her göttlich verehrt wird.

Rebopa: Zeltbewohner, Bezeichnung für die Nomaden der Hochebene von Rupshu

Schaschur-Kloster: ältestes Lamakloster in Lahoul, ca. 1000 m über Gehöft Kyelang

Schlagintweit, Adolf (1829–1857) unternahm mit seinen Brüdern *Hermann* und *Robert* durch Vermittlung Alexander von Humboldts im Auftrag des preußischen Königs und der englisch-ostindischen Kompanie Forschungsreisen nach Indien, in den Himalaya und den Karakorum.

Schug-pa: Wacholderart, der eigentliche Baum Tibets

Skurrim: Gebete verrichten

Tandschur: ›Enzyklopädie der Erklärung‹, besteht aus 222—225 gleich schweren Bänden wie der Kandschur. Kandschur und Tandschur bilden den Kanon der Lamaisten.

Tibet, ethnografisch gesehen, ist bedeutend größer als sein heutiger politischer Begriff. Bis etwa zur Mitte des 19. Jhs. bestand es aus zwei Reichen: dem östlichen Priesterstaat mit Lhasa als Hauptstadt und dem westlichen Königreich mit Leh als Residenz. Die spätere Aufteilung des westlichen Königreiches in verschiedene Herrschaftsbereiche änderte nichts daran, daß der Dalai Lama das geistliche Oberhaupt blieb und die Bewohner nach Rasse, Kultur und Religion als Tibeter anzusehen sind.

Tibetische Sprache: gehört zur tibeto-burmanischen Untergruppe der Sinotibetischen Sprachen; älteste Überlieferung: 7. Jahrhundert n. Chr. Geschrieben wird mit einem im 7. Jahrhundert n. Chr. aus Indien entlehnten Alphabet, Tibet kennt jedoch mehrere Schriftarten.

Tri-lok-nath: Pagode mit der Alabasterstatue des Dreiweltenherrn, hochverehrt im dritten der drei alten Lahoul-Täler

Tsamba: geröstetes Mehl, meist Gerstenmehl mit Wasser oder Tee zu Brei verknetet

Tschanrasig: (Avalokitesvara oder Padmapani), der Erlöserbhodisatva Tibets, der sich im Dalai Lama inkarniert.

Tschang: Gerstenbier

Tschomolungma: ›Allgütige Göttinnenmutter der Berge‹ (Mont Everest) 8848 m hoch

Unitas fratrum: Erneuerte Brüderkirche, deren Gründer der Graf Zinzendorf (1700—1760) war

Urgyan Padma: Lama, einer der Verbreiter des Lamaismus in Lahoul

Volkslied, ladakisch, auf Seite 235. A. H. Francke. Geistesleben in Tibet. Seite 71

Yan-agug: Hochzeitszeremonie in Ladak

Yurra: Laufgraben, der das Wasser von den Gletschern herunterleitet.

Zó: tibetische Münze. 1 Zó = 6 Rupien alttibetischer Währung. Eine alte tibetische Rupie hat nur 4/5 des Wertes der indischen Rupie. Eine Rupie hat 6 Dschau.

INHALT

Dorothy Wilson

... darum werden wir nicht mutlos
Ein tragischer Unfall verändert das Leben eines Spitzen-
sportlers

240 Seiten, Taschenbuch, Bestell-Nr. 221 922

Mit Anfang zwanzig hat der amerikanische Sprinter Robert
Arnett einen schweren Autounfall. Zu Ende ist der Traum
von der Olympiade. Querschnittsgelähmt muss er nun sein
Leben ganz neu beginnen. Mit bewundernswerter Energie
schafft er sich eine neue berufliche Grundlage. Was ihn vor
allem hält, sind sein Glaube und die Liebe seiner Familie.

R. BROCKHAUS VERLAG WUPPERTAL